国家出版基金资助项目

中国刑事法制建设丛书·刑法系列　总主编　陈国庆　孙茂利

教唆犯诠释与适用

魏　东　著

中国人民公安大学出版社
·北京·

图书在版编目（CIP）数据

教唆犯诠释与适用／魏东著.—北京：中国人民公安大学出版社，2012.8
（中国刑事法制建设丛书／陈国庆，孙茂利主编. 刑法系列）
国家出版基金资助项目
ISBN 978-7-5653-0958-8

Ⅰ.①教… Ⅱ.①魏… Ⅲ.①教唆犯–研究–中国 Ⅳ.①D924.04

中国版本图书馆 CIP 数据核字（2012）第 198612 号

中国刑事法制建设丛书·刑法系列　总主编　陈国庆　孙茂利
教唆犯诠释与适用
魏　东　著

出版发行：	中国人民公安大学出版社
地　　址：	北京市西城区木樨地南里
邮政编码：	100038
经　　销：	新华书店
印　　刷：	北京蓝空印刷厂
版　　次：	2012 年 8 月第 1 版
印　　次：	2012 年 8 月第 1 次
印　　张：	14.5
开　　本：	787 毫米 ×1092 毫米　1/16
字　　数：	285 千字
书　　号：	ISBN 978-7-5653-0958-8
定　　价：	37.00 元
网　　址：	www.cppsup.com.cn　www.porclub.com.cn
电子邮箱：	zbs@cppsup.com　zbs@cppsu.edu.cn

营销中心电话：010-83903254
读者服务部电话（门市）：010-83903257
警官读者俱乐部电话（网购、邮购）：010-83903253
公安业务分社电话：010-83905641

本社图书出现印装质量问题，由本社负责退换
版权所有　侵权必究
本书咨询电话：(010) 63485228　63453145

中国刑事法制建设丛书·刑法系列
编 委 会

总 顾 问 高铭暄 马克昌 陈光中

总 主 编 陈国庆 孙茂利

编　　委 （以姓氏笔画为序）

于志刚　王　晋　王宏勇　王茂华
曲新久　刘国祥　孙茂利　李希慧
李睿懿　杨万明　陈兴良　陈国庆
陈泽宪　周光权　赵学颖　高　峰
高憬宏　黄　河　黄京平　黄海龙
韩耀元　裴显鼎

总 策 划 赵学颖　王宏勇

前　言

我国第一部刑法典诞生至今已三十余年，1997年进行了全面修正，尤其最近对刑法又进行了较为全面的修改，刑事法网日渐严密。刑法为惩罚犯罪，保护人民，维护社会和谐稳定发挥了重要作用。与之相应，刑法学可谓是我国法学领域里起步最早的学科之一，也是研究相对成熟的学科，涌现了大量的研究成果。随着我国市场经济的发展，各种社会关系愈加错综复杂，刑法学的研究日渐深入，但包括刑法学的基础理论问题仍需要进行深入研究，大量实践中出现的复杂疑难案件亟待从理论上加以解决。这就要求刑法学研究在积极吸取国外优秀成果的同时努力实现与本国刑事立法和司法实践的对接，在致力于对现行刑法规范进行注释解读的同时综合运用哲学、社会学、政治学、经济学等手段，从刑事政策、犯罪学、国际刑法学等多角度拓展刑法学研究视野，并最终服务于刑法目的的实现。

受国家出版基金的资助，中国人民公安大学出版社启动了《中国刑事法制建设丛书》出版项目，将"刑法系列"作为丛书的重要组成部分。为了给广大从事刑法学研究的专家学者提供一个高层次的交流平台，也使广大读者系统和全面地了解刑法理论和实践研究的成果，本丛书力求兼顾以下几方面特点：

第一，本丛书入选书目的内容全面覆盖我国现行刑法中各项重要制度和刑法学中若干重大理论问题。本丛书对刑法理论研究和司法实践中的热点问题予以充分关注，着力推荐针对刑法学中某一具体制度或理论进行系统深入研究的作品。近年来，我国刑法学者对德日刑法理论进行了更为细致的研究，引起了对犯罪论体系进行改造等诸多关于刑法基础理论问题的争鸣，这些争论有助于进一步深化刑法学研究的根基和深层次解决当前司法实践中遇到的重大疑难问题。因此，本丛书吸纳了一批介绍国外刑法理论，并能对我国司法实践作出积极回应的具有开创性的作品。

第二，本丛书的出发点是在现行刑法典的基础上，深入研究刑法学的基本原理、刑法的基本制度和刑法解释方法，以期对刑法立法的完善起到积极作用，帮助广大司法工作者正确理解法律精神，在办案中准确解释法律。为此，本丛书选择了一批对我国现行刑法及其相关司法解释的制定背景、具体内容进行解读或者阐释的作品。希望这些成果能直接服务于刑事立法和司法工作，尤其是对公检法机关的司法工作人员规范执法、提高办案质量发挥指导作用。

第三，本丛书由最高人民检察院、公安部等长期从事刑事业务指导工作的专家担任总主编，选择了具有前瞻性、创新性、实用性和建设性的刑法领域的优秀研究成果收入本丛书。

希望在国家出版基金的资助下，《中国刑事法制建设丛书》为我国的刑事法制建设发挥积极的推动作用。

欢迎广大读者批评指正。

中国刑事法制建设丛书·刑法系列编委会
2011 年 5 月

目　录

导　言 …………………………………………………………（ 1 ）
第一章　教唆犯的立法源流与学术史 ……………………（ 5 ）
　第一节　教唆犯的立法源流 ………………………………（ 5 ）
　　一、奴隶时代：教唆犯之影子规范存在 ………………（ 6 ）
　　二、封建时代：教唆犯之模糊规范存在 ………………（ 8 ）
　　三、人文时代：教唆犯之立法规范存在 ………………（13）
　第二节　教唆犯的学术史 …………………………………（22）
　　一、启蒙以前教唆犯学术研究的雏形 …………………（22）
　　二、费尔巴哈开创的教唆犯研究范式 …………………（23）
　　三、俄罗斯的教唆犯理论研究 …………………………（42）
　　四、我国的教唆犯理论研究概况 ………………………（44）
第二章　教唆犯的内涵界定 ………………………………（46）
　第一节　我国刑法中教唆犯的实然规范与特殊问题 ……（46）
　　一、我国刑法中教唆犯的实然规范 ……………………（46）
　　二、我国刑法中教唆犯研究的特殊问题 ………………（47）
　第二节　教唆犯的性质论 …………………………………（48）
　　一、教唆犯性质论聚讼 …………………………………（48）
　　二、我国刑法规定中教唆犯的性质 ……………………（58）
　第三节　教唆犯的根据论 …………………………………（66）
　　一、教唆犯的成立根据 …………………………………（66）
　　二、教唆犯的处罚根据 …………………………………（74）

第四节 教唆犯的概念界定 …………………………………（78）
  一、外国学者的见解 ……………………………………（78）
  二、我国学者的观点 ……………………………………（79）
  三、我国刑法规定中教唆犯概念的科学界定 …………（80）

第三章 教唆犯的构成论特征 …………………………（83）

第一节 教唆犯构成论的基本原理 ……………………（83）
  一、犯罪构成论体系之争 ………………………………（83）
  二、教唆犯构成论问题 …………………………………（86）
  三、教唆犯的犯罪构成 …………………………………（88）

第二节 教唆行为 ………………………………………（92）
  一、观点总揽 ……………………………………………（92）
  二、笔者的见解 …………………………………………（92）
  三、教唆行为与相似行为的界限 ………………………（99）
  四、教唆犯的因果关系问题 ……………………………（103）

第三节 教唆故意 ………………………………………（106）
  一、教唆犯的意识因素 …………………………………（106）
  二、教唆犯的意志因素 …………………………………（107）

第四章 教唆犯的基本类型 ……………………………（109）

第一节 教唆犯的分类 …………………………………（109）
  一、观点总揽 ……………………………………………（109）
  二、教唆犯科学分类之我见 ……………………………（110）

第二节 直接教唆犯与间接教唆犯 ……………………（111）
  一、直接教唆犯 …………………………………………（111）
  二、间接教唆犯 …………………………………………（111）

第三节 单独教唆犯与共同教唆犯 ……………………（113）
  一、单独教唆犯 …………………………………………（113）
  二、共同教唆犯 …………………………………………（114）

第四节　共犯教唆犯与非共犯教唆犯 …………………… (114)
　　一、共犯教唆犯 …………………………………………… (115)
　　二、非共犯教唆犯 ………………………………………… (115)
第五节　悬赏教唆、雇佣教唆与网络教唆 ………………… (117)
　　一、悬赏教唆 ……………………………………………… (117)
　　二、雇佣教唆 ……………………………………………… (118)
　　三、网络教唆 ……………………………………………… (119)
第六节　概然性教唆与选择性教唆 ………………………… (121)
　　一、概然性教唆 …………………………………………… (122)
　　二、选择性教唆 …………………………………………… (123)
第七节　陷害教唆 …………………………………………… (123)
　　一、陷害教唆的称谓 ……………………………………… (123)
　　二、陷害教唆的含义 ……………………………………… (125)
　　三、陷害教唆中教唆犯的刑事责任 ……………………… (126)
第八节　诱惑侦查 …………………………………………… (131)
　　一、诱惑侦查的称谓问题 ………………………………… (132)
　　二、主要西方国家对诱惑侦查的态度 …………………… (133)
　　三、我国学者的讨论与笔者的见解 ……………………… (142)

第五章　教唆犯的特殊形态 ……………………………… (160)
第一节　教唆犯的犯罪未完成形态 ………………………… (160)
　　一、教唆犯的预备 ………………………………………… (160)
　　二、教唆犯的中止 ………………………………………… (163)
　　三、教唆犯的未遂 ………………………………………… (165)
第二节　教唆犯的罪数形态 ………………………………… (176)
　　一、教唆犯的连续犯 ……………………………………… (176)
　　二、教唆犯的想象竞合犯 ………………………………… (178)
　　三、教唆犯的牵连犯 ……………………………………… (179)
　　四、教唆犯的转化犯 ……………………………………… (180)

五、教唆犯的结果加重犯 …………………………………………（180）
第六章　教唆犯认识错误问题 ……………………………………（181）
　第一节　教唆犯认识错误的含义 ………………………………（181）
　第二节　教唆犯认识错误的分类 ………………………………（182）
　　一、教唆犯法律认识上的错误 …………………………………（183）
　　二、教唆犯事实认识上的错误 …………………………………（184）
　第三节　教唆犯与实行过限、实行减少 ………………………（186）
　　一、实行过限 ……………………………………………………（186）
　　二、实行减少 ……………………………………………………（188）

第七章　教唆犯的刑事责任 ………………………………………（189）
　第一节　教唆犯的处罚原则 ……………………………………（189）
　　一、教唆犯的一般处罚原则 ……………………………………（189）
　　二、教唆犯的特别处罚原则 ……………………………………（190）
　第二节　教唆犯的身份犯问题 …………………………………（191）
　　一、教唆犯无身份而被教唆人有身份 …………………………（192）
　　二、教唆犯有身份而被教唆人无身份 …………………………（192）
　第三节　教唆自害行为的定性处理 ……………………………（193）
　　一、通常见解与一般考察 ………………………………………（193）
　　二、笔者的观点 …………………………………………………（195）

第八章　教唆犯的立法完善 ………………………………………（198）
　第一节　西方国家教唆犯的立法趋向考察 ……………………（198）
　　一、在共同犯罪中规定教唆犯，适当限制教唆入罪范围 ……（198）
　　二、在刑法规定和理论诠释中体现和兼顾教唆犯的二重性 …（199）
　　三、对教唆犯的刑事责任规定体现了缩小教唆犯处罚范围的倾向 ……（199）
　　四、对教唆犯的特殊问题的规定 ………………………………（200）
　第二节　我国教唆犯的立法建议评析 …………………………（200）
　　一、关于教唆犯的定罪问题 ……………………………………（200）
　　二、关于教唆犯的身份犯问题 …………………………………（201）

三、关于陷害教唆问题 ………………………………………（201）
四、关于教唆犯的未遂问题 …………………………………（202）
五、关于教唆自害问题 ………………………………………（202）
第三节 我国教唆犯立法的完善意见 ……………………………（202）
一、我国教唆犯立法的不足 …………………………………（202）
二、我国教唆犯立法的完善建议 ……………………………（203）
三、我国教唆犯立法的理论方案 ……………………………（205）

参考文献 …………………………………………………………（207）
后　　记 …………………………………………………………（217）

导 言

一

　　教唆犯理论是犯罪论乃至整个刑法学中的重要问题，它始终与人类文明的进步、与法学特别是刑法学的发展紧密相连。因此，开展教唆犯理论研究的意义是显而易见的。笔者认为，研究教唆犯问题的主要意义可以归纳为两个方面：一是对于治理犯罪实践的意义；二是对于完善犯罪理论的意义。

　　第一，有助于充分认识教唆犯的犯罪机理，为治理犯罪实践提供理论依据。教唆犯是教唆他人犯罪的人，是犯意的挑起者，也是犯罪的传播者，所以具有严重的社会危害性。教唆犯的教唆行为，不但表明教唆犯本人具有鲜明的反社会性和主观恶性，而且可能挑起被教唆者的犯罪意图，使被教唆者实施犯罪行为，在危害社会的同时又使被教唆者蜕变为犯罪人，因此可以说，教唆犯在制造犯罪的同时又制造了犯罪人。行为科学认为，人的行为总是由一定动机促成的，而一定动机的形成则是由特定的欲求与诱因所决定的。[①] 从犯罪学立场来看，犯罪人的欲求、犯罪诱因既可以各自独立地引起犯罪动机的产生，同时也可以互相结合，共同引起犯罪动机的产生。[②] 所谓犯罪诱因，是指能引起个人犯罪动机的外在刺激和情景。教唆犯的教唆正是一种重要的犯罪诱因，是一种直接促使被教唆者实

---

　　① 参见魏东：《当前未成年人犯罪突出的原因探析》，载《犯罪与改造研究》1997年第1期。

　　② 参见康树华主编：《犯罪学通论》，北京大学出版社1992年版，第154~155页。

施犯罪的正诱因与精神诱因。① 在特定的犯罪场,② 针对特定的教唆对象,如未成年人和性格偏激者,教唆犯的教唆行为往往成为一种重要的甚至具有决定意义的犯罪诱因。青少年识别能力弱,可塑性大,极容易受到教唆而走上犯罪道路,而且往往越陷越深。针对这种现象,我们必须高度重视同教唆犯的斗争,把同教唆犯的斗争作为我国社会治安综合治理的重要一环,不但司法部门要负起责任,而且还要动员学校、家庭乃至全社会积极参与,共同努力,以有效治理犯罪。③

第二,有助于深化和丰富犯罪理论。教唆犯理论的主体是共犯理论的重要内容(但非共犯教唆犯在逻辑上不属于共同犯罪范畴),共犯理论的许多问题都与教唆犯相关。例如,研究共同犯罪的性质,无论是其成立的理论还是其相互关系的理论,都涉及教唆犯理论,因此,教唆犯理论对教唆犯性质的研究状况,直接决定了共犯理论的研究水准。又如,教唆犯在共同犯罪中作用和地位的确定、刑事责任的承担等问题,都是共同犯罪理论中必须研究的问题,因此,教唆犯理论在这些问题上的研究,无疑是对共犯理论的深化和发展。

教唆犯理论也是整个犯罪理论的重要组成部分。比如,前面提及的教唆犯的犯罪机理表明,教唆行为是一种特殊的犯罪行为,它不是行为人直接实施某种具体犯罪的实行行为,而是通过挑起被教唆者的犯罪意图并实施具体的犯罪行为来实现自己具体的犯罪意图。这种特性是教唆犯的教唆行为所特有的,它丰富了犯罪理论的内容。再如,教唆行为是否只能以作为方式、以故意的态度实施;④ 教唆犯理论中涉及错误问题、因果关系问题、犯罪形态问题、概然性教唆问题、选择性教唆问题;非共犯教唆犯的刑法规范存在及其学理诠释,有利于丰富行为定型原理和完善犯罪论体系,等等。这些问题中有的是犯罪论的基本问题,有的是与犯罪论的基本问题相关的问题。因此,开展这些问题的研究,既是深化教唆犯理论的需要,也是深化整个犯罪理论乃至刑法理论的需要。

---

① 犯罪学理论认为,引起犯罪动机的犯罪诱因可以有以下分类:第一,从犯罪诱因的性质和功能来看,犯罪诱因可以分为正诱因与负诱因。正诱因是使个人趋利、接受或追求的外在刺激;负诱因是使个人逃离、排斥或躲避的外在刺激。第二,从犯罪诱因的存在方式来看,犯罪诱因既可以是物质的,也可以是精神的。参见康树华主编:《犯罪学通论》,北京大学出版社1992年版,第157~158页。

② 所谓犯罪场,按照储槐植教授的解释,是指,"犯罪原因产生犯罪效应的特定领域,或者说,犯罪原因实现为犯罪行为的特定领域"。参见储槐植著:《刑事一体化与关系刑法论》,北京大学出版社1997年版,第99页。

③ 参见吴振兴著:《论教唆犯》,吉林人民出版社1986年版,第9~11页。

④ 在西方教唆犯理论中,有主张不作为教唆犯、过失教唆犯的观点。参见吴振兴著:《论教唆犯》,吉林人民出版社1986年版,第81~85页。

二

既然研究教唆犯问题具有重要的理论意义和实践意义,那么,到底该如何进行教唆犯的理论研究?这涉及理论研究的方法论问题。笔者认为,在教唆犯研究的方法论问题上,借鉴古今中外学者研究教唆犯问题的经验,从而确立科学的教唆犯问题研究的理论体系至关重要。

以法国、德国、日本为代表的大陆法系国家对教唆犯的法律规定和理论研究是一脉相承的。近代法国刑法对教唆犯以及其他共犯、正犯实行责任平等主义,其直接渊源是古代的责任平均主义思想。据有关文献记载,古代西方对共犯已经有了详细分类的情况,如将共犯分为命令共犯、代理共犯、意见共犯、协行共犯、帮助共犯、核准共犯、隐匿共犯等,其刑事责任均属相等。[①] 其中,命令共犯、意见共犯就有部分内容属于现代刑法中教唆犯的含义,对其刑事责任实行责任平等主义。但当时的这种分类并不具有普遍性,在法律上也没有多大的价值。直到1810年《法国刑法典》,仍然只是将教唆犯归入从犯的范畴,称为教唆从犯,并且对共犯人实行责任平等主义。而真正将教唆犯从共犯中独立划分出来的是1871年《德国刑法典》;其后,1907年《日本刑法典》和其他许多国家刑法典也对教唆犯作出了专门的划分和独立的规定,使得教唆犯的立法逐渐现代化。在理论上,西方大陆法系国家对教唆犯进行了深入而广泛的研究。总体上看,其研究内容大致有以下一些方面:一是从理论上论证教唆犯的存在空间;二是提出教唆犯的研究范式;三是讨论作为共犯之一的教唆犯的成立条件;四是研究教唆犯的性质;五是研究并给出教唆犯的定义;六是研究教唆犯的犯罪形态;七是研究教唆犯的处罚原则,等等。

20世纪70年代以来,奥地利以及其他部分国家刑法典开始采用了不区分正犯和共犯的"统一性正犯体系",其顺应了近代学派的形势政策要求而登上历史舞台,在刑法学原理上出现了统一性正犯原理的研究,在共同犯罪论上出现了系列创新发展。

英美法系国家关于教唆犯的法律规定和理论研究具有其特别的传统。在立法上,英美法系国家是将犯罪教唆作为其三种不完整罪之一来规定的。在理论上,一般认为教唆犯罪的构成,只要求行为人实施了教唆他人犯罪的行为即可构成既遂。

而俄罗斯和中国对教唆犯理论的研究也有自己鲜明的特色。俄罗斯和中国在

---

① 参见李光灿、马克昌、罗平著:《论共同犯罪》,中国政法大学出版社1987年版,第15页。

立法上，主要借鉴大陆法系国家关于教唆犯的立法经验，将教唆犯作为共同犯罪的有机组成部分来规定；在理论上，也主要是批判地继承大陆法系的共犯理论，同时运用马克思主义的基本原理，坚持主客观相结合的原则，建立起自己独具特色的共犯理论和教唆犯理论，所研究的内容基本上涉及教唆犯的各个方面。

国内外刑法学者对教唆犯理论的研究已十分深刻广泛。具体而言，中外刑法理论中关于教唆犯理论的研究内容，主要涉及以下诸方面：一是关于教唆犯的成立范围问题（与共犯的本质问题有关），有犯罪共同说、行为共同说、共同意思主体说等；二是关于教唆犯的处罚根据问题（与共犯的处罚根据问题有关），有责任共犯论、不法共犯论、惹起说等；三是关于教唆犯的性质问题，主要有共犯从属性说、共犯独立性说、二重性说等；四是教唆犯的内涵界定问题；五是教唆犯的成立要件问题，包括教唆犯的因果关系、教唆犯的错误等问题；六是教唆犯的停止形态问题；七是教唆犯的罪数形态问题；八是陷害教唆问题；九是教唆自害问题；十是诱惑侦查问题；十一是教唆犯的处罚问题，等等。

笔者认为，对于教唆犯理论中的上述诸问题，可以进行进一步的归纳、抽象和系统化梳理，以适应教唆犯理论研究体系化的要求；同时，还可以根据时代发展和理论创新的需要，适当扩大视野，拓展研究范围，形成科学、独立的理论体系。有鉴于此，本书在体系上分为八章，具体安排如下：

第一章是"教唆犯的立法源流与学术史"。从教唆犯史论出发，研究教唆犯的滥觞及其演变发展规律，考察教唆犯的理论研究沿革，讨论教唆犯的研究范式与学术创新，从而比较全面地总结介绍了教唆犯理论研究成果。

第二章是"教唆犯的内涵界定"。主要从四个方面来对教唆犯进行了界定：一是考察了我国刑法中教唆犯的实然规范与特殊问题；二是研究了教唆犯的性质问题；三是阐述了教唆犯的根据论；四是研讨了教唆犯的概念界定。

第三章是"教唆犯的构成论特征"。根据犯罪构成理论的一般原理，总结理论界关于教唆犯的构成理论的各种观点，科学界定教唆犯的构成论特征。

第四章是"教唆犯的基本类型"。考察分析历史上理论界和实践中的各种分类方法，对教唆犯进行多角度、全方位和周延的科学分类。

第五章是"教唆犯的特殊形态"。主要研究教唆犯的犯罪未完成形态、罪数形态等问题。

第六章是"教唆犯认识错误问题"。主要研究了教唆犯的认识错误的含义、分类、实行过限与实行减少等问题。

第七章是"教唆犯的刑事责任"。主要研究教唆犯的处罚原则、教唆犯的身份犯、教唆自害行为的定性处理等问题。

第八章是"教唆犯的立法完善"。全面研讨了教唆犯的立法不足与立法完善问题，还特别提出了我国教唆犯立法的理论方案。

第一章　教唆犯的立法源流与学术史

作为法学理论的教唆犯理论研究,首先有必要检讨其研究对象和学术史迹,正如德国学者霍恩所说,"每一门学科都是由对象和方法来构成的"[①]。教唆犯这一研究对象本身是具有厚重历史感的,它起始于人类远古,绵延于社会未来,源远流长。认识其各个历史时期的"本来面目"既是我们展开进一步理论研究的前提和基础,同时也是我们进行理论探索的基本目标之一。学术史迹其实就是理论史迹、方法论史迹,因为,"一切研究之要务在于寻找到与其对象相适应的某种研究方法"[②],"科学即方法","理论的核心即为方法","方法既是理论或规范假说的构成力量,也是理论或规范假说的硬核和保护带"[③]。因此,我们可以说,考察教唆犯的学术史,本质上就是考察教唆犯理论研究的方法论演变历史,以为今日展开教唆犯理论研究所用。故在教唆犯研究的开篇,运用历史考察方法梳理教唆犯的立法源流与学术史,总结教唆犯立法存在形式的演变规律,探析教唆犯学术研究的方法论轨迹,对于教唆犯研究整体而言具有前置性、基础性的理论价值。

第一节　教唆犯的立法源流

教唆犯的立法存在是展开教唆犯理论研究的重要依据。通过观察奴隶时代、封建时代、人文时代的教唆犯立法存在的不同特点,我们可以比较清晰地发现教唆犯立法存在形式的某种发展演变规律。

---

① [德] N. 霍恩著,罗莉译:《法律科学与法哲学导论》,山东人民出版社 2002 年版,第 184 页。

② 此为奥地利法学家埃利希所言,转引自舒国滢等著:《法学方法论问题研究》,中国政法大学出版社 2007 年版,第 20 页。

③ 李可著:《法学方法论原理》,法律出版社 2011 年版,第 1、11 页。

一、奴隶时代：教唆犯之影子规范存在

作为一种阶级社会所特有的社会现象，教唆犯罪应当与阶级、国家、犯罪等社会现象同时产生。因此可以说，教唆犯罪现象早在人类社会步入第一个阶级社会即奴隶社会时就已经出现。这一点，从极少见、极珍贵的史料中依稀可辨：其一，奴隶社会已经出现共同犯罪，由此可以合乎逻辑地推知，作为共同犯罪内容之一的教唆犯罪现象，应该已经出现。① 这一点，可从对一些罪名的逻辑分析来判断。其二，在奴隶制时代的文物、文献中可以直接或间接地找到教唆犯的影子。对这种所谓的教唆犯的影子的有关规定，笔者称之为教唆犯之影子规范存在。

（一）相关罪名分析

从罪名上分析，周朝至少有 6 个罪名与共同犯罪或教唆性质的犯罪相关。②

一是聚众出入罪。《周礼·秋官司寇·禁暴氏》记载："凡国聚众庶，则戮其犯禁者以徇；凡奚隶聚而出入者，则司牧之，戮其犯禁者。"这说明，周朝禁止众庶相聚，违者戮杀。

二是乱暴力正罪。《周礼·秋官司寇·禁暴氏》规定："庶民之乱暴力正，挢诬犯禁者，作言语而不信者，以告而诛之。"即对于庶民暴乱、起义、造谣、说谎的，一经告发，都要受诛。

三是盗窃引诱罪。《尚书·费誓》记载："盗牛马，诱臣妾，汝则有常刑。"其中讲，诱骗他人臣妾为非的，要予以刑罚处罚。

四是盗贼军罪。《周礼·秋官司寇·朝士》讲："凡盗贼军，乡邑及家人，杀之无罪。"即当奴隶起义造反形成一支力量（共同犯罪）时，要株连其乡邑和家人。

五是言行惑众罪。《礼记·王制》记载："行伪而坚，言伪而辩，学非而博，顺非而泽以疑众，杀。"就是讲，凡言行虚伪，煽惑群众的，要处死。

六是迷信惑众罪。《礼记·王制》又讲："假于鬼神，时日，卜筮以疑众，杀。"即对于假借鬼神、时日、卜筮以蛊惑民众的，杀。

（二）近似现象考察

从文物或文献所载内容上分析，可以发现与"教唆犯"相似或相近的"诱

---

① 需要说明的是，教唆犯罪这种社会现象的出现，并不以人们对它的认识与否为条件，更与人们在当时是否提出了"教唆"语词无关。另外，教唆犯罪现象理应是与共同犯罪现象相伴而生的，从总体上看，可由共同犯罪现象的存在合乎逻辑地推导出教唆犯罪现象的存在，这种推导尽管并不绝对可靠，但有其相对的合理性。

② 参见周密著：《中国刑法史纲》，北京大学出版社 1998 年版，第 84~86 页。

陷者"、"指使者"等现象的存在。

一是有学者考证了西周时期存在"诱陷者"的推断。《尚书·周书·康诰》记载："凡民自得罪，寇攘奸宄，杀越人于货，暋不畏死，罔弗憝。"其中的"自得罪"，根据《集传》的解释，是指非为人诱陷。据此可以推知，凡罪犯不是因为他人的诱陷而犯罪的，都应单独承担刑事责任，从而可以推断"诱陷者"与"被诱陷者"的存在。①"诱陷者"即有教唆犯的含义。

二是西周文物《曶鼎》记载的一则共同犯罪案例中出现了"指使者"之说。讲的是西周中期某年闹灾荒，匡季指使其臣众二十人抢劫了曶的禾十秭。按照西周刑法，指使者匡季构成寇攘罪，按律该处死。但是，匡季是东宫王室的人，就允许他用物质赔偿的方式来了结。②显然，指使者有教唆者、组织者等含义。

以上是中国奴隶社会鼎盛时期的情况。除此之外，古巴比伦《汉谟拉比法典》亦有关于对不揭发、不检举犯罪分子而受处罚的规定，如规定卖酒妇明知罪犯在自己店中聚议共谋而不报捕的，送于宫廷，处死。这说明，古巴比伦已注意惩治聚议共谋的犯罪。③作为共同犯罪内容之一的教唆犯罪，至此可以合理地认为已经出现。古罗马法亦有关于共同犯罪和教唆犯的规定，对共同犯罪人的处罚实行责任平等主义。古罗马法视每一犯罪之参与人（所有参与人概括称为 Consortes 或 Particips，其中类似教唆犯的参与人称为 Actor）为构成犯罪之行为人而加以处罚，起因者与共犯均具有同一可罚性，即不问其协力行为如何，都科以同等级之刑罚。由于对各种共同犯罪人均处以同一之刑，因此在法律上对共同犯罪人进行区分并无实际意义，④当然也就没有在法律上将教唆犯作为一种独立的共犯人种类划分出来。

但总的说来，奴隶制时期并没有明确的教唆犯概念，在立法上或者其他文献资料上也没有关于教唆犯的明确规定和记载，甚至除个别特例以外，还没有对共

---

① 参见陈兴良著：《共同犯罪论》，中国社会科学出版社1992年版，第14页。
② 参见林文肯、茅彭年著：《共同犯罪理论与司法实践》，中国政法大学出版社1987年版，第173页。
③ 参见吴振兴著：《论教唆犯》，吉林人民出版社1986年版，第2页。
④ 参见陈兴良著：《共同犯罪论》，中国社会科学出版社1992年版，第33~34页。

犯的粗线条分类。①

二、封建时代：教唆犯之模糊规范存在

如前所述，人类开始注意到教唆犯现象，大约在奴隶制时代后期的西周；但从思想上对教唆犯罪给予极大关注的，应该是封建时期。其原因有二：

一是人类通过悠远的原始社会和奴隶社会的发展和进化，在认识水平和思维能力方面已有重大飞跃；尤其是通过漫长的封建社会，人类的实践经验的增加、知识与思想的积累达到相当丰富的程度，人类对包括教唆犯罪现象在内的各种社会现象的观察、认识和思考，已经具备初步掌握客观规律、进行辩证思考的能力。对于在奴隶制时代客观上已经出现的教唆犯现象，经历奴隶社会的模糊不清与似是而非的感知，经过封建社会数百年甚至上千年的"现成享用"与反复思索，人类才能从思想上对教唆犯罪予以高度关注，并能在较低或较高的层次上廓清教唆犯的基本形态。

二是在政治统治和刑事法律制度方面，封建地主阶级在奴隶制时代实践的基础上，逐步积累了更加丰富的经验，就必然在政治经验和治国方略上有所进步和发展。在刑事法律制度上，尽管封建社会在总体上体现了刑法威吓主义、刑罚野蛮残忍性等特征，但是，封建政治家、思想家们毕竟在"现成享用"前人经验的基础上、在"反复思索"前人思想观念的过程中有所进步，表现为在思想上对共同犯罪有了更深刻的认识，并对共犯进行了初步分类，如谋遣犯、首恶犯、造意犯、首犯与从犯等——虽然没有将教唆犯从共犯类型中分离出来作为一种独立的共犯种类，并且还没有形成教唆犯的确切概念，但这种初步分类已经表明："封建地主阶级的律学家、思想家们已经注意到了唆使他人犯罪者的存在"②，并在律学注疏中力求给予阐释。而这在奴隶社会是没有出现过的社会现象。

上述分析表明，封建时期人们对共同犯罪尤其是对教唆犯的认识和把握还相当有限，甚至没有出现关于教唆犯的一般概念，更没有把教唆犯独立出来作为独

---

① 在这个问题上，理论界还存在争议。目前的争议主要集中在古罗马法中是否已有了正犯与从犯的区分。大致有三种观点：一种看法是，古罗马法已有了正犯与从犯的区分，"实施犯罪行为者，为正犯；帮助者，为从犯，同受处罚"。（参见谢兆吉、刁荣华著：《刑法学说与案例研究》，台湾汉林出版社1976年版，第27页。）另一种看法认为，"在古罗马法似乎没有正犯和从犯完备的概念"。（参见许鹏飞著：《比较刑法纲要》，商务印书馆1936年版，第138页。）第三种看法是，关于古罗马法是否有正犯与从犯的区分，现无可靠资料参考，但即使有这种区分，这在当时的奴隶制国家中也是极个别现象；就一般情况而言，在刑事法律中产生共犯的一般概念，并对共犯进行初步分类，还是封建时期的事情。（参见吴振兴著：《论教唆犯》，吉林人民出版社1986年版，第3页。）

② 参见吴振兴著：《论教唆犯》，吉林人民出版社1986年版，第4页。

立的共犯人种类进行审视。封建刑法中所规定的类似于"教唆犯"的概念，一般都是与具体罪，如"盗"、"杀"、"殴"等相联系来规定的，如"甲谋遣乙盗"，"甲谋遣乙盗杀人"，"欧（殴）人，教令者同罪"等。至于"造意犯"，已不能与教唆犯画等号，它在更大程度上具有组织犯的特征，所以，封建刑法中关于"诸共犯罪者，以造意为首"的总则性规定，并不具有表述教唆犯的一般概念或处罚原则的意义。另外，《大明律·刑律五·诉讼》中专设《教唆词讼条例》，在法律规范形式上使用了"教唆"一词；并且在明朝《六部成语·刑部·教唆注解》中对教唆解释为"暗中调唆害人"，貌似给教唆下了定义。但是，明律及其注解都是在诉讼法意义上针对"诬告"这一具体情形来使用"教唆"一词的，因而严格地讲，它并不具有界定和规范教唆犯的意义。这种认识状况决定了封建刑法所规定的教唆犯具有突出的附庸性、模糊性等特点。这些特点，可以从封建刑法关于教唆犯的规定中得到有力的说明。大体上，中国古代封建刑法或著述中表达具有"教唆"含义的语词有"谋遣"、"使"、"教令"、"教"、"教诱"、"诈教诱"、"和令"、"意"、"造意"、"教唆"等十种①。

（一）谋　遣

该语词主要见诸于秦律。《睡虎地秦墓竹简》中有如下一些记载：（1）"甲谋遣乙盗，一日，乙且往盗，未到，得，皆赎黥。"（2）"人臣甲谋遣人妾乙盗主牛，买（卖），把钱偕邦亡，出徼，得，论各可（何）殴（也）？当城旦黥之，各畀主。"（3）"甲谋遣乙盗杀人，受分十钱，问乙高未盈六尺，甲可（何）论？当磔。"

秦墓竹简的这几则记载中都使用了同一个语词，即"谋遣"，其基本含义与"教唆"有联系。在第一则记载中，甲"谋遣"乙去行盗，一日，乙去行盗，尚未赶到（目的地），被擒获，甲、乙皆判赎黥刑。在第二则记载中，家奴甲"谋遣"私家婢女乙盗窃主人的牛，卖掉牛，带着赃钱一起逃离国境，出边塞之际被抓获，论罪各人应如何处罚？应该判以"城旦黥"的刑罚，并且分别交还主人。在第三则记载中，甲"谋遣"乙去盗劫杀人，分赃十钱，问：乙身高未达

---

① 参见肖常纶、应新龙：《谋遣、教令、教唆、造意》，载《法学》1984年第3期；吴振兴著：《论教唆犯》，吉林人民出版社1986年版，第20～27页；李光灿、马克昌、罗平著：《论共同犯罪》，中国政法大学出版社1987年版，第74～77页；陈兴良著：《共同犯罪论》，中国社会科学出版社1992年版，第13～20页；周密著：《中国刑法史纲》，北京大学出版社1998年版，第250页；张晋藩、林中、王志刚著：《中国刑法史新论》，人民法院出版社1992年版，第332～344页。

六尺（意即未成年，因为中国古代以男子身高六尺为成年标志）①，甲如何论处？应判车裂之刑。

从秦墓竹简的上述规定可以看出以下几个特点：（1）"谋遣"包含有主谋、指使、唆使等含义。因此，"谋遣"不能与"教唆"画等号，"谋遣者"也不等同于教唆犯。（2）秦时"谋遣"者的刑事责任原则是：谋遣他人犯罪的，即使谋遣者没有参加犯罪的实行行为，也无论犯罪是否得逞，谋遣者都要负与实行犯相同的刑事责任，处以相同的刑罚。（3）谋遣未成年人犯罪的，对谋遣者单独判处重刑。

（二）使

该语词主要见诸于汉代有关文献。《汉书·王子侯表》中记载："乐侯义，坐使人杀人，髡为城旦。武安侯受，坐使奴杀人，免。富侯龙，坐使奴杀人，下狱，瘐死。阳与侯昌，坐朝私留他县使庶子杀人，弃市。"《汉书·功臣表》中又载："赞嗣侯获，坐使奴杀人，减死，完为城旦。""坐"，意指追究刑事责任的缘由。"使"，意为指使、唆使派遣、命令等含义。因此，"使人杀人"就有教唆他人杀人、派遣他人杀人等多种情形，而不是特指教唆他人杀人这样一种情形；"使人杀人"者既可以是共同杀人犯罪的主谋者、组织犯，也可以是共同杀人犯罪的教唆犯，还可以是指使无刑事责任能力者杀人的间接正犯。有学者认为，这种"使人杀人"者就是指使、教唆他人杀人的教唆犯。② 这种看法是不甚妥当的，失之绝对化。

从《汉书》的有关文献可以看出，汉代对"使人杀人"的规定有如下特点：（1）"使人杀人"笼统地指教唆、派遣、命令他人杀人等多种情形，而没有专门对教唆犯进行规定。（2）"使人杀人"者的刑事责任，因"使"者和被杀者的身份不同而承担不同的刑事责任。上述五种情形中的"使人杀人"者，一弃市，一瘐死，一减死完为城旦，一髡为城旦，一免（免去爵位），受罚迥异。

（三）教令（教、教诱、诈教诱、和令）

据学者考证，"教令"这一语词始见于《诗·小雅·隰桑》，只作"教化之谓"；《韩非子·外储说左上》中亦出现"教令"这一语词，意为"命令之谓"，皆指上对下、尊对卑的"教诲"。③ 以"教令"表示教唆、指使、主谋、命令等

---

① 一般认为，秦律确定刑事责任年龄，以身高为标志，男六尺五岁、女六尺二岁为成年，其时约十六七岁。参见马克昌、杨春洗、吕继贵主编：《刑法学全书》，上海社会科学技术文献出版社1993年版，第470页。

② 参见吴振兴著：《论教唆犯》，吉林人民出版社1986年版，第22页。

③ 参见肖常纶、应新龙：《谋遣、教令、教唆、造意》，载《法学》1984年第3期。

含义，见之于法律规定，则汉、唐至明、清各个朝代均有①。汉代规定："敢蛊人及教令者，弃市。"晋张斐对《晋律》的注疏也讲："欧（殴）人，教令者同罪。"《唐律》设"子孙违反教令"条规定："诸子孙违反教令及供养有缺者，徒二年。"其中"教令"还更多地含有"教诲"之意。《大清律例》所规定的"子孙违反教令"条中的情形也是如此。但《唐律·名例律》规定："九十以上，七岁以下，虽有死罪不加刑；即有人教令，坐其教令者。"由于《唐律》规定，90岁以上的老人和7岁以下的儿童均属无刑事责任能力者，故该规定的"教令"者，具有"教唆"的含义（同时也有主谋、指使等含义），相当于现代刑法中的间接正犯。《唐律》中"教令人告事虚"条规定："诸教令人告，事虚应反坐，得实应赏，皆以告者为首，教令为从。"这里的"教令"，亦主要指"教唆"、"指使"等意。《宋刑统·诈伪律》中专设"诈教诱人犯法"条，规定，"诸诈教诱人使犯法，及和令人犯法……欲令人罪，皆与犯法者同坐。"《唐律疏议》讲："鄙俚之人，不闲法式，奸诈之辈，故相教诱，或教盗人财物，或教越度关津之类。犯禁者不知有罪，教令者故相坠陷，故注云，犯者不知而犯之。及和令人犯法，谓和教人奴婢逃走，或将禁物度关，为示和同，内为私计，故注云，谓共知所犯有罪。"可见，《宋刑统》中表达含有"教唆"之意的语词有"诈教诱"、"和令"、"教"、"教诱"等。其中，"诈教诱"指被教诱者"不知而犯之"的情形，而"和令"指教诱者与被教诱者"共知所犯有罪"的情形。

上述考证说明，"教令"、"教"、"教诱"、"诈教诱"、"和令"诸语词，均有"教唆"的含义，但同时还有"指使"、"主谋"、"命令"、"引诱"、"教诲"等多种含义。因此，"教令（教、教诱、诈教诱、和令）"者并不专指教唆犯。

（四）意

该语词见诸于《汉书·梁孝王传》："梁王怨爱盎及议臣，乃与羊胜、公孙诡之属谋，阴使人刺杀爱盎及他议臣十余人。贼未得也。于是天子意梁，逐贼，果梁使之……王乃使胜、诡自杀，出之。"清人沈家本解释道："此狱梁王造意，胜、诡乃从者耳。"② 可见，《汉书》中的"意"，有"授意"、"造意"、"唆使"等含义。

（五）造　意

该语词作为法律术语，初见于三国时期。《三国志·魏志·贾逵传》注引："太祖欲征吴而大雨，三军多不愿行。太祖恐外有谏者，令有谏者死。贾逵观状，与同僚之人说，不可不谏，并草修谏章以示三人，三人皆署名。太祖怒，收

---

① 参见肖常纶、应新龙：《谋遣、教令、教唆、造意》，载《法学》1984年第3期。
② 参见［清］沈家本撰：《历代刑法考·汉律摭遗》，中华书局1985年版。

逯等。当送狱，取造意者，逯即言，'我造意'，遂走诣狱。"此处"造意"，学界一般认为有两层意思，即既要在二人以上的合谋中首先提出犯意，又要身体力行，共同参与所谋议的犯罪活动；因此，"造意"与"教唆"、"教令"、"谋遣"等是不尽相同的。① 上述注引表明，谁"造意"，则谁将"遂走诣狱"，其余则可以不下狱，这肯定无疑地体现了"以先造意者为首"的刑事责任原则精神（但当时并没有明确将其规定为一种处罚原则）——这一原则精神至唐代即在法律上作了明确规定："以先造意者为首，余并为从。"

因此，有学者根据《晋书·阎缵传》所载"（杨）骏之诛也，缵弃官归，要骏故主簿潘岳、掾崔基等共葬之。基、岳畏罪，推缵为主，墓成，当葬。骏从弟模告武陵王澹，将表杀造意者。众咸惧，填冢而逃，缵独以家财成墓，葬骏而去"，从而推断"以造意为首"的处罚原则源于汉律。② 其实这种看法不甚妥当。

一般认为，三国时期开始在生活中和文献上使用"造意"一词，但尚缺乏明确而规范的正式解释。直到晋张斐才对"造意"的含义作出了经典解释。《晋书·刑法志》中记载："唱首先言谓之造意，二人对议谓之谋，制众建计谓之率，三人谓之群。"至于《唐律》，则对"造意"犯的处罚原则作出了典型的规定，为其后世封建社会法律所遵循。《唐律》规定："诸共犯罪者，以造意为首，随从者减一等。"《唐律疏议》则进一步解释道："共犯罪者，谓二人以上共犯，以先造意者为首，余并为从。"可见，《唐律》明确给出了共犯的定义，并对共犯人的种类进行了法律上的区分，即将共犯罪者分为首犯和从犯两种：首犯即"造意"者，从犯即"随从者"。其中的"造意者"，既包括唆使他人犯罪的教唆犯，也包括唱首先言、出谋划策的主谋者；"造意者"并不能与"教唆犯"画等号。唐以后，宋、元、明、清各个朝代均承袭了《唐律》关于"造意犯"和从犯的原则规定，基本上没有变化。不过，《唐律》在坚持"以造意为首"的处罚原则的前提下，也有例外的规定。比如，《唐律》规定："诸同谋共殴伤人者，各以下手重者为重罪，元谋减一等，从者又减一等；若元谋下手重者，余各减二等；至死者，随所因为重罪。"这一规定有两个突出的特点：一是使用了"元谋"一词。该词在相当的程度上等同于"造意"，只是前者在更多的场合具有"主谋者"（而不仅仅是教唆犯）的含义。③ 二是明确规定，"诸同谋共殴伤人

---

① 参见肖常纶、应新龙：《谋遣、教令、教唆、造意》，载《法学》1984年第3期。
② 参见张晋藩、林中、王志刚著：《中国刑法史新论》，人民法院出版社1992年版，第336~337页。
③ 一般认为，在我国封建时代，"元谋"、"原谋"、"造意"等语词在法律上的意义是相通的，如《唐律》中有时把"造意者"说成"元谋"，清律中有时把"造意者"说成"原谋"，都说明"造意者"含有主谋者的性质和意义。参见吴振兴著：《论教唆犯》，吉林人民出版社1986年版，第24页。

者，各以下手重者为重罪，元谋减一等"。这种规定明显是《唐律》关于"以造意为首"原则的例外规定，从而体现出《唐律》关于教唆犯立法的灵活性，值得引起注意。

（六）教　　唆

该语词主要在明、清两朝的法律文件中有所使用。《大明律·刑律五·诉讼》中专设"教唆词讼条例"，在法律规范形式上使用"教唆"一词；同时，在明朝《六部成语·刑部·教唆注解》中把教唆解释为"暗中调唆害人"，在形式上给"教唆"下了定义。但实际上，明律及其注解都是在诉讼意义上并针对"诬告"这一具体情形来使用"教唆"一词的，因而严格地讲，明律的有关规定并不具有界定和规范教唆犯的意义。

清律亦如此。《大清律·刑律》规定："如原告之人并未起意诬告，系教唆之人起意主令者，以主唆之人为首，听从控告之人为从。如本人起意欲告，而教唆之人从旁怂恿者，依律与犯人同罪。"对此，学界一般认为，在前一种情况下，原告之人本来没有诬告的犯罪意图，是教唆者起意主令，挑起其犯罪意图。因此，"教唆之人"是教唆犯。对于这种教唆犯，按首犯从重处罚。在后一种情况下，原告之人本来已有诬告的犯意，而教唆之人只是从旁怂恿，帮助其坚定诬告的决心。因此，"教唆之人"应为帮助犯。对于这种帮助犯，依律与原告之人同样处罚。[①]

但是显而易见，明律、清律的这种规定已经十分接近于近现代意义上的教唆犯，在较大程度上反映了教唆犯的本质特征，因而具有特别重要的历史意义。

在外国，封建时期的刑法亦对教唆犯有所规定。例如，《古兰经》就有"免遭潜伏的教唆者的毒害"的记载；中世纪意大利刑法学家将对罗马法的研究成果运用于刑法的研究，将共犯分为正犯、教唆犯、单纯的精神帮助犯与行为帮助犯四种，但在意大利刑法中仍无共同犯罪的一般性规定，只是在个别罪名中有所涉及而已；德国1532年的《加洛林纳刑法典》继承了意大利刑法学家关于教唆犯、精神帮助犯、行为帮助犯的理论，对教唆犯的规定亦有所体现。[②] 但总的来说，封建刑法对教唆犯的规定模糊，还没有关于教唆犯的明确划分和规定，教唆犯理论仍不成熟。

三、人文时代：教唆犯之立法规范存在

教唆犯理论的真正大发展，是在资产阶级启蒙思想广泛传播和资产阶级革命

[①] 参见吴振兴著：《论教唆犯》，吉林人民出版社1986年版，第25页。

[②] 参见蔡墩铭著：《唐律与近世刑事立法之比较研究》，台北汉苑出版社1976年版，第203页；陈兴良著：《共同犯罪论》，中国社会科学出版社1992年版，第35~36页。

取得胜利之后所发生的事。就教唆犯理论的发展而言，资产阶级启蒙思想家鼓吹的人权、平等、博爱思想具有重大的催生作用，以意大利刑法学家贝卡利亚为杰出代表的资产阶级刑法学家对封建刑法罪刑擅断的猛烈批判，对罪刑法定、罪刑均衡、刑罚人道等思想的极力推崇和有力论证具有决定性的意义。资产阶级国家纷纷制定或修改刑法，吸纳和运用新思想，促进了教唆犯理论的大发展。而中国近现代立法关于教唆犯的规定，主要是兼顾吸收国外经验与自身传统的产物，综合体现了教唆犯立法规范的时代发展与国别特征。

（一）《法国刑法典》关于教唆犯的规定

《法国刑法典》自1791年以来有两次修订，分别出现了1791年《法国刑法典》、1810年《法国刑法典》和1994年《法国刑法典》三个版本，现在生效的版本是1994年《法国刑法典》。

法国资产阶级革命胜利后，于1791年制定了《法国刑法典》，即1791年《法国刑法典》，最早创立了资产阶级刑法体系；在此基础上，法国由立法委员诺亚伊尔等人起草，于1810年2月12日通过并于同年2月22日公布了新的刑法典，即1810年《法国刑法典》。通常我们所说的《法国刑法典》，即是指1810年《法国刑法典》。该刑法典设置了5个条文（第59～63条）专门对共同犯罪进行规定，其特点：一是将共同犯罪人区分为正犯与从犯；二是将教唆犯归入从犯的范畴，称为教唆从犯；三是将连累犯（如窝藏、包庇犯等）视为共同犯罪；四是对共犯人实行责任平等主义。① 该法典第60条规定："凡以馈赠、约许、威胁、利用权势、奸诈、教唆或指使他人犯重罪或轻罪者，应以该重罪或轻罪之从犯论。"而该法典第59条规定："重罪与轻罪之从犯，应处以与正犯相同之刑。"

可见，1810年《法国刑法典》对教唆犯的规定是采取明确列举的方式界定教唆行为的特征与范围，充分体现了罪刑法定原则的精神。这与封建刑法相比，对教唆犯的规定有了质的飞跃和重大发展，严格限制了共犯（教唆犯）的范围和承担刑事责任的条件，在立法技术上趋于成熟。但是，该法典把教唆犯等同于帮助犯，将教唆犯一律视为从犯的范畴，没有把教唆犯独立出来作为一种共犯人类型，并且在确定其刑事责任时一律实行平等主义，使得教唆犯与帮助从犯、隐匿从犯承担完全相等的刑事责任，显然有失科学。所有这些都与《法国刑法典》严格采取共犯从属性原则、实行刑罚威吓主义是分不开的。同时，法国刑法较好地保持了"连贯性"和"演变中的连续性"，② 1810年《法国刑法典》与1994年《法国刑法典》对教唆犯的规定大致是一致的，几乎没有什么改动。例如，

---

① 参见陈兴良著：《共同犯罪论》，中国社会科学出版社1992年版，第38～39页。
② 参见罗结珍译：《法国刑法典》，中国人民公安大学出版社1995年版，"序"第3～7页。

1994年《法国刑法典》第121-7条规定的"以赠礼、许诺、威胁、命令、滥用权势或职权,挑动和教唆犯罪者,亦为共犯"① 基本上与1810年《法国刑法典》的有关规定相同。

(二)《德国刑法典》关于教唆犯的规定

据文献资料介绍,《德国刑法典》主要有1871年《德国刑法典》和1998年《德国刑法典》两个版本,现在有效的版本是后者,即1998年《德国刑法典》(2002年修订)。"现行德国刑法典渊源于1871年5月15日的德意志帝国刑法典。"② 需要声明的是,在德国分裂为西德、东德时期的刑法典,本书暂未收集纳入评价内容。

1. 1871年《德国刑法典》关于教唆犯的规定

1871年《德国刑法典》于1871年5月15日颁布,1872年1月1日起正式施行。③ 该法典对共同犯罪的规定较之于1810年《法国刑法典》的规定具有以下几个特点:一是增加了对共同正犯的规定,即规定"二人以上共同实行犯罪时,各以正犯处罚之",从而弥补了《法国刑法典》对正犯规定过于简单的缺陷;二是将教唆犯规定为独立的共犯;三是对从犯采取得减主义,即规定"从犯之刑,照可适用为其帮助之犯罪之法律定之。但得按照犯罪未遂予以减轻",因而具有更强的科学性;四是将连累犯从共同犯罪中分离出来独立成罪,在分则

---

① 参见罗结珍译:《法国刑法典》,中国人民公安大学出版社1995年版,第8页。

② [德] 汉斯·海因里希·耶赛克:《为德国刑法典序》,载徐久生、庄敬华译:《德国刑法典》,中国法制出版社2000年版,第1页。

③ 一般认为,1871年《德国刑法典》是以1810年《法国刑法典》和1851年《普鲁士刑法典》为基础制定的。1851年《普鲁士刑法典》根源于1810年《法国刑法典》,在关于教唆犯的规定上承袭了1810年《法国刑法典》的以从犯论的原则,同时也有一定的发展。例如,1851年《普鲁士刑法典》第35条规定:"对于重罪或轻罪之从犯,以及未遂的重罪或轻罪之从犯,可以按照适用于正犯的刑罚法规处罚。"根据这条规定可以看出:一是明确地提出了"未遂的教唆犯"的处罚问题;二是在教唆从犯的处罚问题上,规定"按照适用于正犯的刑罚法规处罚",较之于1810年《法国刑法典》采取的与正犯处以相同之刑的原则而有所不同,即该法典在教唆从犯的处罚上增大了伸缩余地,对教唆犯既可以处以与正犯相同之刑,也可以在分则为正犯规定的法定刑之内处以与正犯不同的刑罚。对于第二点,日本刑法学者牧野英一指出,1810年《法国刑法典》的处罚原则可以叫做"具体的责任平等原则",而1851年《普鲁士刑法典》的这种处罚原则可以叫做"抽象的责任平等原则";但也有学者认为,1851年《普鲁士刑法典》的这种处罚原则不是抽象的责任平等原则问题,而是既可以实行责任平等也可以不实行责任平等的问题,即是一种带有弹性的责任平等。参见[日]牧野英一著:《刑法研究》(第1卷),有斐阁1928年版,第61页;吴振兴著:《论教唆犯》,吉林人民出版社1986年版,第37~38页。

中明文规定连累犯,从而使共同犯罪的概念更加科学。①

关于教唆犯的规定,1871年《德国刑法典》的突出特点是,首次将教唆犯从从犯中独立出来,按照三分制的分类方法,把共犯分为正犯、教唆犯和从犯三种类型,使教唆犯成为独立的共犯人种类。该刑法典第48条规定:"凡以赠予或期约、恐吓、滥用职权或权力、故意造成或促进错误,或以其他方法故意引诱他人实行依规定应予处罚的行为者,应以教唆犯处罚。教唆犯之刑,参照适用教唆犯故意教唆之罪的法律。"1871年《德国刑法典》主要是借鉴1810年《法国刑法典》的立法经验,但在教唆犯的立法规定上基本上坚持了共犯独立性的原则;尤其从其对教唆犯的处罚规定来看,它具有比较明显的共犯独立性说的特点。② 总的来说,1871年《德国刑法典》关于教唆犯的规定比1810年《法国刑法典》的规定更趋于科学合理。

2. 1998年《德国刑法典》关于教唆犯的规定

德国在二战后经历了数十年的分离分治,最终走向了统一。统一的德国根据本国社会政治、经济、文化等各种因素的发展实际,于1998年11月13日颁布、自1999年1月1日起生效实施了新的刑法典,即1998年《德国刑法典》③。该刑法典直接渊源于1871年《德国刑法典》,基本上是在1975年、1987年《德意志联邦共和国刑法典》的基础之上修订完善的,因此,其在共同犯罪的立法方

---

① 参见陈兴良著:《共同犯罪论》,中国社会科学出版社1992年版,第39~40页。

② 在我国,有学者认为,1871年《德国刑法典》不但把教唆犯独立出来作为共犯的一个类型,而且在教唆犯的处罚上改变了1810年《法国刑法典》的教唆犯处罚原则,采用了共犯独立性原则。即认为所谓"参照适用教唆犯故意教唆之罪的法律"处罚教唆犯,是指教唆犯教唆他人去实行的是什么罪,就按什么罪处罚。假如教唆犯是教唆他人盗窃,而被教唆者实行的是杀人,教唆犯仍按盗窃罪的法律规定进行处罚。这种规定有一定的合理性。但是,离开教唆犯在共同犯罪中的地位和作用,仅从共犯独立性原则着眼,也有一定的弊端,因为这里缺少一个对教唆犯的量刑标准,从而扩大了法官的自由裁量余地。(参见吴振兴著:《论教唆犯》,吉林人民出版社1986年版,第38~39页。)但另有学者认为,1871年《德国刑法典》关于教唆犯的处罚规定表明,《德国刑法典》对教唆犯的处罚采共犯从属性原则。这两种看法都是针对同一法律的同一条款的规定,但在理解上却是相互对立和矛盾的。笔者认为,从1871年《德国刑法典》第48条关于教唆犯的处罚规定本身分析,应该确认其具有采纳共犯独立性原则的特点和趋向。

③ 参见徐久生、庄敬华译:《德国刑法典》,中国法制出版社2000年版。

面也继承了许多传统的规定。① 该刑法典对共同犯罪的规定,多数内容与1871年《德国刑法典》的规定相同,如采三分法对共同犯罪人进行分类,将共犯分为正犯、教唆犯、帮助犯(从犯);将连累犯从共同犯罪中分离出来予以单独规定,等等。但1998年《德国刑法典》在共同犯罪立法上有两个重大变化:一是规定对帮助犯采必减主义,规定"对帮助犯的处罚参照正犯的处罚,并依第49条第1款减轻其刑罚",这与1871年《德国刑法典》所采取的得减主义明显不同;二是对教唆犯的规定具有采共犯从属性说与独立性说的双重性色彩。

1998年《德国刑法典》关于教唆犯的规定具有以下几个突出特点:(1)采用定义明示的方式给出了教唆犯的概念。该刑法典第26条规定:"故意教唆他人故意实施违法行为的是教唆犯。"表述简练、准确、规范。(2)对教唆犯的处罚采共犯从属性原则。该刑法典第26条规定:"对教唆犯的处罚与正犯相同。"(3)明确规定了教唆犯的未遂。该刑法典第29条规定:"教唆他人实施重罪而未遂的,依该重罪的未遂论处,并依第49条第1款(特别之法定减刑理由)减轻处罚。可适用第23条第3款(对未遂犯的处罚)的规定。"对教唆犯的未遂,不是处以与正犯相同的刑罚,而是依该重罪的未遂论,这一点就表明了教唆犯的独立性。

(三)《日本刑法典》关于教唆犯的规定

1995年《日本刑法典》是在1907年《日本刑法典》的基础上,经历十多次修正的结果;② 但在共同犯罪问题上,近现代日本刑法典的规定变化并不大。现行《日本刑法典》第61条规定:"教唆他人实行犯罪的,按照正犯论处。教唆教唆犯的,亦同。"第62条第2款规定:"教唆从犯的,按照从犯论处。"第64条规定:"拘留或罚款罪的教唆犯、从犯,只应判处拘留或罚款之罪的教唆犯及从犯,如没有特别的规定,不处罚。"第65条第1款规定:"凡参与因犯人身份而构成的犯罪行为的人,虽不具有这种身份,仍是共犯。"

---

① 自1871年《德国刑法典》颁布施行以来,为适应不断变化的情况和需要,德国对其刑法典进行了不停的反复修订。在其后的130年中,德国先后制定了6部刑法改革法、29部刑法修改法和众多的单行刑事法律法规,使德国刑法得到了极大的充实和发展。尤其是两德的统一导致在德国的所有国土上重新恢复德国刑法的统一性,最终形成了1998年《德国刑法典》。参见[德]汉斯·海因里希·耶赛克:《为德国刑法典序》,载徐久生、庄敬华译:《德国刑法典》,中国法制出版社2000年版,第1~36页。

② 1907年《日本刑法典》主要经历了以下修正:1922年第77号法律、1941年第61号法律、1947年第124号法律、1953年第195号法律、1954年第57号法律、1958年第107号法律、1960年第83号法律、1964年第124号法律、1968年第61号法律、1980年第30号法律、1987年第52号法律、1991年第31号法律、1995年第91号法律修正。参见萧榕主编:《世界著名法典选编》(刑法卷),中国民主法制出版社1998年版,第568页。

通过分析可以看出,《日本刑法典》关于教唆犯的规定,在《法国刑法典》、《德国刑法典》规定的基础上既有继承又有发展,具有自己鲜明的特点:(1)省略了关于教唆行为的方式的规定。这样,既节约了文字,又扩大了法官的自由裁量余地。(2)基本上采用了共犯从属性原则,但对教唆犯的处罚的规定具有一定的灵活性,如规定:"教唆他人实行犯罪的,按照正犯论处。""教唆从犯的,按照从犯论处。"这与《法国刑法典》对教唆犯判处与正犯相同之刑的规定不同,而与《德国刑法典》对教唆犯的处罚规定相似,即对教唆犯既可以判处与正犯相同的刑罚,也可以根据情况对教唆犯判处与正犯不同的刑罚。(3)增加规定了间接教唆犯问题。即规定,教唆教唆犯的,也按照正犯论处。(4)增加规定了教唆从犯的问题。即规定,教唆从犯的,按照从犯论处。(5)增加规定了无特殊身份者教唆身份犯实行犯罪的问题。即规定,无特殊身份者教唆身份犯实行犯罪,仍然构成身份犯的共犯。(6)增加规定了对轻罪的教唆犯不予处罚的原则。

(四)英美法系国家刑法关于教唆犯的规定

英美法系国家的传统是实行判例法,一般没有制定成文的刑法典;但在其法制文明的发展进程中,因法治国建设和罪刑法定原则本身的内在要求,以及对大陆法系成文法模式合理性的借鉴和吸收,也逐渐制定颁布了一系列单行刑事法律法规,如英国的1861年《从犯和教唆犯法》和《侵犯人身罪法》、1991年《刑事司法法》等单行刑事法①,美国的1909年《编纂、修正、改订联邦刑事法规的法律》等单行刑事法②。有的国家甚至拟订或颁布施行了刑法典③。比如,美国于1962年拟订了《模范刑法典》,加拿大于1892年正式颁布了包括刑事实体法与程序法在内的综合性法典《加拿大刑事法典》。④ 鉴于英美法系国家法律的这种特殊性,其对共同犯罪特别是教唆犯问题的规定也有其独特之处。英美刑法

---

① 参见[英]J.C. 史密斯、B. 霍根著,李贵方等译:《英国刑法》,法律出版社2001年版,第3~19页;陈兴良著:《共同犯罪论》,中国社会科学出版社1992年版,第41~44页。

② 参见储槐植著:《美国刑法》(第二版),北京大学出版社1996年版,第19~31页。

③ 在英美法系国家,制定法和法典化运动是其法律改革运动的重要内容。例如,在美国各州,这一运动主要采取了两种形式:一是将全部犯罪都规定在制定法中,刑事控告完全根据制定法;二是将部分犯罪规定在制定法中,对另一部分犯罪(即制定法没有规定的犯罪)的控告仍然依据普通法。参见储槐植著:《美国刑法》(第二版),北京大学出版社1996年版,第27~31页。

④ 参见储槐植著:《美国刑法》(第二版),北京大学出版社1996年版,第29页;杨诚:《加拿大刑事法典:评价与借鉴——中译本代序》,载卞建林等译:《加拿大刑事法典》,中国政法大学出版社1999年版。

（这里特指英国和美国的刑法）中的教唆犯，其教唆（煽动）与共谋和未遂均属于未完成犯罪，是一种独立的犯罪形态。

在英国，教唆犯一般也称为煽动犯。① 所谓煽动犯，是指影响和企图影响他人犯罪意图的人。煽动的方法可以是启发、建议、请求、规劝、示意、说服、引诱、怂恿、利诱或威胁、逼迫等。煽动的方式既可以是明示的，也可以是暗示的。在英格兰和威尔士，仅煽动他人去犯罪的，不论该煽动行为是否成功地说服了他人犯罪或企图犯罪，皆应按普通法中的轻罪受到审讯。英国第一个教唆罪（把教唆规定为实质性犯罪）的判例是1801年霍金斯案（或译赫金斯案），因而教唆罪是在霍金斯一案中被确立的。被告人教唆某人家的一名仆人去偷窃主人家的东西，仆人拒绝了这个要求，但被告人仍然构成教唆罪。凯伦勋爵（Kenyon）在该案的判决中阐述道："已证明仅有犯罪意图而无行为是不能被控有罪的。而当被告诱使他人犯重罪时，是不是有犯罪行为发生呢？诱惑行为本身就是一种行为，律师界对此持肯定态度，诱惑行为完全可以构成叛国的明显的行为（an overt act，是指目标明显是犯罪的行为）。"原则上，煽动罪必须有煽动者与被煽动者之间的交流，但在实践中，在缺乏交流的情况下，煽动者至少成立煽动未遂罪。如果被煽动的犯罪实际上发生了，那么煽动者就构成了该种犯罪的共犯，并可能得到相应的处理。因此，在英国刑法中，广义的教唆包括两种情况：一种是被教唆者未实施所教唆之罪，属于未完成之罪之一；另一种是被教唆者实施所教唆之罪，教唆者属于共犯之一。至于被煽动的犯罪，可以是任何刑事犯罪，甚至包括以简易程序受审的犯罪，皆相当于普通法中的轻罪。②

在美国，教唆行为本身是一种犯罪实行行为，指一个人以命令、劝说、煽动、引诱、鼓励或其他方式促使另一个人去实施或参与实施犯罪行为。美国第一个教唆罪的判例是1834年莱勒斯案。现在美国有些州把犯罪教唆规定为独立的不完整罪，少数州则把它作为共同犯罪处理。美国的犯罪教唆有以下两类不同情况：第一，作为普通法罪，有两条限制：一是被教唆的须是重罪，或者有限几个

---

① 在英国，教唆犯与煽动犯也有细微差异。大致说，造成犯罪结果的意图是煽动罪的本质，即使被煽动者没有接受煽动，煽动罪也成立；而如果被煽动者接受煽动并实施了被煽动的犯罪，即成立教唆犯。因此，在英国，商讨或唆使犯罪可能不成立煽动犯罪。例如，如果甲相信一个人没有该种犯罪的犯意而实施该行为，然后企图通过一个无犯意人去实施该种犯罪，如果无犯意人实施了该犯罪，且犯罪行为被完成了，甲就成为正犯或教唆犯，但不成立煽动罪。参见［英］J. C. 史密斯、B. 霍根著，李贵方等译：《英国刑法》，法律出版社2001年版，第306～307页。

② 参见［英］J. C. 史密斯、B. 霍根著，李贵方等译：《英国刑法》，法律出版社2001年版，第204、304～308页；储槐植著：《美国刑法》（第二版），北京大学出版社1996年版，第146页。

特定的轻罪，如妨碍公正审判、妨害治安、危害公共福利等罪。如果教唆他人去实施其他轻罪，则不构成教唆罪。二是教唆罪一概以轻罪处罚。第二，作为制定法罪，存在三种情况：一是教唆他人实施任何犯罪都构成教唆罪；二是教唆他人实施重罪才构成教唆罪；三是教唆他人实施法律明文规定的某些犯罪才构成教唆罪。

《美国模范刑法典》关于犯罪教唆的规定代表了当代美国处理教唆犯罪的政策倾向：一是扩大刑事责任范围，即教唆他人实施任何犯罪都可以构成教唆罪；二是教唆罪不一定作轻罪处理，同普通法的传统态度相比，加重了对教唆罪的处罚。另外，美国《纽约州刑法典》按所教唆的罪的等级以及被教唆者的年龄差别，把教唆罪分为五级。

美国刑法中教唆罪的构成，只要求行为人有教唆他人实施犯罪的行为，而不要求被教唆者实施了教唆的罪，即有了教唆行为就构成既遂罪。那么，教唆未遂，就是指教唆的信息还没有达到被教唆者。从理论上说，教唆未遂的情况是完全可能存在的。但是多数学者认为，教唆未遂不应当、至少是不必要受罚。因为从整个犯罪的客观过程看，教唆行为相当于犯罪的预备行为，甚至是预备行为以前的行为；教唆未遂实际上也就相当于预备行为的未遂，而处罚这种行为并不完全符合刑法的基本目的。①

《加拿大刑事法典》中的教唆犯。《加拿大刑事法典》明确将教唆犯规定为"犯罪参与者"，并明确规定了教唆的定义和教唆未遂的情形。该法典第21条第1项规定："任何人为下列行为，为犯罪参与者：（a）实际犯罪；（b）为帮助他人犯罪而为作为或不作为；或（c）教唆他人犯罪。"第22条规定："（1）当一个人教唆他人参与犯罪，而此人事后确成为犯罪参与者时，尽管其犯罪手段不同于教唆之手段，此教唆者也为此犯罪之参与者。（2）教唆他人参与犯罪的教唆之人，明知或应知被教唆者有可能因其教唆而犯各罪，为被教唆者因其教唆所犯各罪之参与者。（3）本法中，'教唆'包括诱使或煽动。"关于教唆未遂，《加拿大刑事法典》第464条规定："除法律另有明文规定的以外，下列条款适用教唆他人犯罪的人，即（a）教唆他人犯可诉罪，如果被教唆的人未犯该罪的，构成可诉罪，比照该罪的未遂犯处罚；和（b）教唆他人犯按简易定罪处罚的犯罪，如果被教唆的人未犯该罪的，构成按简易定罪处罚的犯罪。"②

（五）《俄罗斯联邦刑法典》关于教唆犯的规定

1996年《俄罗斯联邦刑法典》于1996年5月24日由国家杜马通过，同年6

---

① 参见储槐植著：《美国刑法》（第二版），北京大学出版社1996年版，第146～148页。

② 引自卞建林等译：《加拿大刑事法典》，中国政法大学出版社1999年版。

月 5 日由联邦委员会（上议院）批准，同年 6 月 13 日由联邦总统签署，并于 1997 年 1 月 1 日起生效。《俄罗斯联邦刑法典》将教唆犯规定为共同犯罪人种类中的一种，明确规定了教唆犯的概念和处罚原则。该法典第 33 条规定："组织犯、教唆犯和帮助犯与实行犯一样，都是共同犯罪人。劝说、收买、威胁或以其他方式怂恿他人实施犯罪的人，是教唆犯。"第 34 条规定："共同犯罪人的责任由每一个人实际参与犯罪的性质和程度决定。"

可见，根据 1996 年《俄罗斯联邦刑法典》的有关规定，教唆犯是怂恿他人实施犯罪的人，即故意激发他人实施犯罪的决心的人。在客观方面，教唆犯往往利用收买、说服、请求、建议、劝说、欺骗、身体影响等方式进行教唆。例如，教唆可能是以对下属的命令或口头指令的形式进行的，在这种情况下，如果命令是有强制力的（如对军人），则发出非法命令的人作为直接教唆犯承担责任。教唆的客观方面只能是旨在激发实行犯实施具体犯罪决心的积极行为。根据《俄罗斯联邦刑法典》的规定，不作为是不可能怂恿他人实施犯罪的，因而不作为不能构成教唆；并且对实行犯预备犯罪的行为的最后同意或默许不能看做教唆犯罪。在教唆方式上，尽管《俄罗斯联邦刑法典》没有明确规定挑动他人犯罪的挑拨活动可以构成教唆犯，但在审判实践中却可以构成教唆。例如，苏联最高法院全体会议于 1990 年 3 月 30 日发布的《关于贿赂案件审判实践的决议》指出，如果犯罪人为了侵占财产物品而怂恿行贿人行贿，而在收到金钱后将其据为己有，则该人应该担负诈骗和教唆行贿的责任。根据《俄罗斯联邦刑法典》的规定，教唆的主观方面的特点是具有直接故意。

（六）我国近现代刑法中的教唆犯

我国台湾地区刑法中关于教唆犯的规定源于 1910 年《大清新刑律》。《大清新刑律》在承袭《唐律》的基础上，引入了德国和日本刑法中的有关制度，在中国历史上第一次采用资产阶级的立法体例，将教唆犯规定于"共犯罪"专章中。北洋政府编纂的《中华民国暂行新刑律》也沿用了《大清新刑律》关于"共犯罪"的专章规定，将共同犯罪人分为共同正犯、造意犯、从犯三种；造意犯的刑事责任根据共犯从属性理论来解决，采得减主义；同时，承认片面共犯和过失共犯的存在。1928 年《中华民国刑法》设专章规定了"共犯"，将造意犯改称为教唆犯，在教唆犯的责任问题上仍采共犯从属性原则和得减主义；改承认片面共犯为承认片面从犯。1935 年《中华民国刑法》继续沿用"共犯"一章，但对教唆犯的处罚由采共犯从属性原则改为采共犯独立性原则。比如，该法第 29 条规定："教唆他人犯罪者，为教唆犯。教唆犯依其所教唆之罪处罚之。被教唆人虽未至犯罪，教唆犯仍以未遂论，但以所教唆罪之有处罚未遂犯之规定者为限。"同时，该法删除了过失共同犯罪的规定。

中华人民共和国目前制定了两部刑法。第一部刑法即 1979 年《刑法》，设专节规定了"共同犯罪",对共同犯罪人主要根据其在共同犯罪中所起的作用,同时参考其在共同犯罪中的分工进行分类,将共同犯罪人分为主犯、从犯、胁从犯、教唆犯四类。1979年《刑法》第26条规定:"教唆他人犯罪的,应当按照他在共同犯罪中所起的作用处罚。教唆不满十八岁的人犯罪的,应当从重处罚。如果被教唆的人没有犯被教唆的罪,对于教唆犯,可以从轻或者减轻处罚。"

第二部刑法即1997年《刑法》,是我国现行《刑法》,完全沿用了1979年《刑法》关于教唆犯的规定内容,在第29条中作出了与1979年《刑法》第26条完全相同的规定。

通说认为,我国大陆刑法规定的教唆犯采取了二重性说,[①] 即认为教唆犯在性质上同时兼具相对独立性和从属性的两种性质。

第二节 教唆犯的学术史

关于教唆犯的学术史考察,本书以近代启蒙人文思想和法治观念的形成为分水岭,将教唆犯学术研究区分为启蒙前后两个大的阶段来展开,同时简要归纳一下具有一定亲缘关系的俄罗斯刑法学和中国刑法学中的教唆犯理论研究状况。

一、启蒙以前教唆犯学术研究的雏形

如前所述,启蒙时代以前,世界各国由于法律实践对于教唆犯的现象体认和法律处理缺乏稳定性与系统性,朴素的犯罪理论对教唆犯的认知欠缺体系合理性,以及蒙昧的惩罚理论对教唆犯的制裁亦缺乏基本的法治观念(当时尚无法治观念),因而很难说存在相当意义上的教唆犯的学术研究。

具体而言,启蒙以前囿于当时主客观条件所限,人类社会对于教唆犯的认识是灵动的、模糊的、具体而残缺的,从而理论归纳和叙说基本上也是直观的、零星的、片段而残缺的,其中仅有少量的真理性发现。

直到封建社会中后期,人们对共同犯罪尤其是对教唆犯的认识和把握还相当有限,甚至没有出现关于教唆犯的一般概念,更没有把教唆犯独立出来作为独立的共犯人种类进行审视。中国古代封建刑法典籍及有关著述中出现的具有"教唆"含义的语词,如"谋遣"、"使"、"教令"、"教"、"教诱"、"诈教诱"、"和令"、"意"、"造意"、"教唆"等,以及针对这些语词所展开的一些论述(具体内容详见本章第一节之"二、封建时代:教唆犯之模糊规范存在"),才逐

[①] 参见赵秉志主编:《海峡两岸刑法总论比较研究》(下卷),中国人民大学出版社1999年版,第152~157页。

步具有理论研究的雏形。但是，封建时代的理论家和立法者基本上没有将教唆犯作为一种独立的共犯人种类来研究，因而尽管其部分论述内容可以为今天所用，但是应当承认其理论贡献甚微。

二、费尔巴哈开创的教唆犯研究范式

教唆犯之真正法理体认起始于启蒙时代。在人类文明史上，真正开始着手研究教唆犯问题的"拓荒者"是近代西方资产阶级的启蒙思想家和法学家们。正是他们将理性的思考、哲学的思辨与实证的研究相结合，引导和推动法学界对教唆犯理论进行深刻而广泛的研究，并结出累累硕果。教唆犯理论的拓荒与耕耘，在学术理论探索史上留下了不可泯灭的印记。

（一）费尔巴哈开创的教唆犯研究范式

作为近代刑法思想的奠基人，被西方刑法学界誉为"近代刑法学之祖"（或者"近代刑法学之父"）的德国刑事古典学派的重要代表的费尔巴哈（Paul Johann Anselm Feuerbach，1775－1833）对近代刑法学基本理论和基本原则，如心理强制说、罪刑法定主义等的建立作出了巨大贡献。费尔巴哈在教唆犯理论的研究方面亦表现出开创精神，为后人开展教唆犯理论研究提供了经典的哲学范式。

费尔巴哈主张客观主义的犯罪论，提出了"权利侵害说"，认为犯罪的本质是对权利的侵害，因此犯罪也只能是这种权利侵害的"惹起者"[①]，以及"基于因为帮助惹起者活动被看做共同有助于他的犯罪成立的行为"，而"对意图的这种作为或不作为有责任者，叫帮助者"。[②] 沿着这条思路，费尔巴哈对正犯和共犯进行了专门研究。费氏将"惹起者"分为两类：一类是出于直接原因的惹起者，称为物理的惹起者；另一类是出于间接原因的惹起者，具体包括知的惹起者（即"直接—间接的惹起者"）和主帮助者（即"间接—直接的惹起者"）。这种分类，从现代刑法学的观念来考察，其物理的惹起者大致相当于实行犯或者正犯，知的惹起者就是教唆犯；至于主帮助者的含义，尽管有学者认为其迄今还不十分清楚，[③] 但笔者认为其可能意指提供物理帮助作用力的帮助犯。

费尔巴哈认为："各个违反是以作为动因的某一定的人为前提的。而且在其

---

① "惹起者"，在日本也有学者译为"起因者"，这是在费尔巴哈生活时代的德国刑法学中通常使用的概念，德文是 Urheber。参见马克昌主编：《近代西方刑法学说史略》，中国检察出版社 1996 年版，第 89 页。

② 参见［日］山口邦夫著：《19 世纪德国刑法学研究》，八千代出版股份公司 1979 年版，第 91 页。

③ 参见马克昌主编：《近代西方刑法学说史略》，中国检察出版社 1996 年版，第 89～90 页。

人的意志和行为中，作为某一种作用，包含着惹起该种犯罪的充分的原因。这种人被叫做惹起者。这种人是犯罪的直接的原因，或者又是间接的原因。前者，形成该种犯罪的概念的行为是自己实行的场合（物理的惹起者）；后者，在他人的犯罪对犯罪成立意图所向的行动中，在原因作为基础的场合，进而后者，一、由于在意图上影响他人的意志趋向实行犯罪是可能的（直接—间接的惹起者，知的惹起者）；二、被影响的他人的意志趋向已经发生的结果，而外部活动，在一般的或特别的情况下可能由于没有那个排除就不能发生那样的阻碍意图的排除（间接—直接的惹起者，主帮助者）。在多数人参加同一犯罪的成立的场合（犯罪者们的错综、竞合），有一、帮助者与惹起者；二、多数人同时作为同一犯罪的惹起者（共同惹起者）竞合的场合。这种竞合的主要种类：A. 是多数的物理的惹起者们的竞合，更详言之，（一）各人自身的行为已经完全将犯罪的存在作为基础；（二）各人自身的行为虽然仅仅是一部分，但所有这些行为的总体是完全的犯罪那样的方法。B. 一人或多数之知的惹起者能够竞合。即（一）知的惹起者是基于指示、命令、威吓、约定、忠告、意图的鼓舞或错误的利用而影响他人者；物理的惹起者，应当认为是基于这些而被影响的场合。（二）在知的惹起者与物理的惹起者竞合的场合，各参加者同时是影响者且应认为是被影响者的场合。实行某种犯罪的多数人，基于交相援助这种相互约定，共同决意并且限于该犯罪的共同实行的场合，存在共谋。"①

上述费尔巴哈关于"惹起者"与共同犯罪等问题的论述，许多内容具有开拓性。尤其是对于教唆犯理论研究而言，费尔巴哈的上述论述及其思想，具有提供哲学范式的意义。其意义主要有以下几点：

1. 教唆犯是与正犯（实行犯）相对的一种独立的共犯类型

费尔巴哈对教唆犯的把握，是将其放在"正犯与共犯"的关系中进行研讨的：正犯是物理的惹起者，教唆犯作为共犯的一种则是知的惹起者。这样，就准确地将教唆犯定位为共同犯罪中的问题在研究教唆犯时必须将它置于共同犯罪这一"中观"系统②中来展开，而不是笼统地作为犯罪论这一"宏观"系统中的要素来研究。更进一步，教唆犯又是共同犯罪中与正犯相对的共犯的一种，因而还应该将教唆犯进一步具体化为"共犯"并置于这样一种"微观"的系统中来

---

① 参见［日］山口邦夫著：《19世纪德国刑法学研究》，八千代出版股份公司1979年版，第89～94页。

② 马克思主义哲学有"宏观"与"微观"的划分方法，因而应该承认介于两者之间的"中观"范畴的存在；再者，系统论也认为，系统可按其规模划分为小系统、大系统和巨系统三个类别，这也说明将系统划分为宏观系统、中观系统、微观系统的分类是一种"比较完备的分类"。参见苗东升著：《系统科学精要》，中国人民大学出版社1998年版，第220页。

审视。科学研究的逻辑演绎法①，即从宏观（犯罪论）到中观（共同犯罪），再到微观（狭义的共犯），最后到具体的特殊性（教唆犯），这既是对研究教唆犯理论的一种方法论的启迪，也是对教唆犯本质的一种准确把握。从而，费尔巴哈为人们提供了教唆犯研究的哲学范式。这种哲学范式可以简括地表示为：

犯罪论——共同犯罪论——狭义的共犯论——教唆犯

（宏观）——（中观）——（微观）——（具体）

费尔巴哈提供的这种教唆犯研究的哲学范式在当时乃至现代，都具有十分重大的理论意义。从中我们可以发现，费尔巴哈对教唆犯的认识和把握已经非常深刻，思想的触须几乎已经达到教唆犯的内在本质：

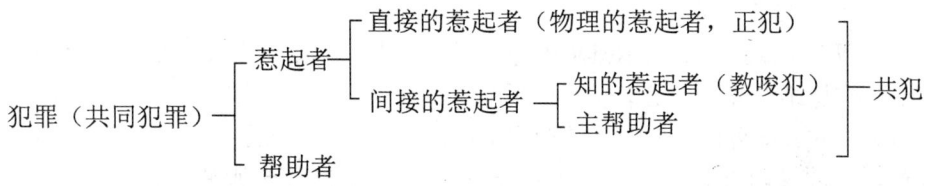

其结论是：教唆犯是在共同犯罪中与正犯相对应的共犯中的一种独立类型，是知的惹起者。

这种结论，与我国封建刑法中的"造意犯"是有区别的，它比"造意犯"更接近于（几乎已经达到）教唆犯的本质。在我国封建刑法中，"造意"一词，因其本意是指在多人共谋犯罪中首先提出犯意并共同实施犯罪的行为，有类似于现代刑法中"组织、领导犯罪集团进行犯罪活动的或者在共同犯罪中起主要作用的"主犯，这和"教唆犯"的概念有较为明显的区别。②

2. 教唆犯的性质界定

费尔巴哈对教唆犯的本质的把握，不但将它放在共同犯罪中以确定其作为共犯类型的"品格"，而且更进一步界定其性质，即更进一步明确：教唆犯在共同犯罪中到底居于何种地位？与实行犯具有怎样的关系？费尔巴哈是这样给教唆犯定位的：教唆犯作为知的惹起者，是与正犯（物理的惹起者）相对应而存在的共犯种类；相对于正犯是"直接的"原因，则教唆犯仅仅是"间接的"原因，是"由于在意图上影响他人的意志趋向实行犯罪是可能的"惹起者。换言之，教唆犯是"间接的"、"在意图上影响他人的意志趋向"并通过正犯（物理的惹

---

① 逻辑演绎法是从一般性理论推出个别性结论的逻辑方法，即依据某类事物都具有的一般性属性、关系来推断它的个别事物属性、关系的逻辑方法。参见王晖主编：《方法论新编》，上海财经大学出版社1997年版，第69页。

② 参见肖常纶、应新龙：《谋遣、教令、教唆、造意》，载《法学》1984年第3期。

起者）来实行犯罪，即教唆犯具有相对于正犯的间接性和从属性。从而，费尔巴哈建立了共犯从属性理论。①

对教唆犯的性质进行界定，是费尔巴哈提供的教唆犯理论研究的又一哲学范式。因为，只有进行教唆犯的性质界定，才能深刻认识教唆犯的本质特征，才能对教唆犯的其他问题进行深入研究。正是在费尔巴哈首开教唆犯的性质界定之滥觞后，其后继者逐步完善了共犯从属性说，并创立和完善了与共犯从属性说相对立的共犯独立性说，形成了两说对峙的局面。② 这也使得后来的学者，包括现代学者充分认识到，教唆犯的性质问题确实是教唆犯的首要问题，从而重视和加强对教唆犯的性质问题的研究。

3. 教唆犯的定义

给概念下定义，是揭示概念内涵的逻辑方法，也是一种极其重要的科学研究方法。在思维过程中，定义起着重要作用：其一，定义是巩固人们认识成果的一种重要方式，即可以采用定义的形式来总结和概括认识成果；其二，定义有助于人们继承和学习知识；其三，可以定义方法来检查自己所使用的概念是否明确。③ 定义方法由来已久，并不是费尔巴哈的首创。但是就教唆犯理论的研究而言，对它进行科学定义，"用概括的形式揭示概念的内涵"，揭示教唆犯某些方面的规定性，则费尔巴哈堪称西方学界第一人。

费尔巴哈以心理强制说和权利侵害说为理论基础，在"正犯与共犯"的理论框架内提出了"知的惹起者"的概念，将其定义为"基于指示、命令、威吓、约定、忠告、意图的鼓舞或错误的利用而影响他人者"。④ 费氏给出的教唆犯的定义，已基本上揭示出教唆犯主要方面质的规定性，为全面认识和把握教唆犯的本质奠定了基础。

（二）费尔巴哈之后的教唆犯研究概况

继费尔巴哈之后，西方刑法学者几乎没有不思考和谈论教唆犯问题的。部分刑法学者对教唆犯问题进行了深入研究，提出了各自完整的学说和理论。这些学说和理论，大致可以划分为共犯从属性说和共犯独立性说两大阵营。刑事古典学派的重要代表人物，如德国的毕克迈耶、迈耶、贝林格，日本的大场茂马、泷川

---

① 参见甘雨沛等主编：《犯罪与刑罚新论》，北京大学出版社1991年版，第235页。

② 但从现在的情况来看，除共犯从属性说、共犯独立性说之外，还有二重性说等多种观点。

③ 参见中国人民大学哲学系逻辑教研室编：《逻辑学》，中国人民大学出版社1996年版，第26~27页。

④ 参见［日］山口邦夫著：《19世纪德国刑法学研究》，八千代出版股份公司1979年版，第92页。

幸辰、平野龙一、小野清一郎等，以及新派代表李斯特，在各自编著的刑法学论著中支持和发展了共犯从属性理论；而新派的代表人物，如意大利的菲利，德国的宾丁、布利，以及日本的牧野英一、木村龟二等，则在刑法学研究中创立、支持和发展了共犯独立性理论。德、日的众多学者在教唆犯理论研究中，对此两说有所修正和发展，提出了许多更加新颖的观点；俄罗斯和中国的刑法学者也加入了研究教唆犯理论的行列，在继承、批判西方资产阶级理论的基础上发展了自己的教唆犯理论，从而使得整个教唆犯理论研究呈现出一派繁荣景象。①

1. 德国学者的研究概况

德国刑法学家毕克迈耶（V‑Birkmeyer Karl，1847－1920）出版的主要著作有《德国刑法讲义纲要》（1890 年）、《对德国刑法典草案的评论》（论文集，1910 年）；此外还出版了讨论共犯问题的专著，如《共犯理论与德意志帝国法院的判决》（1890 年）、《内外刑法比较》（第二卷"共犯篇"）。② 毕克迈耶坚持客观的共犯说，主张犯罪共同说和共犯从属性理论，以最有利条件说来构筑其共犯论。毕氏认为，刑法意义上的共犯，是指数人为达到一个犯罪结果而互相协力，因而各个协力者对于已实现的犯罪结果应受惩罚的情况。因此，毕氏认为，共犯论是以因果关系论中的原因说为其科学的理论基础的，共犯的场合具有复数的因果关系。从这种立场出发，可以认为，共同正犯和从犯是"依据行为"而进行身体的协力；教唆犯（和提供精神帮助的从犯）则是"依据言辞"而进行精神上的协力。"正犯是引起犯罪结果者，共同正犯是共同引起犯罪结果者，教唆犯及从犯是对结果的发生提供条件者，即正犯决定犯罪的发生，共犯使犯罪更容易实现或助长犯罪的实现。我们首先必须根据协力关系是存在于犯罪的独自实行中还是存在于促使他人去实行的关系中，将正犯和教唆犯进行区分。教唆犯用无形的作用决定正犯实现犯罪，从犯帮助正犯实现犯罪，即对结果设置新的从属条件。"③ 可见，毕克迈耶对共犯从属性问题的论述是比较深刻的。

另一位德国刑法学家迈耶（Max Ernst Mayer，1875－1923）对教唆犯理论也

---

① 西方刑法学者热烈讨论教唆犯理论，一般都对教唆犯性质问题发表了看法，同时探讨了许多其他具体问题，如教唆犯的概念、成立要件、种类、错误等问题。由于本文将对所有这些问题进行专门研讨和评介，所以，在此仅从宏观上介绍西方学者对教唆犯理论进行学术研究的概况，对一些重要的学者逐个介绍，简介其重要论著、学术观点，以丰富本书的资料性，且又不至于与后文的内容重复。同时，本文也将对俄罗斯和中国的教唆犯理论研究概况进行介绍。

② 参见马克昌、杨春洗、吕继贵主编：《刑法学全书》，上海科学技术文献出版社 1993 年版，第 872 页；马克昌主编：《近代西方刑法学说史略》，中国检察出版社 1996 年版，第 218 页。

③ 参见［日］木村龟二编：《刑法学入门》，有斐阁 1957 年版，第 74～78 页。

作出了重大贡献。迈耶出版的主要论著有《法规范与文化规范》（1903年）、《刑法论》（1915年）、《法哲学》（1922年）。① 迈耶支持共犯从属性说，并进一步提出了共犯从属性程度问题，总结出"迈耶公式"，认为根据共犯的从属性程度可将共犯分为以下四种从属形式："一是最小限度从属形式，正犯的行为符合构成要件就够了。二是限制从属形式，正犯的行为符合构成要件，并且要违法。三是极端从属形式，正犯的行为符合构成要件，违法并且要具备责任。四是夸张从属形式，正犯的行为符合构成要件，违法且有责，同时要具备可罚性的条件，正犯的刑罚加重减轻事由也使共犯的成立受影响。"②

在德国刑事古典学派代表中，除毕克迈耶和迈耶之外，还有贝林格、麦兹格著书主张共犯从属性说。贝林格（Beling Emst，1866－1932）著有《刑法纲要》（1899年）、《犯罪论》（1906年）、《犯罪构成论》（1930年）等书，麦兹格（Mezger Edmund，1884－1962）著有《主观的不法要素》（1924年）、《刑法的构成要件的意义》（1926年）、《刑法教科书》（1931年）、《德国刑法入门》（1936年）等书，③ 两人在构建和发展构成要件理论的同时，都讨论过教唆犯问题，坚持了共犯从属性理论。④

德国新派刑法学家李斯特也主张共犯从属性说。李斯特（Franz Von Liszt，1851－1919）出版的主要著作有《德国刑法教科书》（1881年）、《从比较法律说明现代刑法的刑事法制》（1894年至1899年）等书。⑤ 作为刑事社会学派的创始人，李斯特的哲学理论基础是实证主义和决定论，在认识论和方法论上主张与"理性人"相反的"经验人"；⑥ 而在教唆犯问题上，李斯特却与其他新派学者不同，他认为，"现行法认为意志自由的教唆行为与结果之间的因果关系，因基于正犯的自由意志的行为而中断，教唆行为失其独立的性质，其处罚亦从属于正犯的成立"⑦。可见，李斯特在教唆犯问题上是赞同共犯从属性说的。但有学者在这个问题上存在误解。由于在因果关系问题上，李斯特主张"条件说"，即

---

① 参见马克昌主编：《近代西方刑法学说史略》，中国检察出版社1996年版，第229页。

② 参见［日］大谷实著：《刑法讲义总论》，成文堂1986年版，第417页。

③ 参见马克昌主编：《近代西方刑法学说史略》，中国检察出版社1996年版，第221～240页。

④ 参见陈兴良著：《共同犯罪论》，中国社会科学出版社1992年版，第50页。

⑤ 参见马克昌、杨春洗、吕继贵主编：《刑法学全书》，上海科学技术文献出版社1993年版，第873页。

⑥ 参见马克昌、杨春洗、吕继贵主编：《刑法学全书》，上海科学技术文献出版社1993年版，第873页。

⑦ 参见［日］久礼田益喜著：《日本刑法总论》，俨松堂1925年版，第293页。

把犯罪结果发生前的一切条件等同看待,都视为原因。由此,有学者推测:"李斯特认为,教唆犯、帮助犯和正犯一样,都是基于他们各自固有的犯意参与共同犯罪活动的,各共犯者的行为分别都是发生危害结果的原因。这就勾勒出了一幅与共犯从属性理论截然相反的共犯独立性理论的简图。"① 而实际上这种推测是不合实际的。

在李斯特之后,德国卓越的法哲学家和刑法学家汉斯·威尔哲尔(Hans - Welzel,1904 - 1977)专门研究过教唆犯问题。威尔哲尔出版了《德国刑法总则纲要》(1940年)、《德国刑法纲要》(1947年)、《主观的共犯论批判》(1947年)、《关于目的行为论》(1949年)等著作,创立了目的行为理论,并依此理论而在共犯与正犯的区分问题上提出了独到见解。威尔哲尔认为,共犯与正犯的差异是"存在结构"上的差异:正犯对于共犯的特性,在于自己具有"目的行为支配",即正犯属于自己在目的上操纵外界;而共犯(教唆犯及从犯)则依存于正犯(即从属于正犯)而完成自己的犯罪。② 因此,威尔哲尔是主张共犯从属性说的。

在德国刑法学者中,宾丁和布利等倡导了共犯独立性说。③ 但在述及德国学者建立共犯独立性说的时候,首先不能不提及意大利犯罪学家、刑事人类学派的重要代表菲利(Fnrico Ferri,1856 - 1929)④,因为正是菲利完成了否定共犯从属性理论的奠基任务。菲利从"生来犯罪人",即"天赋有犯罪倾向者"的观点出发,否认个人责任原则,反对建立共同犯罪体系,从而"共犯从属性理论就被菲利完全弃置一旁了"。⑤ 至于宾丁(Karl Binding,1841 - 1920),他的主要贡献是提出了规范学说,著有《规范论》(四卷)、《刑法论》和《德国刑法纲要(总论)》等书,⑥ 在他的著述中明显表现出了共犯独立性的思想。而鲜明主张共犯独立性说的学者是主观主义共犯论的集大成者布利(Buri)。布利著有《共犯论》、《共犯和犯罪庇护的理论》、《因果关系及其答疑》等书,他以主观主义的原因论(即条件说)为理论基础,提出了行为共同说和共犯独立性说的理论。

---

① 参见吴振兴著:《论教唆犯》,吉林人民出版社1986年版,第52~53页。

② 参见马克昌主编:《近代西方刑法学说史略》,中国检察出版社1996年版,第333~344页。

③ 参见陈兴良著:《共同犯罪论》,中国社会科学出版社1992年版,第51页。

④ 菲利原先是刑事人类学派的重要代表,继承和发展了龙勃罗梭(Cesare Lombrosr,1836 - 1909)的"生来犯罪人"思想;尔后,菲利转入刑事社会学派,与德国李斯特等学者一起成为刑事社会学派的重要代表。

⑤ 参见吴振兴著:《论教唆犯》,吉林人民出版社1986年版,第52页。

⑥ 参见马克昌主编:《近代西方刑法学说史略》,中国检察出版社1996年版,第206页。

布利认为，共犯中的"共同"关系不是二人以上共犯一罪的关系，而是共同表现恶性的关系，只要行为共同，不仅共犯一罪可以成立共犯，而且即使各自实施不同的犯罪，也不影响共犯的成立；正犯的行为是造成危害结果的一种有形的力，教唆犯的行为是一种无形的力，因此，正犯、教唆犯、从犯都分别是按照各自的目的共同行动的，他们的行为具有独立性，共犯从属性的理论应予否定。布利还进一步指出，被教唆者没有实施被教唆的犯罪行为，教唆者仍然具有犯罪性和可罚性，① 显然，布利的这一论述比较切合我国现行《刑法》关于教唆犯的规定。

2. 日本学者的研究情况

日本刑法学者对教唆犯问题展开了热烈讨论，有的支持共犯从属性说，有的支持共犯独立性说；但一直是前者居于通说的地位，并且得到了立法上的确认。② 另一方面，日本刑法学者对教唆犯理论的研究比较深入，在许多问题上都有所发展。这里介绍几位具有代表性的日本刑法学者。

胜本勘三郎（1866－1920）著有《刑法析义二卷》（1899年至1900年）、《刑法要论总则》（1913年）等书，其刑法理论的最大特点是创立了正统新派刑法学。在教唆犯问题上，胜本承认片面的教唆犯（同时也承认片面共同正犯与过失的共同正犯）；但他又认为，共犯必须有实行从属性，教唆犯、从犯与正犯的犯罪之间必须有因果关系。③

大场茂马（1869－1920）著有《刑法总论》（上、下卷，1912年至1917年）、《刑法纲要》（1917年）等书，旗帜鲜明地坚持"正统刑法学派"（旧派）的立场。在教唆犯问题上，虽然大场也认为共犯是正犯者的犯罪行为的条件或原因，但他仍然主张共犯只是"参与"了正犯的犯罪行为。这也就是说，"正犯是以其行为实现了犯罪事实，而共犯是参与了正犯的这种行为"。而且，大场没有把共犯着手于共犯行为的开始作为起点，而是将他们着手于犯罪行为时作为起点，这就要等到正犯者的成立时，共犯才成立。这样，大场就否定了共犯独立性说而采用了共犯从属性说，也就否定了教唆未遂、帮助未遂的可罚性。同时，由于大场将行为能力同责任能力混同起来，行为者即指有责任能力者，因此，大场才得出共犯是从属于责任能力者的正犯的结论。可以说，大场是采用了极端从属性说。④

---

① 参见吴振兴著：《论教唆犯》，吉林人民出版社1986年版，第53页。
② 参见［日］大冢仁著，冯军译：《犯罪论的基本问题》，中国政法大学出版社1993年版，第279页。
③ 参见李海东主编：《日本刑事法学者》（上），法律出版社1995年版，第1～9页。
④ 参见李海东主编：《日本刑事法学者》（上），法律出版社1995年版，第39～47页。

第一章　教唆犯的立法源流与学术史

小野清一郎（1891-1986）著述颇丰，涉及刑法、诉讼法、犯罪学、佛教等方面，在刑法方面出版有《刑法讲义总论》（1932年）、《日本刑法学序说》（1941年）、《犯罪构成要件的理论》（1953年）、《刑法和哲学》（1971年）等书，对构成要件理论和共犯理论的贡献尤为突出。[①] 在教唆犯问题上，小野清一郎认为，教唆犯是教唆他人使其实行了犯罪者，与帮助犯一样是对他人的实行行为予以加功者，而不是亲自分担实行行为者；从构成要件来考察，共同正犯实施的是构成要件内的行为，教唆犯和帮助犯实施的是构成要件外的行为。在教唆犯的性质问题上，小野的基本立场是主张共犯从属性说[②]，但同时，小野承认在特定意义上教唆犯又具有独立性。小野认为，在教唆行为和帮助行为尚未进入构成要件上的行为概念的范畴之内时，不能否认它们具有概念上的从属性。共犯的从属性不仅在于行为概念上的从属性，而且在于教唆犯或帮助犯的成立与被教唆者或被帮助者的犯罪的成立相联系。本来，从刑法的发展史上看，现代刑法原则上建立在个人责任的理念之上，共犯者因各自的行为而产生各自的责任，决不应因为他人的行为而承担责任，"在这种理念论的意义上，笔者认为独立犯说是有意义的。但是，不能因此就认为教唆行为或帮助行为应当受到与实行行为同样的处罚"[③]。小野进一步指出，是否应该使教唆行为或帮助行为从实行行为中完全独立出来予以处罚，乃立法政策上的问题，不应只从观念论考虑，而应该按照复杂的现实事态考虑其具体的正义及合目的性。例如，作为解释论，必须以立法上的成文为依据。根据《日本刑法典》第61条的规定，教唆犯是"教唆他人使其实行了犯罪者"，在其构成要件上除了存在教唆行为外，作为其结果还需要被教唆者实行犯罪，不充足这一构成要件，就不成立教唆犯（既遂）；在这一意义上，教唆犯及帮助犯都具有从属性。但是，并不要求正犯的实行进而产生符合构成要件的结果，不要求正犯达于既遂，在正犯终于未遂时是未遂犯的教唆犯或帮助犯；另外，也不要求正犯的实行作为犯罪具有可罚性，如在依亲属相盗律，正犯被免除其刑的场合，也不免除其教唆者或帮助者的责任，在这种意义上，教唆犯或帮助犯又具有独立性。因此，小野总结道：说到从属性和独立性，其间也有种种的阶梯，不明确其具体的意义，抽象地进行议论就会徒劳地终于极端的观念性，缺乏作为现行法的构成理论的价值。[④] 可见，小野清一郎已经注意到教唆犯

[①] 参见李海东主编：《日本刑事法学者》（上），法律出版社1995年版，第126~146页。

[②] 参见李光灿、马克昌、罗平著：《论共同犯罪》，中国政法大学出版社1987年版，第198页。

[③] 参见李海东主编：《日本刑事法学者》（上），法律出版社1995年版，第140页。

[④] 参见李海东主编：《日本刑事法学者》（上），法律出版社1995年版，第139~140页。

在不同的意义上、在不同的场合具有从属性和独立性,其看法趋于全面和辩证。

泷川幸辰(1891-1962)是日本刑法学界的一位著名学者,著有《刑法总论》(1929年)、《犯罪论序说》(1938年)、《刑法的诸问题》等著作,几乎研究了刑法理论的各个方面。① 在共犯中,泷川幸辰着重研讨了扩张的正犯论和扩张的共犯论等两种新的共犯理论。泷川指出,夸张的共犯论认为,只要行为者的行为符合构成要件的一部分,它本身是违法的,则与其相应的共犯就能成立,这里面存在许多不妥当之处。例如,根据扩张的共犯论,身份者利用非身份者、有目的者利用无目的者时,行为人在构成要件上的不足被利用者的身份或目的所补充,不完全的违法性就成为完全的违法性;以此推论,精神病人的杀人、孩子的盗窃是违法的,则诱发精神病人杀人、孩子盗窃的人,不问实行行为者是否可罚,都是教唆犯;或者公务员使自己的妻子接受贿赂、使没有行使目的的人制造假币,不论妻子和制造者是否有责任,诱发者都构成受贿罪和通货伪造罪的教唆犯;同理,在共谋共同正犯中,只要存在同谋者诱发了实行行为者的事实,就应负教唆犯的责任。因此,泷川认为,扩张的共犯论通过扩张共犯概念,把通说所谓间接正犯从正犯中排除,并入共犯之中,但是这样一来,就使教唆犯担当了其不能承受的重负,也使教唆犯概念变得模糊不清。② 鉴于此,泷川幸辰认为,采用极端从属形态的正统的共犯理论是应当支持的。③

草野豹一郎(1886-1951)著有《刑法总则讲义》(1951年)、《刑法改正上的重要问题》(1950年)、《刑事法学的诸问题》(1951年)等专著,形成了颇具特色的刑法思想。④ 草野豹一郎在共犯问题上很有研究,发表了《刑法改正草案与共犯的从属性》等论文,提出了著名的共犯学说——共同意思主体说。⑤ 草野认为,应该把共犯解释为作为特殊的社会心理现象的共同意思主体的活动;"社会现象不仅由个人的单独行为而产生,而且由数人的共同行为而产生,此共同现象,在经济学中被作为分工或合同关系来研究,在民商法中被作为法人或合作制度来研究,而从刑法上观察此现象时,则生共犯的观念,唯因二人以上共同

---

① 参见李海东主编:《日本刑事法学者》(上),法律出版社1995年版,第147~150页。

② 参见李海东主编:《日本刑事法学者》(上),法律出版社1995年版,第161~162页。

③ 参见[日]团藤重光等编:《泷川幸辰刑法著作集》(第四卷),世界思想社1981年版,第386~403页。

④ 参见李海东主编:《日本刑事法学者》(上),法律出版社1995年版,第110~112页。

⑤ 参见李海东主编:《日本刑事法学者》(上),法律出版社1995年版,第120~122页。

犯罪，先有为实现一定犯罪的共同目的存在，而在其目的之下，二人以上成为同心一体（共同意思主体）"①。就教唆犯而言，草野认为，教唆犯虽未参与实行行为，但它对于犯罪的实行起了重要作用，所以应与实行行为的正犯同样处理；不过，教唆犯的成立，要被教唆者答应教唆，决意犯罪并实行犯罪，因为教唆是由教唆者与被教唆者成为共同意思主体过程的行为，被教唆者由应诺教唆而成为共同意思主体，因实行犯罪行为始有共同意思主体的活动。②

平野龙一（1920－2004）致力于刑事法学的教学与研究半个多世纪，发表了大量论著，如《刑法的基础》（1966 年）、《犯罪论的诸问题》（上、下，1981 年至 1982 年）等专著。平野的刑法学可谓经验主义刑法学，其核心是功能论；他对刑事法学的研究和贡献是全方位的。在共犯论方面，平野在出版的论著中有深刻的论述，发表过《正犯与实行》（1968 年）、《责任共犯论和因果共犯论》（1980 年）、《所谓间接帮助的可罚性》（1974 年）、《必要的共犯》（1978 年）等学术论文。③ 在教唆犯问题上，平野主张共犯从属性论。平野认为，共犯对自己的行为以及由此产生的结果承担罪责，而不是对正犯的行为承担罪责；但共犯对自己的行为的结果承担罪责，仅限于"通过正犯的行为"，如果共犯的行为直接产生结果时，不是共犯，而是正犯。因此，在概念上，共犯概念以正犯行为为前提，在此意义上，共犯从属于正犯。④

关于共犯的从属性，平野进一步将其区分为"实行从属性"、"要素从属性"、"罪名从属性"三种。⑤ 平野认为，所谓"实行从属性"，是指"正犯现实地实施了实行行为是否是共犯成立的要件，换言之，尽管进行了教唆但正犯没有实行时，能否作为教唆未遂进行处罚的问题"；在此问题上，平野认为，将正犯的实行着手作为教唆犯、帮助犯的成立条件，是妥当而合理的。所谓"要素从属性"，是指"成为共犯概念上的前提的正犯的行为，是否只要是符合构成要件的行为就够了（最小从属性说），还是需要是符合构成要件的违法的行为（限制从属性说），抑或是需要是符合构成要件的违法的有责的行为（极端从属性说）的问题"；对此，平野主张限制从属性说。所谓"罪名从属性"，是指"共犯应

---

① 参见［日］草野豹一郎著：《刑法总则讲义》（第 1 分册），劲草书房 1951 年版，第 193 页。

② 参见李光灿、马克昌、罗平著：《论共同犯罪》，中国政法大学出版社 1987 年版，第 195 页。

③ 参见李海东主编：《日本刑事法学者》（上），法律出版社 1995 年版，第 267～270 页。

④ 参见李海东主编：《日本刑事法学者》（上），法律出版社 1995 年版，第 268 页。

⑤ 参见［日］大冢仁著，冯军译：《犯罪论的基本问题》，中国政法大学出版社 1993 年版，第 280 页。

该是与正犯相同的罪名（罪名从属性说），还是共犯的罪名可以与正犯的罪名不同（罪名独立性说）的问题"，亦即在实质上是犯罪共同说与行为共同说的问题；对此，平野主张构成要件的行为共同说，即主张罪名独立性说。平野指出，本来的共同行为说，是指不要求犯罪行为全部共同，只要其中一部分共同就可以了。例如，甲以抢劫为目的，乙以强奸为目的，在相互不知道对方目的的情况下，共同对某女实施暴力，但都没有达到目的时，甲是抢劫未遂，乙是强奸未遂，并在暴行罪的限度内成立共犯，因此，甲、乙不仅要对自己的暴行结果承担责任，而且也对对方的暴行结果（即伤害）承担责任。①

此外，平野龙一对教唆犯的一些其他问题也有深入的研究。在共犯与正犯的区别问题上，平野提出了实质的客观说，即从实质上看，对结果的发生起重要作用的是正犯，否则是共犯；关于共犯的处罚根据，平野主张不法共犯论，即共犯者惹起了正犯者的故意，使之实施违法行为，或者以其援助行为促进了违法的正犯行为，故应惩罚共犯者；关于未遂的教唆，平野主张其具有可罚性。②

牧野英一（1878－1970）是日本新派即主观主义刑法学派最具代表性的学者，⋯⋯主要书籍达110多本，主要论文有120多篇。其中，《刑事学⋯⋯》（1909年）、《日本刑法》（1916年）、《法律的进化与进步》（1924年）、《刑法总论》（1948年）等著作有很大的影响；他的主要学术思想有进化论、目的刑和教育刑论、主观主义观和罪刑法定主义论等。③ 在教唆犯理论方面，牧野发表过《共犯的基础观念》（1909年）等论文，提出了"因果的共犯论"、"因果关系的拓宽与延长"、"纵的共犯"等论点，并产生了巨大的影响。④ 牧野在研究关于共犯处罚根据的责任共犯说与不法共犯说（或称惹起说、促进说）的基础上，主张以共犯者对正犯的实行行为的完成的影响力来论共犯的处罚根据，提出了重视其间的因果关系的所谓"因果的共犯论"。牧野认为，"共犯论是因果关系论的一种适用。一般的因果关系论通常是就单独犯而言的，在对共犯的适用方面不明了。然而，共犯的特点是数人加功于犯罪的构成，因此，作为共犯的特殊问题，既不在惹起共犯的犯意方面，也不在行为的违法性上，仅仅只是行为与结果之间的因果关系处于复杂状态"⑤。共犯所涉及的因果

---

① 参见［日］平野龙一著：《刑法总论（二）》，有斐阁1975年版，第345～346页；李海东主编：《日本刑事法学者》（上），法律出版社1995年版，第286～287页。

② 参见［日］早稻田司法考试研究室：《刑法总论》，早稻田经营出版1990年版，第209～249页；李海东主编：《日本刑事法学者》（上），法律出版社1995年版，第287页。

③ 李海东主编：《日本刑事法学者》（上），法律出版社1995年版，第68～74页。

④ 参见马克昌主编：《近代西方刑法学说史略》，中国检察出版社1996年版，第254～257页。

⑤ 参见［日］牧野英一著：《刑法研究》（第1卷），有斐阁1919年版，第14页。

关系的复杂状态，主要涉及两个问题：一是因果关系的拓宽问题；二是因果关系的延长问题。① 其中，牧野采用因果关系延长的学说，以说明教唆犯、帮助犯的行为与犯罪结果之间存在因果关系，并证明共犯具有独立性。牧野认为，作为因果关系延长的问题，要注意两点：一是相当因果关系论；二是因果关系中断论。其中，因果关系中断论通常被用来说明教唆行为与犯罪结果之间的因果关系，因具有自由意思的正犯的实行行为的介入而中断，所以，教唆犯不能单独地对犯罪结果负刑事责任，而具有从属于正犯的性质；但是，教唆行为与被教唆的正犯的行为一般是相前后的犯罪事实，正犯的行为是结果发生的原因，教唆行为则是结果发生之原因的原因，这同单独犯利用自然力犯罪是一样的情形，没有理由在法律上对教唆犯实行区别对待。因此，在共同犯罪中，对相连续的因果环节要适当延长，这样一来，教唆犯、从犯的行为与犯罪结果之间的因果关系就能一目了然。牧野认为，由此可见，教唆犯、从犯并不是因为正犯的行为与结果之间有因果关系而对结果承担刑事责任，而是由于自己的行为与结果之间有因果关系从而表现出一定的恶性，才受刑罚处罚，因而共犯具有独立性。② 牧野还创造性地将共犯划分为"纵的共犯"与"横的共犯"两类，认为纵的共犯是指将因果关系延长的场合，数人形成的共犯关系，而教唆犯就属于纵的共犯；至于从犯，则以其加功的状态如何，或者成为纵的共犯，或者成为横的共犯。牧野进一步指出，共犯的主观要件是要有意思的联络，对教唆犯而言，教唆犯认识到自己的行为会使正犯产生实行犯罪的决意即可；共犯的客观要件是行为的分担，而这一点对于作为纵的共犯的教唆犯来说当无深究之必要。③

木村龟二（1897－1972）在刑法学、刑事政策学与法哲学方面都有著述，如《刑法总论》（1959年）、《犯罪论的新构造》（1966年至1969年）、《刑法学入门》（1957年）等书，都产生了很大影响；在教唆犯理论方面，木村深有研究，发表过《共同正犯和教唆犯》、《教唆的未遂》等学术论文。④ 木村就复杂的共犯理论提出了一些被人们认为是"不协调"的独到见解。⑤ 木村主张目的行

---

① 参见［日］牧野英一著：《日本刑法》，有斐阁1916年版，第412页。
② 参见马克昌主编：《近代西方刑法学说史略》，中国检察出版社1996年版，第256页。
③ 参见［日］牧野英一著：《日本刑法》，有斐阁1916年版，第439～441页。
④ 参见李海东主编：《日本刑事法学者》（上），法律出版社1995年版，第170～174页。
⑤ 参见李海东主编：《日本刑事法学者》（上），法律出版社1995年版，第193页。

为论，但在关于正犯与共犯的区别问题上却否认目的行为支配说。① 木村认为，应当从实行行为的决意这种主观要素中寻找正犯与共犯的区别，即以意思内容的区别为标准，以自己的决意实施符合构成要件的行为时是正犯，通过他人即正犯者实施符合构成要件行为的决意而实施符合构成要件的行为时是共犯。② 在共犯与正犯的关系问题上，木村一直主张共犯独立性说。他认为，由于共犯从属性说没有理论根据，也没有法律根据，因此，共犯独立性说是妥当的，即共犯的犯罪性与可罚性是固有的、独立的，同正犯的犯罪性与可罚性没有关系；共犯独立性说并不是近代学派的主张，古典学派的学者也有主张共犯独立性说的，并且从比较法的角度来看，许多国家的刑法早就规定了共犯的独立性。③

佐伯千仞（1907-2006），其刑法理论的特色在于，兼采日本新旧两派刑法理论滋养并提出自己的见解；他对共犯理论颇有研究，出版了《共犯理论的源流》（1987 年）专著，还发表过《所谓共犯的被限制从属形式》、《两个正犯概念》《共犯和身份》等学术理论，④ 提出了颇为独特的共犯学说。佐伯千仞在坚持客观主义刑法学的同时，在共犯论中主张事实共同说，但是，并没有因为主张事实共同说就倾向于独立性说，而是采取了从属性说。⑤ 关于共犯从属性的程度，佐伯千仞认为，共犯从属性程度的缓和是立法和理论上的潮流，极端从属形态不符合个人责任的原理，限制从属形态也不符合共犯的本质，应当采取比极端从属形态和限制从属形态更为宽缓的要素从属形态，即正犯的行为本身即使不符合可罚的违法类型（即构成要件），但是只要正犯的行为能够被认为是违法行为，共犯就可以成立。⑥ 由此推论，其结果是把间接正犯完全归于共犯之中，认为利用无责任能力者的行为的不是间接正犯，而是共犯（即教唆犯），利用所谓

---

① 在共犯理论中，关于正犯与共犯的区别问题，存在主观说、扩张的正犯者概念说、实质说、形式说、目的行为支配说等观点；其中，目的行为支配说是目的行为论者提出的观点。而木村作为一个目的行为论者，却否认目的行为支配说，就显然给人一种"不协调"的感觉。

② 参见［日］木村龟二著：《犯罪论的新构造》（下），有斐阁1968 年版，第 82~109 页。

③ 参见［日］木村龟二著：《刑法总论》，有斐阁1959 年版，第 390~397 页。

④ 参见李海东主编：《日本刑事法学者》（上），法律出版社1995 年版，第 198~201 页。

⑤ 按理说，坚持客观主义立场的学者一般都主张犯罪共同说、共犯从属性说，而坚持主观主义的刑法学者一般主张事实共同说、共犯独立性说。因此，与此相对照，佐伯千仞的共犯论观点就显得很"独特"。

⑥ 参见［日］佐伯千仞著：《共犯理论的源流》，成文堂1987 年版，第310 页。

的具有故意的工具的也是共犯。① 关于教唆犯的处罚根据，佐伯千仞认为，共犯的处罚并不以正犯者的可罚性为必要条件。对共犯的成立而言，必要的是正犯行为的可罚性，而不是正犯者的可罚性。刑罚阻却原因、刑罚消灭原因、诉讼条件的缺乏等仅使行为人的可罚性消失，而行为依然是可罚的，所以，正犯者即使由于责任无能力、错误、死亡、时效、赦免等原因而不受处罚，共犯者也仍然应受处罚。② 关于共犯和正犯的区别，佐伯千仞主张扩张的共犯论，即在坚持限制的正犯概念的同时，扩张共犯的领域，把间接正犯归入被扩大的共犯之中。③ 关于共犯和身份的问题，佐伯千仞着重研讨了共犯与构成的身份和消极的身份的关系。④ 佐伯千仞认为，在正犯者不存在构成的身份而背后者存在构成的身份时，背后者成立教唆犯或从犯；具有消极的身份的人教唆他人实施犯罪时，如犯人教唆他人为自己作伪证或将自己藏匿的，因为不能说没有期待可能性，所以具有消极的身份的人成立共犯；不具有消极的身份的人教唆具有消极身份的人实施犯罪时，如第三者教唆犯人的亲属为犯人毁灭证据的，尽管亲属在日本法律上不可罚，但是第三者仍然成立教唆犯。⑤

团藤重光（1913 - ）是日本现今最年长、最具权威性的刑事法学者，著述十分丰富，许多著作，如《刑法纲要》（总论、各论，1957 年至 1964 年）、《死刑废止论》（1991 年）等产生了深远影响；其刑法理论可以说是以古典学派为基础的折中理论，其刑法学理论的骨架是主体性理论、人格责任论、动态刑罚论等。⑥ 关于共犯与正犯的区别，团藤主张根据构成要件来区分：正犯是实行犯罪的人，即实现符合基本构成要件事实的人；共犯（教唆犯与帮助犯）只是对实

---

① 参见李海东主编：《日本刑事法学者》（上），法律出版社 1995 年版，第 209~210 页。

② 参见李海东主编：《日本刑事法学者》（上），法律出版社 1995 年版，第 209~210 页。

③ 在共犯和正犯的区别上存在"限制的正犯概念"与"扩张的正犯概念"两种基本对立的思想。限制的正犯概念表明只有以自己的手独立地直接实现了犯罪类型的人才是正犯，这就显然否定了间接正犯的概念；扩张的正犯概念则肯定地使给犯罪类型的实现创造相当条件的一切行为人都成为正犯，这就改变了实行行为概念本身的内容，使共犯和正犯的区别失去了客观标准。佐伯千仞很明显采取了折中办法。参见李海东主编：《日本刑事法学者》（上），法律出版社 1995 年版，第 210~211 页。

④ 构成的身份，是指作为某类或者某种犯罪构成的必要要件的身份；消极的身份，是指使刑法规定的某种犯罪不能成立或免除刑事责任的身份。

⑤ 参见李海东主编：《日本刑事法学者》（上），法律出版社 1995 年版，第 211 页。

⑥ 参见李海东主编：《日本刑事法学者》（上），法律出版社 1995 年版，第 219~223 页。

现符合基本构成要件事实予以加功的人，共犯的构成要件是修正的构成要件。①关于教唆犯的性质，团藤主张共犯从属性说，认为根据定型说的立场，教唆、帮助行为不是基本构成要件的实行行为，教唆、帮助的未遂不成立有关基本构成要件的未遂罪。在从属性的程度问题上，团藤根据日本刑法规定提出了限制从属性的合理性：一是正犯的行为必须是基本构成要件的实行行为，但就结果犯而言，如果没有处罚未遂规定的，则还要求正犯的实行行为发生结果；二是正犯的行为必须具有违法性；三是正犯的行为不要求有责，但正犯必须有构成要件的故意（虽然不必有故意责任），且不能是高度精神病患者或者婴幼儿（虽然不必有责任能力），否则是间接正犯。②关于教唆犯的成立要件，团藤从共犯从属性说出发，认为教唆犯的成立必须具备以下三个要件：③其一，要有使他人产生实行犯罪决意的行为。其二，要有使他人产生实行犯罪决意的意思。过失教唆不成立教唆犯。至于未遂的教唆，如警察事先以逮捕的目的教唆他人犯罪，经他人开始实行后逮捕他人的情形，从共犯从属性说出发，由于教唆行为不是基本构成要件行为，因此，教唆的意思也不是有关基本构成要件的故意，只要有使被教唆人产生实行犯罪的决意就够了，使他人以未遂告终的教唆，并不缺乏这种意思，故应认定为教唆。④其三，教唆行为必须使被教唆者产生实行所教唆之罪的决意，并且已经着手实行。

平场安治（1917－2002）对刑法和刑事诉讼法都有研究，著有《刑法总论讲义》（1954年）等书；在教唆犯理论方面提出了自己的见解，曾发表过《共犯者的坦白与共谋的认定》、《正犯及共犯的修改提案》等论文。⑤平场安治从个人责任原则出发，主张共犯的限制从属形式，⑥他认为，如果行为人只是诱起直接实行者的犯意或者强化直接实行者的犯意的话，则为教唆犯或者从犯。⑦

大冢仁（1923－）是日本当今著名刑法学者，著作等身，其中许多著作，如《犯罪论的基本问题》（1982年）、《刑法概说》（总论、各论，1963年至1974年）等影响巨大；他对共犯理论亦有较深入的研究，出版了《刑法的焦点（2. 共犯）》（1985年）等专著，发表了《间接正犯的正犯性》、《结果加重犯的

---

① 参见［日］团藤重光著：《刑法纲要（总论）》，创文社1990年版，第372~374页。
② 参见［日］团藤重光著：《刑法纲要（总论）》，创文社1990年版，第375~387页。
③ 参见［日］团藤重光著：《刑法纲要（总论）》，创文社1990年版，第403~409页。
④ 但多数持共犯独立性说者认为，在未遂的教唆的场合，由于教唆的意思应是有关基本构成要件的故意，而使他人以未遂告终的意思还缺乏这种故意，因而不成立犯罪。
⑤ 参见李海东主编：《日本刑事法学者》（上），法律出版社1995年版，第247~250页。
⑥ 参见［日］平场安治著：《刑法总论讲义》，有信堂1945年版，第147页。
⑦ 参见［日］平场安治著：《刑法总论讲义》，有信堂1945年版，第158页。

共同正犯》、《共同正犯——过失犯的共同正犯》、《过失犯的共同正犯的成立要件》等论文。① 在教唆犯问题上,大冢仁采用了犯罪共同说,主张共犯从属性说,并认为"有其实质的理由和形式的理由":从实质的观点来看,正犯是亲自使某犯罪表现于社会,因而正犯行为本身就具有实现犯罪的现实危险性、侵害性;教唆犯、从犯则处在正犯的背后,对某犯罪的实现来说,其地位是第二性的,因而教唆行为、帮助行为所具有的实现某犯罪的危险性、侵害性也是以正犯的行为为介体,具有间接性,即教唆犯、从犯的现实的犯罪性只有以正犯的存在为介体才表现出来,这种观点更容易为今日的时代所接受;从形式的理由来看,它具有实定法的依据,现行刑法关于"教唆他人使其实行了犯罪的人"这一规定,可以看成规定了教唆犯从属于正犯而成立的旨意。② 大冢仁认为,在特别法上设置所谓独立教唆犯的规定,也无非是出于教唆犯是从属性共犯这种认识。③

福田平(1923 -)著述甚丰,他的许多著作,如《刑法总论讲义案》(1951年)、《行政刑法》(1959 年)等产生了广泛影响,特别是在行政刑法方面有全面、系统的研究。④ 在教唆犯理论方面,福田平主要讨论了以下问题:⑤ 一是关于共犯与正犯的区分问题。福田平认为,西方学者提出的关于共犯与正犯的区分问题的主观说、客观说、扩张的正犯说、限制的正犯说都不妥当。他主张站在目的行为论的立场上,将目的性行为支配作为正犯概念的核心要素,⑥ 则共犯(教唆犯、帮助犯)是以其他的行为对实行行为予以加功的人。⑦ 二是关于共犯与身份的问题。福田平认为,在真正身份犯中(如公务员收受贿赂),非身份者的行为因为缺乏作为实行行为的定型性,不可能存在共同实行,非身份者只能成为教

---

① 参见李海东主编:《日本刑事法学者》(上),法律出版社 1995 年版,第 294~300 页。

② 参见[日]大冢仁著,冯军译:《犯罪论的基本问题》,中国政法大学出版社 1993 年版,第 279 页。

③ 参见[日]大冢仁著,冯军译:《犯罪论的基本问题》,中国政法大学出版社 1993 年版,第 280 页。

④ 参见李海东主编:《日本刑事法学者》(上),法律出版社 1995 年版,第 351~354 页。

⑤ 参见李海东主编:《日本刑事法学者》(上),法律出版社 1995 年版,第 363~366 页。

⑥ 所谓目的性行为支配,就是以实现构成要件性结果的意思目的性支配和控制了外部的行为。

⑦ 根据目的行为论,与共犯相对,正犯是实施了具有主观和客观整体构造的实行行为的人。

唆犯或帮助犯；① 而在不真正身份犯中，没有身份的人也能够共同实施实行行为，因此，非身份者在不真正身份犯中可以成立教唆犯、从犯或者共同正犯。三是关于共犯的错误问题。福田平认为，同一构成要件范围内的具体事实的错误不阻却共犯的故意。例如，甲教唆乙窃取金钱，乙窃取的不是金钱而是衣物，则甲仍然成立盗窃罪的教唆犯。当共犯者认识的正犯的实行行为的内容与正犯实现的事实属于不同的构成要件时，阻却共犯的故意，但是，当两个构成要件相重合时，在重合的限度内成立故意。例如，教唆某人盗窃，该人却实施了强盗，窃盗和强盗在窃盗的限度内相重合，教唆者只能成立窃盗罪的教唆。② 在讨论共犯的错误问题时，福田平从犯罪共同说的立场出发，认为应当承认过失犯的共同正犯和结果加重犯的共同正犯，但狭义的共犯——教唆犯、帮助犯，由于不具有正犯的实行行为，因此，对于过失犯与结果加重犯的狭义的共犯都应被否定。③ 四是关于共犯的中止问题。福田平认为，只有教唆者亲自阻止了正犯者犯罪的完成时才能成立教唆犯的中止（这时对正犯来讲就是意外的障碍，对正犯者不适用中止犯的规定）；因此，在正犯者以自己的意思中止了犯罪时，这对教唆者（以及帮助者）来说就属于意外的障碍，只能对正犯者（而不能对狭义的共犯）适用关于中止犯的规定。福田平主张必须把共犯的中止与脱离共犯关系加以区别。④

此外，日本的内藤谦、宫本英修、香川达夫、西村克彦、藤木英雄、植松正、齐藤金作、岗野光雄等刑法学者，也对教唆犯问题发表过看法。例如，在狭义的共犯（教唆犯、帮助犯）可否成立结果加重犯的问题上，藤木英雄、植松正、齐藤金作等学者就支持日本判例上一直肯定所有形态的结果加重犯的共犯的

---

① 福田平认为，此时的非身份者与身份犯只存在自然行为的共同，不存在实行行为的共同。例如，非公务员与公务员一起接受了与公务员的职务有关的金钱，这一行为对公务员来说虽然具备"贿赂的收受"这种受贿罪的实行行为性，但是对非公务员来说，接的金钱不是"贿赂"，接受金钱的行为不是"贿赂的收受"，即只存在自然行为的共同。

② 对此种情形的错误，福田平进一步指出，在同一共犯形式范围内的事实错误不会发生什么问题，如以教唆的意思产生了教唆的这种结果，不阻却作为教唆的故意；相反，在不同的共犯形式之间存在错误时，多少会发生一些问题，如实施了教唆行为，但是被教唆者已经具有了犯罪的决意，教唆行为只不过强化了其犯罪的决意，这时只不过是以教唆的意思产生了帮助的结果，因为教唆、帮助的方法没有被类型化，可以认为成立较轻的共犯形式。参见李海东主编：《日本刑事法学者》（上），法律出版社1995年版，第365页。

③ 参见李邦友：《结果加重犯的理论研究综述》，载《法学评论》1999年第2期。

④ 所谓脱离共犯关系，是指从共犯开始以后至既遂之间，共犯人中的一部分人表明了脱离共犯关系的意思，并且消除了自己至此对实现犯罪结果的影响，切断了自己至此的行为与脱离后其他共犯者的行为的因果关系。这种情况下，脱离者只对其至脱离时的共犯承担责任，对其脱离后其他共犯者实施的行为及造成的结果不负责任。参见李海东主编：《日本刑事法学者》（上），法律出版社1995年版，第365页。

成立这一态度。而宫本英修、香川达夫、西村克彦等学者，则分别从各自的立场对此予以否定：宫本英修从共犯独立性说的立场出发，认为"无论是坚持犯罪共同说或是行为共同说，都应坚持结果加重犯的共犯不能成立的否定说的主张"；香川达夫立足于犯罪共同说、西村克彦立足于行为共同说来论证狭义的共犯不能成立结果加重犯。①

3. 教唆犯理论之争：体系层级与体系归属

以德日为代表的大陆法系国家的教唆犯理论，是放在共犯理论之下来展开的，因而考察德日共犯理论成为分析德日教唆犯理论的一个基本前提。事实上，稍加观察就不难发现，德日刑法学者关于教唆犯理论的阐述无不可以在其共犯理论体系中找到依据（因其狭义共犯就是指帮助犯和教唆犯，有的还包括组织犯在内），并且这种理论依据主要体现在两个相互关联但又相对独立的方面：一个方面是有关理论体系层级的，其逻辑关系表现为"犯罪论体系（三阶层犯罪论体系）—共犯论体系—教唆犯理论"，其侧重于犯罪论体系考察的教唆犯理论，存在教唆犯的从属性与独立性之争；另一个方面是有关理论归属的，其逻辑关系表现为"区分制共犯体系—区分制共犯体系下的教唆犯理论"、"单一制共犯体系—单一制共犯体系下的教唆犯理论"，其侧重于立法论体系考察的教唆犯理论，存在区分制共犯体系与单一制共犯体系之别。

教唆犯理论在理论体系层级上位于"犯罪论体系（三阶层犯罪论体系）—共犯论体系—教唆犯理论"这一理论逻辑体系的终端。这种层级判断应当说主要侧重于犯罪论体系层级上的考量和阐释，同时其层级位阶还可以在刑罚论上展开讨论（如处罚上的从属性与独立性之阐释）。德日犯罪论体系由于具有"该当性、违法性、有责性"之三阶层体系的特色（新近的理论趋向还有"违法、有责"的二阶层体系），相应地，在共犯论上就有因果共犯论（惹起说）、不法共犯论、责任共犯论、共犯处罚根据论之争，② 以及行为共同说与犯罪共同说（或者部分犯罪共同说）之争，独立性说与从属性说（具体包括最小限度从属性说、限制从属性说、极端从属性说、夸张从属性说）之争。这是德日共犯理论的基本轮廓，也是其阐释教唆犯问题的基本理论，其核心是围绕着构成要件该当性、违法性、有责性来审查教唆犯（以及帮助犯和组织犯）的特殊性。

在体系归属（共犯体系论与教唆犯归属理论）问题上，德日刑法立法和理论上大致出现了区分制共犯体系与单一制共犯体系，相应地，教唆犯理论也呈现

---

① 参见李邦友：《结果加重犯的理论研究综述》，载《法学评论》1999年第2期。
② 因果共犯论包括纯粹惹起说、修正惹起说与混合惹起说，且"现有理论基本上限于因果共犯论内部的对立"。参见陈洪兵著：《共犯论思考》，人民法院出版社2009年版，第34页。

出区分制共犯体系下的教唆犯理论与单一制共犯体系下的教唆犯理论。应当说这是德日新近的共犯论研究成果之一。

区分制共犯体系，又称二元参与体系，专门指称传统的共犯理论，区分了正犯和共犯，以正犯为基础，对正犯进行教唆或者帮助的则作为共犯（狭义共犯），对共犯所处刑罚准以正犯的刑罚或者相对于正犯的刑罚加以减轻。单一制共犯体系，又称共犯独立犯体系、统一性正犯体系，是指将给犯罪的成立提供了条件的人都理解为正犯者，并不看重各个正犯者的行为是直接实施了犯罪还是实施了教唆或者帮助等行为形态的区别，而是就各正犯者的行为个别地、独立地论及其犯罪的成立，应该对其适用法律关于犯罪所规定的刑罚的理论；其具体形式主要有形式的统一性正犯体系与机能的统一性正犯体系两种（有的学者还列举了第三种，即限缩的单一正犯体系）。目前，统一性正犯体系已有部分国家立法实践的确认，如《奥地利刑法典》第12条、《意大利刑法典》第110条、《巴西刑法典》第25条、《挪威刑法典》第58条、《丹麦刑法典》第32条、《阿根廷刑法典》第45条、《美国模范刑法典》第2.06条（3）等，并且逐渐得到了较多刑法学者的推崇。[①]

三、俄罗斯的教唆犯理论研究[②]

俄罗斯学者对教唆犯的理论研究主要涉及以下五个问题：

其一，教唆行为的客观本质问题。俄罗斯学者认为，教唆行为是怂恿他人实施犯罪，即对实行犯的意识和意志施加影响的过程。因此，教唆行为的客观本质是以唆使实行犯实施犯罪为目的而对他的意识和意志施加影响，而且这种影响并不使被教唆者的意志丧失活力，他仍然是自由活动的主体。教唆行为是具体的，可以对一人或数人实行教唆。但下列行为不应认为是教唆行为：一是传授犯罪技巧的行为；二是各种宣传、煽动行为，如果它们不具有号召实施某种犯罪的意图；三是只是一般地表示希望实施某种具体的犯罪，如果没有把这个想法告诉具体的行为人的；四是讲述实施具体犯罪的某一巧妙方法，如果讲述者没有唆使具体的人利用这一方法实施犯罪的。

其二，教唆方法问题。俄罗斯学者认为，教唆犯所使用的方法是多种多样

[①] 参见［日］高桥则夫著，冯军、毛乃纯译：《共犯体系和共犯理论》，中国人民大学出版社2010年版，第5~7页、第20~34页；刘斯凡著：《共犯界限论》，中国人民公安大学出版社2011年版，第4~17页。

[②] 参见薛瑞麟著：《俄罗斯刑法研究》，中国政法大学出版社2000年版，第215~218页；黄道秀译：《俄罗斯联邦刑法典释义》（上册），中国政法大学出版社2000年版，第77~85页。

的，除了刑法列举的"劝说"、"收买"、"威胁"方法外，法律还用"以其他方式"来概括便是证明。

"劝说"是教唆犯最常用的一种方法，其实质是引起实行犯对犯罪的兴趣。可以把劝说视为在心理上对实行犯不断施加影响，以便使其产生实施犯罪的决心。"收买"是通过给物质好处（如金钱、财产或赦免债务）的方式促使他人实施犯罪。有时这种好处就表现为实施犯罪本身，如遗弃没有独立生活能力的家庭成员。在"定购"的故意杀人罪中也存在以收买为手段的教唆行为，在这种场合，教唆犯多半也是组织犯。"威胁"作为一种教唆手段，应该是现实存在并相当严重的。科瓦廖夫教授认为，威胁的真实性程度和严厉程度是区分教唆行为与组织行为的根据，因为，以威胁为手段的教唆行为与组织行为有交叉。

"其他方式"主要是指委托、命令、身体上的强制、欺骗等。"委托"是教唆犯以口头或书面的形式向实行犯下达实施犯罪的任务。这种意义上的委托在委托人与受委托人之间通常存在职务、家庭或其他方面上的相互关系。委托不是指令，它是以信任为基础的一种请求，并且对实行犯的意志不施加重压。在教唆的场合，委托应当是"名副其实"的，不具有组织性；否则，委托人就成了组织犯。"命令"作为教唆的方法是有条件的，只有在以怂恿部下实施犯罪为目的而滥用职务上的地位、权威的情况下，并且命令本身不具有强制性，它才能成为教唆的方法。"强制"作为教唆行为的手段是极少见的，只有在对身体上的强制尚未构成紧急避险状态时，它才可以成为教唆行为的手段。"欺骗"作为教唆行为的手段也是不多见的。当欺骗涉及犯罪动机及其最终目的和犯罪的利益时，它也可以成为教唆行为的手段。例如，教唆犯激起实行犯对自己妻子毫无根据的妒忌，从而教唆他杀死自己的妻子。科瓦廖夫教授认为，在"欺骗"的场合，关键应当查明，教唆犯是否用自己的行为激起了实行犯实施犯罪的决心，至于他使用的手段则只起次要的作用。

其三，教唆犯主观方面的问题。在激起他人下决心实施犯罪时，教唆犯首先应当预见到构成犯罪的一切事实情况，其次应当预见到自己的行为与实行犯实施的犯罪之间因果关系的发展。教唆犯活动的意志方面表现为希望看到犯罪的实施。希望看到实行犯实施他所教唆的犯罪，是成立教唆行为不可或缺的要素。纳乌莫夫教授认为，教唆行为不可能出自间接故意，因为如果只是放任犯罪的可能实施，就不会有激起他人实施犯罪的想法。这里所说的不是对实行犯的意识和意志的必然影响，而是希望看到通过他人之手实施犯罪本身。同时，教唆犯所追求的目的能够扩及希望看到犯罪的实施。这一目的可能同实行犯的目的不相一致，但对教唆犯的定罪来说，实行犯所追求的目的起主要作用。至于教唆犯的目的和动机，则只有在评价他的个人情况时才有意义。

其四，间接教唆与教唆帮助问题。俄罗斯学者一般认为，间接教唆行为是一种教唆行为，教唆帮助行为是一种帮助行为。教唆行为不以参加实施犯罪为条件；如果教唆犯直接参与实施犯罪，则通常按组织犯加以定罪。

其五，不能教唆的问题。不能教唆指的是教唆未遂的情形。例如，如果教唆犯为了实施犯罪做了一切，但实行犯由于死亡、丧失责任能力等而未能实施犯罪，则此种情形下的教唆为不能教唆。

四、我国的教唆犯理论研究概况

我国对教唆犯理论的研究起步较晚，但是，迄今为止相关的研究成果十分丰富，以"汗牛充栋"加以形容可能也不为过。

晚清修律以后，我国才开始重视教唆犯理论的介绍和研究。在国民党统治时期的1935年，商务印书馆出版了耿文田的《教唆犯论》专著，主要介绍了西方教唆犯理论的基本内容，并对当时刑法所规定的教唆犯进行了理论阐释。此后，我国台湾学者在借鉴、吸收日本、德国、意大利等大陆法系国家研究成果的基础上，对教唆犯的研究逐步深入，取得可喜成果，蔡墩铭、高仰止、林山田、陈子平、韩忠谟、郑健才、张灏等学者都对教唆犯问题有所研究，有的出版过有关"共同犯罪"的专著，有的专门撰写论文进行讨论，有的则在刑法理论专著中对教唆犯问题进行专题研究，提出了许多颇有见地的看法；但是尚没有学者出版教唆犯问题研究的专著。

新中国成立以后，中国大陆学者对教唆犯的注意和思考早在20世纪50年代中期就开始了。比如，李光灿早在1957年就发表了《论共犯》[①]一文。但真正对教唆犯进行系统的理论研究，则是在新中国第一部刑法即1979年《刑法》颁行之后，许多学者都在论述共同犯罪问题中讨论了教唆犯问题。1986年，吉林人民出版社出版了吴振兴的个人专著《论教唆犯》，系统阐述了开展教唆犯研究的重要意义，中外刑法史中的教唆犯问题，教唆犯的性质、概念、种类问题，教唆犯的错误、因果关系、竞合、停止形态、罪数形态以及教唆犯的处罚等问题。除此以外，另有近十篇关于教唆犯理论方面的硕士论文通过了学位论文答辩，有60余篇专题研讨教唆犯问题的论文陆续发表，对教唆犯理论问题进行了比较全面、系统和深入的研讨。可以说，国外刑法理论界所研究和涉及的有关教唆犯的理论问题，我国刑法理论界基本上也都有所研究。当然，在教唆犯理论研究的广度和深度上，都还有待进一步拓展。

我国新近有不少学者借用德日刑法学教唆犯理论来阐释和评估中国的教唆犯理论问题，如以德日刑法学共犯理论体系之中的行为共同说、因果共犯论（惹起说）、不法共犯论、限制从属性说、共犯处罚根据论等理论来阐释我国教唆犯

---

① 该论文发表于《法学》1957年第2~3期。

的成立条件与范围（教唆犯成立论）、教唆犯的处罚根据（教唆犯处罚根据论）。再如，我国有学者提出了我国刑法关于共同犯罪立法的归属问题，有的学者认为，我国刑法采取了区分制共犯体系，另有学者认为，我国刑法采取了单一制共犯体系，并以此不同见解来解释我国刑法的共同犯罪现象或者展开我国的共同犯罪问题理论研讨。①

应当看到，我国刑法关于教唆犯的立法与司法实践，尤其是共同犯罪的成立范围与成立条件已经法定化，非共犯教唆犯的成立条件与处罚原则已经法定化（但立法上没有规定"非共犯的帮助犯"）等立法实践，可能难以匹配德日刑法学关于行为共同说、因果共犯论（惹起说）、不法共犯论、限制从属性说、区分制共犯体系与单一制正犯体系等共犯理论，并非可以完全照搬德日刑法理论来加以阐释。因此，我们需要寻求能够真正匹配我国刑法立法与司法实践的、具有中国特色的共犯理论和教唆犯理论的体系性阐释方法。

---

① 参见刘斯凡著：《共犯界限论》，中国人民公安大学出版社2011年版，第18~19页；王志远著：《共犯制度的根基与拓展——从"主体间"到"单方化"》，法律出版社2011年版，第30页；江溯：《关于单一正犯体系的若干辩驳》，载《当代法学》2011年第5期；刘明祥：《"被教唆的人没有犯被教唆的罪"之解释》，载《法学研究》2011年第1期。

第二章 教唆犯的内涵界定

如何对教唆犯的内涵进行界定，既与作为界定对象的教唆犯之规范存在（包括既定的实在法规范与应然的自然法规范）有关，又与作为界定主体的研究者之学术立场（如对教唆犯性质的不同看法与研究范式的不同把握）有关，因而成为一个需要进行逻辑梳理的复杂的理论问题。这里，通过考察我国刑法中教唆犯的实然规范、存在根据、处罚根据、性质，合理界定教唆犯的基本内涵。

第一节 我国刑法中教唆犯的实然规范与特殊问题

一、我国刑法中教唆犯的实然规范

我国现行《刑法》第29条分两款对教唆犯进行了规定：

"教唆他人犯罪的，应当按照他在共同犯罪中所起的作用处罚。教唆不满十八周岁的人犯罪的，应当从重处罚。

"如果被教唆的人没有犯被教唆的罪，对于教唆犯，可以从轻或者减轻处罚。"

对我国《刑法》第29条的直观审查即可发现：我国刑法中教唆犯，除分则直接规定的教唆类犯罪外，还存在共犯教唆犯（《刑法》第29条第1款）与非共犯教唆犯（《刑法》第29条第2款）。其中，共犯教唆犯，是指成立共同犯罪时的教唆犯；非共犯教唆犯，是指不成立共同犯罪时的教唆犯。

可以说，《刑法》第29条第2款关于非共犯教唆犯的规定，与《刑法》第25条第2款关于共同过失犯罪的规定十分相似，均是对不成立共同犯罪、不适用共同犯罪处罚原则的"非共同犯罪"问题的专门规定，均是不应纳入共同犯罪之中的，因为它们本来就是"非共同犯罪"。换言之，非共犯教唆犯和共同过失犯罪均不应认定为共同犯罪，均不应适用共同犯罪原理。

二、我国刑法中教唆犯研究的特殊问题

那么，我国刑法中教唆犯研究中是否可以将非共犯教唆犯纳入教唆犯整体研究之中呢？这是一个存在争议、也需要斟酌的问题。有以下两种学术立场值得反思：

第一种立场，如果不将非共犯教唆犯纳入教唆犯整体研究之中，可能存在理论研究体系上的缺陷：刑法总则研究中只有共犯教唆犯而缺少非共犯教唆犯，刑法分则研究中只有刑法分则直接规定的教唆类犯罪从而也缺少非共犯教唆犯，那么，应该在哪里研究非共犯教唆犯呢？这是一个棘手的问题。

第二种立场，如果将非共犯教唆犯纳入教唆犯整体研究之中，同样可能存在理论研究体系上的矛盾：刑法总则问题的共同犯罪研究中同时研究作为共同犯罪形态的共犯教唆犯和不作为共同犯罪形态的非共犯教唆犯，当然存在共同犯罪问题与非共同犯罪问题无法有机融入一个共同犯罪体系的突出矛盾。例如，教唆犯是否共犯种类之一，教唆犯是主犯还是从犯，教唆犯是否适用共同犯罪处罚原则等问题，根本就无法妥当回答。

应当承认，上述两种学术立场实难选择。事实上，目前我国刑法学者在教唆犯理论研究之中，都自觉不自觉地忽视教唆犯的实然规范状况，一厢情愿地将教唆犯完全等同于一个共同犯罪问题进行阐释和展开理论叙述，将教唆犯的存在状态完全等同于帮助犯、组织犯的存在状态（如将其统称为共犯）。在研讨教唆犯的基本性质、处罚根据、成立条件、处罚原则等问题时，过于机械地照搬西方大陆法系国家刑法学共犯理论，所作出的理论阐释缺乏基本的妥当性，更谈不上说服力。

相对而言，应当在正视我国刑法中教唆犯的实然规范的特殊性的基础上，将我国刑法规范语境下的教唆犯区分为共犯教唆犯和非共犯教唆犯，在教唆犯理论研究中分别以共同犯罪原理来考量共犯教唆犯、以非共同犯罪原理来考量非共犯教唆犯两种方法来展开理论阐释，这样两种方法尽管是相互区别的，但是也可以适当加以并用和结合。因为，在教唆犯（而非刑法分则规定的教唆类犯罪）均是"刑法总则直接规范的犯罪类型"这一点上，共犯教唆犯与非共犯教唆犯存在相通点。这个相通点就是：它们不同于刑法分则直接规定的具体的教唆类犯罪（包括引诱、教唆他人吸毒罪、引诱幼女卖淫罪等具体罪名）。

因此，在具体界定教唆犯的基本内涵时，应当坚持四项基本原则：其一，正视我国刑法中教唆犯存在共犯教唆犯与非共犯教唆犯两种犯罪形态的规范现实；其二，在刑法总则直接规范的教唆犯之内并在区别于刑法分则直接规定的具体的教唆类犯罪之下，恰当整合教唆犯理论体系；其三，在具体考察教唆犯的根据论、性质论、概念论（以及处罚论）时，兼顾共犯教唆犯与非共犯教唆犯的整

合与区分；其四，注意区分教唆犯不同于帮助犯（以及组织犯）的特殊性，即帮助犯不存在"非共犯帮助犯"的任何空间，但是存在非共犯教唆犯这种特殊犯罪形态。

第二节 教唆犯的性质论

教唆犯的性质，所要涉及并要回答的问题是：教唆犯在共同犯罪中到底处于何种地位、与实行犯具有怎样的关系、教唆犯的成立条件及可罚性条件（基础）是什么？

就教唆犯理论而言，基础性的问题是其性质问题。对教唆犯的性质所持的不同看法，是导致对教唆犯其他所有问题，包括教唆犯的概念、特征、犯罪形态等问题得出不同结论的根本原因。日本刑法学者大冢仁说："作为论及教唆犯及从犯的成立条件乃至可罚性的理论前提，存在共犯独立性说和共犯从属性说的对立。"① 日本有学者甚至认为，教唆犯等共犯的性质问题是整个犯罪论的基本问题之一。例如，日本学者前田雅英指出："共犯的本质论是犯罪论的基本的对立的投影。新派刑法学与旧派刑法学的犯罪论上最大的对立点之一，就是关于共犯的本质的独立性与从属性之争。"② 我国也有学者指出："教唆犯的性质确认，是教唆犯理论的首要问题。"③ 甚至就教唆犯的停止形态而言，"教唆犯与从犯成立未遂的范围，根据共犯独立性说与共犯从属性说而明显不同"④。可见，研究教唆犯问题，必须首先研究其性质问题；研究教唆犯的性质，具有极其重大的理论价值与实践意义。

一、教唆犯性质论聚讼

关于教唆犯的性质问题，中外刑法理论界都存在争鸣。在西方，大致存在共犯从属性说与共犯独立性说相互尖锐对立的两派，⑤ 只是到近来各自互有吸纳和

---

① ［日］大冢仁著，冯军译：《犯罪论的基本问题》，中国政法大学出版社1993年版，第278页。

② ［日］前田雅英著：《刑法总论讲义》，东京大学出版社1996年版，第440页。

③ 刘佳雁：《海峡两岸刑法中教唆犯理论之比较研讨》，载《台湾研究》1995年第2期。

④ 张明楷著：《未遂犯论》，法律出版社1997年版，第203页。

⑤ 教唆犯属于共犯（这里指狭义的共犯，即教唆犯和从犯）的一种，因此教唆犯的性质从属于共犯的性质。下文在谈及共犯的性质时，如果没有特别申明，就主要是指教唆犯的性质。

消长。我国刑法理论界在吸收和借鉴西方理论研究成果的基础上，对教唆犯的性质问题进行了深入广泛的研究，取得了丰硕的成果。目前，关于教唆犯性质问题的理论争鸣，主要有从属性说、独立性说、独立罪名说、机械的二重性说、辩证统一的二重性说、非独立共犯人说、不作为说、屏弃性质说等八种观点：①

（一）从属性说

教唆犯的从属性说又称教唆犯的借用犯说（犯罪性借用与可罚性借用），②本来比独立性说出现还早，它主要是旧派即刑事古典学派的观点，以行为主义、犯罪共同说、客观主义理论为其理论基础，认为共犯（包括教唆犯和帮助犯）对于正犯具有从属性，共犯的成立与可罚性，以存在一定的实行行为为前提，只有在正犯成立犯罪并具有可罚性时，共犯才因其具有从属于正犯的性质而成立犯罪并具有可罚性。因此，大陆法系学者一般认为，"所谓共犯的从属性，有两种意义，即第一是成立上的从属性。第二是处罚上的从属性"③。成立上的从属性，是指只有实行犯构成犯罪，教唆犯才能构成犯罪；④如果实行犯不构成犯罪，则教唆犯也不构成犯罪。并且，共犯与正犯在成立犯罪阶段上是同步的，即正犯是既遂，教唆犯也是既遂；正犯是未遂，则教唆犯也是未遂。处罚上的从属性，是指教唆犯的行为本身本不具有可罚性，只是由于从属于实行犯的行为，因实行犯

---

① 参见高铭暄主编：《新中国刑法学研究综述（1949—1985）》，河南人民出版社1986年版，第367~368页；吴振兴著：《论教唆犯》，吉林人民出版社1986年版，第65~67页；李光灿、马克昌、罗平著：《论共同犯罪》，中国政法大学出版社1987年版，第82页；陈兴良著：《共同犯罪论》，中国社会科学出版社1992年版，第50~56页；马克昌主编：《犯罪通论》，武汉大学出版社1991年版，第527~530页；赵秉志等主编：《全国刑法硕士论文荟萃（1981届—1988届）》，中国人民公安大学出版社1989年版，第373~376页；伍柳村：《试论教唆犯的二重性》，载《法学研究》1982年第1期；余淦才：《试论教唆犯的刑事责任》，载《安徽大学学报》1983年第2期；马克昌：《论教唆犯》，载《法律学习与研究》1987年第5期；方暇风：《论我国刑法中教唆犯的独立性》，载《法学与实践》1992年第5期；司明灯：《论我国刑法中教唆犯的性质》，载《法学与实践》1993年第4期；赵秉志、魏东：《论教唆犯的未遂》，载《法学家》1999年第3期；马克昌：《关于共犯的比较研究》，载高铭暄、赵秉志主编：《刑法论丛》（第3卷），法律出版社1999年版，第281~379页。

② 参见马克昌：《关于共犯的比较研究》，载高铭暄、赵秉志主编：《刑法论丛》（第3卷），法律出版社1999年版，第312页；齐文远、刘代华：《论教唆犯应被规定为独立犯罪》，载高铭暄、赵秉志主编：《刑法论丛》（第2卷），法律出版社1999年版。

③ ［日］齐藤金作：《共犯理论的研究》，有斐阁1945年版，第120页。

④ 对此，马克昌教授表述为："成立上的从属性，指只有正犯着手于犯罪的实行，共犯才能成立。换言之，至少正犯是未遂犯，共犯才能构成。如果正犯处于着手实行以前的阶段，那就不发生共犯问题。因为在这种情况下，教唆或帮助行为与预备行为相同，还不构成犯罪。"参见高铭暄、赵秉志主编：《刑法论丛》（第3卷），法律出版社1999年版，第313页。

的行为具有可罚性而具有可罚性。教唆犯的处罚以实行犯受处罚为前提，但这并不意味着教唆犯与实行犯所受的处罚相同。另有学者认为，共犯（教唆犯）从属性问题主要涉及两个方面：一是共犯的成立是否从属于正犯行为的存在和有无从属性的问题；二是假定共犯的成立从属于正犯的行为，其正犯的行为需要具备怎样的犯罪要件，即共犯的从属性程度问题。①

持共犯从属性说的学者有：德国的费尔巴哈、毕克迈耶、迈耶、贝林格、麦兹格、李斯特，日本的泷川幸辰、平野龙一、大场茂马、小野清一郎等。其中，毕克迈耶从共犯的概念本身对共犯从属性说作了说明；贝林格运用犯罪构成的理论对共犯从属性说进行了阐述；李斯特则以因果关系中断论为理论根据对共犯从属性说进行了论证，认为：意思自由的教唆行为与结果之间的因果关系，因基于正犯的自由意思的行为而中断，教唆行为失其独立的性质，其处罚亦从属于正犯的成立。② 德国刑法学家迈耶提出了从属性程度问题，总结出"迈耶公式"；日本刑法学者平野龙一研究了共犯从属性的范围问题，从而进一步丰富和深化了教唆犯从属性理论学说。

迈耶认为，共犯的从属性程度可以分为以下四种：（1）最低限度从属形式。即共犯的成立，只要求正犯具备构成要件的该当性即为已足。至于正犯的行为是否具备违法性与有责性，则在所不问，都无碍于共犯的成立。（2）限制从属形式。即共犯的成立，不但要求正犯具备构成要件的该当性，还要求正犯具备违法性才为已足；但可以不问正犯是否具备有责性。（3）极端从属形式。即共犯的成立，要求正犯必须充足构成要件的该当性、违法性与有责性；三者缺一，则共犯不能成立。（4）最极端从属形式或称夸张从属形式。即共犯的成立，不仅要求正犯完全具备构成要件的该当性、违法性和有责性等要件，而且要求正犯必须具备可罚性的要件，否则就不能构成共犯；并且正犯的刑罚加重或者减轻事由之效力及于共犯。③

平野龙一认为，共犯的从属性可以区分为"实行从属性"、"要素从属性"、"罪名从属性"三种。所谓"实行从属性"，是指"正犯现实地实施了实行行为是否是共犯成立的要件，换言之，尽管进行了教唆但正犯没有实行时，能否作为教唆未遂进行处罚的问题"；所谓"要素从属性"，是指"成为共犯概念上的前

---

① 参见 [日] 木村龟二主编，顾肖荣、郑树周译校：《刑法学词典》，上海翻译出版公司1991年版，第348页。

② 参见马克昌：《关于共犯的比较研究》，载高铭暄、赵秉志主编：《刑法论丛》（第3卷），法律出版社1999年版，第313页。

③ 参见 [日] 木村龟二主编，顾肖荣、郑树周译校：《刑法学词典》，上海翻译出版公司1991年版，第349页；陈兴良著：《共同犯罪论》，中国社会科学出版社1992年版，第50页。

提的正犯的行为，是否只要是符合构成要件的行为就够了（最小从属性说），还是需要是符合构成要件的违法的行为（限制从属性说），抑或是需要是符合构成要件的违法的有责的行为（极端从属性说）的问题"；所谓"罪名从属性"，是指"共犯应该是与正犯相同的罪名（罪名从属性说），还是共犯的罪名可以与正犯的罪名不同（罪名独立性说）的问题"。①

在我国，绝大多数学者都赞同教唆犯具有从属性的观点，但同时都认为这种从属性不是绝对的、无条件的，而是相对的、有条件的。因此，严格说我国目前尚没有坚持纯粹的共犯从属性说的学者。但在国外却有不少学者坚持纯粹的共犯从属性说，如在日本，共犯从属性说是官方的（立法认可）、通说的（多数学者赞同）观点。②

（二）独立性说

共犯独立性说是近代学派的观点，以行为人主义、行为共同说、主观主义理论为其理论基础，认为犯罪是行为人的恶性的表现（或征表），共犯的教唆行为或帮助行为本身即表明其固有的反社会性和人身危险性，并对危害结果具有原因力，实为独立的犯罪，应依共犯本人的行为而负刑事责任，而并非从属于正犯的犯罪。持共犯独立性说的学者有意大利的菲利，德国的宾丁、布利，以及日本的牧野英一、木村龟二等。

少数刑法学者在坚持共犯独立性说的前提下，更主张极端的共犯独立性说观点，倡导"包括的正犯者"的概念，认为应该取消正犯与共犯的区分，将共犯包括在正犯的概念之内。极端的共犯独立性说这种否定正犯与共犯区分的观点，在刑法理论上又有"共犯独立犯说"之称谓。该说的倡导者佛尼茨库认为，国家刑罚权的对象是行为者而不是行为，对行为者适用刑罚，当然也要考虑行为，因为行为是行为者的性格的外部表现。由于各个行为者的行为各有不同的特征，无论单独犯或者共犯都是独立的。因此，不论教唆犯或者正犯都是共同惹起结果的行为者，就应受到同样的处理。加功于实行行为本身的从犯，应与正犯相同；但未直接或间接加功于实行行为的从犯，由于其行为只不过部分地惹起结果，其责任与正犯的责任就不能相同，故对这样的帮助者必须作为特别的犯罪加以处罚。从而教唆犯及主要的从犯就与共同实行犯一样，都是相互协力的犯罪的独立正犯，单纯帮助则是特别罪的独立正犯。这样，就可以完全取消共犯的规定，使共犯直接适用刑法分则条文。体现共犯独立犯说思想的立法例有1902年《挪威

---

① 参见［日］大冢仁著，冯军译：《犯罪论的基本问题》，中国政法大学出版社1993年版，第280～281页。

② 参见［日］大冢仁著，冯军译：《犯罪论的基本问题》，中国政法大学出版社1993年版，第278～283页。

刑法典》和《格陵兰刑法典》。《格陵兰刑法典》第9条规定："以任何方式教唆或帮助他人犯罪者，本法典适用之。"①

我国学者中，也有人支持共犯独立性说的观点，认为：教唆犯具有独立性或相对独立性，它在共同犯罪中处于独立的地位，而并不从属于实行犯；教唆行为本身就是独立的犯罪，因而被教唆人是否实施犯罪，对教唆犯的成立不发生影响。论者主要提出了以下几点理由：②（1）在实质上教唆行为本身已具有社会危害性；（2）教唆行为对被教唆之罪的实行在特定条件下具有决定意义；（3）坚持教唆犯独立性说是贯彻直接的个人责任原则的体现；（4）教唆犯的构成作为对实行犯的修正构成与基本构成具有一致性，可作为定罪处罚的根据；（5）在教唆犯的成立条件问题上，国际上的趋势是趋向于"独立性"，其极端的例子是英美国家对教唆犯单独定一个教唆罪；（6）我国刑法的总则性规定，③标志着我国刑法确认了教唆犯的独立性说，而且教唆犯即使在构成共同犯罪的情况下也是按其在共同犯罪中所起的作用来处罚，这一点也是教唆犯独立性的一个例证。

（三）彻底的教唆犯独立犯说（独立罪名说）

近年来，我国有学者撰文建议设立独立的教唆罪，提出了彻底的教唆犯独立犯说的观点，认为刑法应该将教唆犯规定为一种独立的犯罪和罪名。④该说提出的理由和设想是：

第一，教唆犯罪有逐步走向独立的趋势。我国教唆犯立法例的发展表明了教唆犯正一步步从"首犯"中独立出来，成为从属性共犯、独立性共犯，逐步成为独立犯。西方大陆法系国家的立法例亦同样反映了这种趋势。现在可以说已经走到了独立犯的边缘，应该是使其成为独立犯罪的时候了。

第二，共犯理论不能圆满解决教唆犯问题。大陆法系的共犯理论主要有犯罪共同说与行为共同说、共犯从属性说与共犯独立性说；我国学者对教唆犯性质的看法大致有从属性说、独立性说、二重性说、摒弃性质说、非共犯中的独立种类

---

① 参见陈兴良著：《共同犯罪论》，中国社会科学出版社1992年版，第52页。
② 参见杨诚：《教唆犯理论上三个难题之我见》，载赵秉志等主编：《全国刑法硕士论文荟萃（1981届—1988届）》，中国人民公安大学出版社1989年版，第373页；方暇风：《论我国刑法中教唆犯的独立性》，载《法学与实践》1992年第5期；余淦才：《试论教唆犯的刑事责任》，载《安徽大学学报》1983年第2期；马克昌：《论教唆犯》载《法律学习与研究》1987年第5期。
③ 如我国1979年《刑法》第26条第2款，或现行《刑法》第29条第2款。
④ 卢勤忠：《论教唆罪的设立》，载《现代法学》1996年第6期；齐文远、刘代华：《论教唆犯应被规定为独立犯罪》，载高铭暄、赵秉志主编：《刑法论丛》（第2卷），法律出版社1999年版；吴情树、闫铁恒：《对教唆犯的反思与定位》，载《政法论丛》1999年第6期。

说等几种观点。这些看法，由于都把教唆犯置于共同犯罪来讨论，因而或者是荒谬的，或者是混乱的，或者是矛盾的与不协调的，它们都不能圆满解决教唆犯问题。

第三，我国刑法中存在对共犯中的某一行为单独定罪的例子，表现在共犯中的组织犯、帮助犯以及某些教唆犯都有单独定罪的情况。例如，1979年《刑法》第98条规定的组织领导反革命集团罪，现行《刑法》第358条规定的协助组织卖淫罪、第353条规定的教唆他人吸毒罪。其原因是，"有时在对非实行犯按照共同犯罪处罚原则予以处罚时，罪与刑并不能保持完全一致。基于这一点，刑事立法就采用对非实行犯设立单独罪名的方式，非实行犯不再以共犯论处"①。

第四，传授犯罪方法罪的设立具有示范性。从广义上讲，传授犯罪方法也属于教唆行为。既然刑事立法可将其规定为独立的犯罪，当然可设立教唆罪；而且在目前条件下，设立教唆罪比设立传授犯罪方法罪更具有合理性——传授犯罪方法罪存在时代的局限性和范围的局限性（表现为其外延小于教唆罪），它应为新设立的教唆罪所取代。

第五，教唆犯罪符合设立独立犯罪的条件。其理由如下：（1）教唆行为是一种应承担刑事责任的犯罪实行行为。一是有理论根据。教唆犯为何可罚？对此，刑法学界有"犯罪起因说"与"责任参与说"等不同见解，但都各具片面性。论者主张用主客观相统一原则来阐述教唆犯的处罚根据，即在客观上，教唆犯的教唆行为可能使他人产生犯意，并进而实行犯罪行为，其教唆行为已使法益受到侵害或威胁，存在社会危害性，应予以处罚；在主观上，教唆犯意欲通过教唆行为，使他人堕落，产生犯意，成为潜在的犯罪人，由此证明，教唆人主观上具有反社会恶性。二是有立法原理的根据。将教唆行为规定为犯罪实行行为符合刑法立法的谦抑性原则。三是有法律根据。1997年《刑法》第29条第2款的规定，一方面明示应对教唆行为追究刑事责任，即承认教唆行为是一种应承担刑事责任的犯罪实行行为；另一方面也暗示在被教唆人犯被教唆的罪时，教唆行为仍应是犯罪实行行为，而不应被错误地认为是被教唆人犯罪实行行为的从属行为。（2）教唆犯罪与被教唆人犯罪不是共同犯罪，因为教唆行为与所教唆之罪的实

---

① 卢勤忠：《论教唆罪的设立》，载《现代法学》1996年第6期。

行行为不是共同行为,① 教唆犯与被教唆人没有共同故意。② 既然教唆犯与被教唆人在主观上没有共同犯罪的故意,在客观上也没有共同犯罪的行为,因此,教唆犯与被教唆人之间就不构成共同犯罪。(3) 教唆行为不符合《刑法》规定的其他任何犯罪的犯罪构成。根据刑法理论,犯罪构成是判断行为是何种犯罪的唯一根据。近年来,我国部分学者接受了日本刑法理论中将犯罪构成分为基本的犯罪构成与修正的犯罪构成的分类理论,并以修正的犯罪构成为依据来追究未遂犯、共犯的刑事责任的根据。按照传统观点来理解,依据我国1997年《刑法》第29条第1款之规定,教唆犯与被教唆人成立共同犯罪,此时,其教唆行为可认为是犯罪实行行为的从属行为,符合修正的实行正犯的犯罪构成;但是,按照同条第2款被教唆人没有犯被教唆之罪的规定,此时教唆行为就是犯罪实行行为,按照《刑法》规定,也应追究教唆行为人的刑事责任,但应如何追究? 显然,对犯罪实行行为用修正的犯罪构成进行定罪量刑是说不过去的,况且应依据何种基本的犯罪构成来修正呢? 因此,论者认为,修正的犯罪构成理论并不能有力地证明教唆行为符合《刑法》所规定的犯罪构成,故教唆行为不具有所教唆之罪的构成要件的该当性。在现行《刑法》条文中我们难以用其他罪的构成要件来判断教唆行为是否构成犯罪、构成何种犯罪以及如何定罪量刑。(4) 如不将教唆犯罪规定为独立犯罪,就会产生难以解决的理论和司法实践问题:一是处罚教唆犯违背罪刑法定原则。犯罪构成是判断行为是否构成犯罪的唯一标准,而教唆犯不符合现行《刑法》所规定的犯罪构成,因此如果处罚教唆犯就会违背罪刑法定原则。二是不利于明确犯罪构成和犯罪概念的辩证统一关系。在我国,犯罪概念是犯罪的本质属性和法律属性的统一。按照现行刑法立法例,刑法总则中规定教唆行为是应承担刑事责任的犯罪行为,而刑法中没有教唆罪的构成要件和单独的法定刑。这不利于明确犯罪构成和犯罪概念的辩证统一关系。因为,主张教唆行为具有应当承担刑事责任的社会危害性,但实际上不符合《刑法》所规定的犯罪构成要件的情形,割裂了犯罪构成与犯罪概念的关系,使犯罪构成不能反映犯罪概念。三是违背了犯罪的社会危害性客观说。教唆行为一旦实施,根

---

① 该论者认为,首先,教唆行为是一种实行行为,而不是所教唆之罪的犯罪实行行为的从行为或加担行为;其次,教唆行为不具有所教唆之罪的犯罪构成的客观方面要件的该当性;再次,教唆犯与被教唆犯既不是对向犯,也不是同罪质的犯罪行为;最后,教唆行为与被教唆人犯罪的危害结果不具有因果关系。参见齐文远、刘代华:《论教唆犯应被规定为独立犯罪》,载高铭暄、赵秉志主编:《刑法论丛》(第2卷),法律出版社1999年版。

② 论者提出的理由是:首先,教唆犯的故意不同于被教唆人所实施的被教唆的犯罪的决意;其次,教唆犯犯罪的目的也不同于被教唆人的目的;最后,教唆犯与被教唆人之间无犯意联络。参见齐文远、刘代华:《论教唆犯应被规定为独立犯罪》,载高铭暄、赵秉志主编:《刑法论丛》(第2卷),法律出版社1999年版。

据犯罪的社会危害性客观说,实施教唆行为以后,其社会危害性就已客观存在,不应因他人之行为或因素而改变,否则犯罪的社会危害性便难以认定,换言之,教唆犯实施教唆行为后,如作为共犯,被教唆人是否会影响其社会危害性。例如,当教唆犯的教唆内容是择一犯罪时,被教唆人是否犯罪、犯何种罪会影响教唆行为的社会危害性的质与量。四是对被教唆人的处罚会产生理论上的悖论。根据目前的共犯理论,一方面,被教唆人犯罪是因教唆行为而引起,被教唆人本无犯意,由于受到教唆而产生犯意,其主观恶性明显小于积极独自犯罪之人,在这种意义上,对被教唆人似应从轻处罚;另一方面,共同犯罪的社会危害性明显大于单个人实施犯罪的社会危害性,在这种意义上,对被教唆人似应从重处罚。那么,对被教唆人到底是从轻处罚还是从重处罚?在理论上的这种悖论导致在司法实践中会令人无所适从。五是造成司法实践中操作困难。如生搬硬套共同犯罪理论,那么,某甲教唆某乙后十年,某乙才实施某甲所教唆的犯罪,某甲和某乙之间存在不存在共同犯罪关系?如存在,在实践中如何认定?对这些问题,实践中就不好操作。

可见,独立性说(包括极端的独立性说或称共犯独立犯说)与彻底的教唆犯独立犯说两者相区别的根本点在于:独立性说是在共同犯罪的理论前提下来讨论教唆犯的性质问题;而彻底的教唆犯独立犯说是在单独犯罪(非共同犯罪)的理论前提下来讨论教唆犯的性质问题。

(四) 机械的二重性说

机械的二重性说认为,教唆犯的性质是变幻不定的,根据《刑法》对教唆犯的不同规定,教唆犯在某种情况下具有从属性,而在另外的情况下则具有独立性,教唆犯的从属性和独立性是可以分离的。[①] 如我国台湾学者郑健才认为,"教唆人与被教唆人成立共犯时,教唆犯有从属性,即依其所教唆之罪处罚之。视被教唆人犯罪既遂或未遂,使教唆犯亦受既遂或未遂之处罚。设被教唆人未着手于犯罪行为之实行,在教唆犯言,其所教唆之罪,被教唆人并未着手于实行,彼此不成立共犯,而有独立性"[②]。我国大陆学者中也有人坚持类似的观点,认为"我国《刑法》规定的教唆犯,确实具有两重性,但独立性是主要的。具体言之,《刑法》第26条第1款(指1979年《刑法》第26条第1款,内容与现行《刑法》第29条第1款相同——引者注)规定的教唆犯,只有在被教唆人实

[①] 参见马克昌:《论教唆犯》,载《法律学习与研究》1987年第5期。这种观点,马克昌教授将其归入"具体的两重性说"(或称"具体的二重性说")。对此,笔者过去曾予以采纳,但通过后来的研究和思考,最终认为这种归类不妥。笔者认为,"具体的二重性说"是与"抽象的二重性说"相对应的概念,二者同属于"辩证统一的二重性说"的范畴。详见后文。

[②] 郑健才著:《刑法总论》,台湾三民书局1985年版,第221页。

施犯罪时才能成立。这时教唆人与被教唆人构成共同犯罪关系，被教唆人实施的犯罪行为是犯罪预备、未遂或既遂，教唆犯也是犯罪预备、未遂或既遂，这就是教唆犯犯罪的从属性。但这一款规定的教唆犯的刑事责任，则是按其在共同犯罪中的作用处罚，这就是教唆犯处罚的独立性。第 26 条第 2 款（指 1979 年《刑法》第 26 条第 2 款，内容与现行《刑法》第 29 条第 2 款规定相同——引者注）规定的教唆犯，是被教唆人没有犯被教唆之罪的情况。在这种情况下，教唆犯与被教唆人根本不成立共同犯罪关系，刑法却仍然对之规定了刑事责任。这里的教唆犯既无犯罪的从属性，也无刑罚的从属性，亦即只有独立性"①。

（五）辩证统一的二重性说

教唆犯的辩证统一的二重性说认为，我国《刑法》中的教唆犯是独立性与从属性的有机统一，这是目前我国理论界占主导地位的通说观点。该说认为，一方面，就教唆犯与被教唆人的关系看，教唆犯处于相对从属地位，教唆犯具有相对的从属性；另一方面，教唆犯的教唆行为本身具有严重社会危害性，它使得教唆犯与被教唆者之间产生联系，同时使得教唆犯的人身危险性和社会危险性暴露于世，因而教唆犯在共同犯罪中又处于相对独立的地位，具有相对独立性。根据这种相对独立性，教唆犯实施了教唆他人犯罪的行为，无论被教唆者是否接受教唆并实施犯罪，教唆犯的教唆行为本身都构成犯罪。可见，教唆犯具有从属性和相对独立性相统一的二重性。②

从理论上考察，教唆犯的相对从属性有两层含义：一是教唆犯所构成的具体犯罪和罪名，取决于其教唆实行犯去实施的特定犯罪，没有抽象的脱离具体犯罪的教唆犯；二是教唆犯既遂的构成依赖于实行犯犯罪的完成。③ 其具体表现主要有以下几点：（1）教唆行为的社会危害性程度，受被教唆人的犯意是否产生、实行行为的有无以及发展进程和危害结果大小等因素的影响和制约。这些因素是我们在对教唆犯定罪处罚时都必须考虑的因素。（2）被教唆人是否实施被教唆罪的犯罪行为，对教唆结果的产生起着非常重要的作用。如果被教唆人没有着手实施犯罪，教唆犯的犯罪意图就无法实现。（3）教唆犯追求的最终犯罪结果，是由于被教唆人因受教唆而实施了被教唆之罪的犯罪行为而产生的，被教唆人是"内因"；而教唆犯的教唆行为仅是"外因"，只能促进、推动而不能最终决定该

---

① 马克昌：《论教唆犯》，载《法律学习与研究》1987 年第 5 期。
② 参见伍柳村：《试论教唆犯的二重性》，载《法学研究》1982 年第 1 期。
③ 参见赵秉志著：《犯罪未遂的理论与实践》，中国人民大学出版社 1987 年版，第 214 页。

犯罪行为的实施与犯罪结果的产生。①

教唆犯的相对独立性也有两层含义：一是教唆犯具备独立的主客观相统一的负刑事责任的根据，因而其构成犯罪并不取决于实行犯是否实施犯罪；二是教唆行为本身的实施和完成不受实行犯行为实施完成的制约，因为教唆行为是由刑法总则补充规定而成为犯罪行为的，它与刑法分则犯罪构成中的实行行为相区别。②而教唆犯的独立性则主要表现在：（1）教唆犯出于故意实施了教唆他人犯罪的行为，本身具有主观恶性和社会危害性，从而成为其构成犯罪并承担刑事责任的主客观依据。（2）教唆行为是危害结果产生的前提和基础，没有教唆犯的教唆行为，就不会有被教唆人实施教唆犯所教唆之罪的行为以及因此而产生的危害结果。（3）教唆犯有自己相对独立的构成要件。（4）教唆犯有自己的犯罪形态，如犯罪预备、未遂、中止与既遂等。（5）教唆犯通常以其所教唆之罪为依据来确定其触犯的罪名。③

在二重性说的前提下，理论界依据对教唆犯的从属性与相对独立性两者关系的不同理解，又有具体的二重性说与抽象的二重性说之分。④在具体的二重性说中，还存在教唆犯的从属性与独立性孰主孰次的分歧。一种观点认为，在教唆犯的二重性中，从属性是主要的方面，独立性是次要的方面。因此，科学、全面地论证教唆犯，就应当认为教唆犯是共同犯罪中具有矛盾二重性的犯罪，而以从属性为其矛盾的主要方面的类型。⑤另一种观点认为，在教唆犯的二重性中，独立性占主导地位，从属性处于次要地位。⑥抽象的二重性说认为，教唆犯的二重性不存在孰主孰次的问题，因为从属性是相对独立性基础上的从属性，而独立性也是在相对从属性基础上的独立性，两者是不可分割的、辩证统一的。⑦

（六）非独立共犯人说

非独立共犯人说认为，我国《刑法》规定仅仅将共同犯罪人分为主犯、从犯和胁从犯，《刑法》对教唆犯作了专门规定，但教唆犯不是共犯人中的独立种

---

① 参见赵秉志著：《犯罪未遂的理论与实践》，中国人民大学出版社1987年版，第214页。

② 参见赵秉志著：《犯罪未遂的理论与实践》，中国人民大学出版社1987年版，第214页。

③ 参见司明灯：《论我国刑法中教唆犯的性质》，载《法学与实践》1993年第4期。

④ 参见马克昌：《论教唆犯》，载《法律学习与研究》1987年第5期。

⑤ 参见李光灿、马克昌、罗平著：《论共同犯罪》，中国政法大学出版社1987年版，第82页。

⑥ 参见马克昌：《论教唆犯》，载《法律学习与研究》1987年第5期；司明灯：《论我国刑法中教唆犯的性质》，载《法学与实践》1993年第4期。

⑦ 参见陈兴良著：《共同犯罪论》，中国社会科学出版社1992年版，第54～56页。

类,而是有些教唆犯是主犯,有些教唆犯是从犯,因而应将教唆犯分别归入主犯与从犯,以有利于同资产阶级的教唆犯从属性说与独立性说相区别。①

(七)不作为说

不作为说认为,教唆犯的从属性说、独立性说以及二重性说都有缺陷,因此应在吸收传统学说优点的基础上另立不作为说。该说的基本内容是:(1)要摈弃教唆行为是犯罪行为的看法,即不认为教唆行为是犯罪行为。我国刑法确定教唆犯的刑事责任,表明教唆犯实施了犯罪行为,这是他承担刑事责任的原因,但刑法又不认为教唆行为是犯罪行为,这也要求我们在教唆行为以外寻找教唆犯的犯罪行为。(2)教唆犯的犯罪方式是不作为。对教唆犯来说,教唆行为本身虽然不是犯罪行为,但它一方面使行为人具有特定身份,成为教唆犯,因而在法律上被确定为犯罪人,应负相应的刑事责任;另一方面,它又造成被害人受到实行犯犯罪侵害威胁的危险状态。因此,教唆行为是产生法律义务的行为。即使教唆行为并未实际造成危险,也不影响教唆行为是造成危险的行为的性质,所以也不影响教唆犯承担义务。教唆犯因其教唆行为而成立,同时因其教唆行为而承担排除危险的义务,教唆犯不履行该义务的不作为,就是他的犯罪行为。(3)教唆犯的教唆内容,是判断其犯罪行为(表现方式是不作为)性质的依据;教唆犯的犯罪行为是依据教唆内容确定其性质的不作为;教唆犯的不作为与他未予排除的危险所造成的损害结果之间,存在着刑法上的因果关系。②

(八)摒弃性质说

摒弃性质说认为,教唆犯不具有从属性、独立性和二重性。例如,有学者认为:"我国刑法中的教唆犯既无从属性,又无独立性,更无二重性可言。我国刑法对教唆犯的规定完全摒弃了所谓的从属性说与独立性说。而且根据我国刑法的规定,也不能得出所谓二重性的结论。"③ 因此,讨论我国刑法规定的教唆犯是否具有从属性、独立性或者二重性的问题,没有任何理论与实践意义。④

二、我国刑法规定中教唆犯的性质

我国刑法对教唆犯的性质界定可以从我国刑法对教唆犯的规范立场上获得正

---

① 参见张明楷:《教唆犯不是共犯人中的独立种类》,载《法学研究》1986年第3期。需要说明的是,论者也认为,在学理上按分工分类法,将教唆犯列为共犯人种类是有意义的。

② 参见夏华:《教唆犯新探》,载《政治与法律》1991年第4期。

③ 张明楷:《关于教唆犯的几个问题》,载《青年法学(中南政法学院研究生学报)》1985年第1期。

④ 参见高铭暄主编:《新中国刑法学研究综述(1949—1985)》,河南人民出版社1986年版,第368页。

确认识。

教唆犯的性质问题确实值得我们注意和思考。笔者认为，在文化多元、思想大碰撞的当今时代，人们从不同的视角、不同的层面来探讨事物的性质并得出不同的结论是正常的，应该允许不同的声音、不同的观点存在，也应该承认不同的选择的"相对合理性"。这也符合系统论、相对论的基本原理，"没有绝对的最好、只有相对的较好"正是系统论的基本思想。就教唆犯的性质而言，目前理论界存在八种不同的看法，正是教唆犯本身性质复杂性、立体性的反映。大体上，教唆犯的非独立共犯人说、不作为说、屏弃性质说，或者没有触及到教唆犯的性质问题本身，或者采取回避态度，熟视无睹地否定教唆犯的性质问题，否定研究教唆犯的性质问题在理论上与实践中的重要意义，既缺乏根据，更无助于解决问题，显然不对。正如有的学者所指出："（中国）大陆刑法中的诸多理论虽说数度对此加以论述，但多脱离实际，难说妥当。"① 这种评价是有道理的。教唆犯的从属性说、独立性说、二重性说，其中包括彻底的教唆犯独立犯说（独立罪名说）、机械的二重性说、辩证统一的二重性说等学说影响较为深远，对此，我们应该进行深入的剖析和理性的选择。

首先应该反思一下教唆犯的从属性说与独立性说。此两说在西方尖锐对立、旗鼓相当，至今都是各有市场，各有自己的理论支持和立法佐证；但同时又呈现出相互吸纳兼容的趋向。② 在我国，也有学者呼吁：在同一部刑法中规定教唆犯时，要么采用独立性说，即完全以教唆人所教唆之罪作为定罪基础；要么采取从属性说，即完全以被教唆人所实施之罪作为定罪基础。认为在同一部刑法里规定的教唆犯是不可能、也不应该将二者合二为一的，很难想象教唆犯可以同时具有从属性和独立性或者所谓二重性。③ 那么，到底该如何评价教唆犯的从属性说与独立性说？

教唆犯的从属性说是资产阶级上升时期共犯理论的重要内容，通过严格地限制教唆犯的构成条件和处罚条件（也在相当的程度上揭示了教唆犯与实行犯的客观联系），防止刑罚权滥用，以实现在刑法领域内的民主、自由、法制、人道。这显然较之过去刑法关于教唆犯的模糊不清、罪刑擅断的规定有着历史性的进步意义。但教唆犯的从属性说存在明显的缺憾：从属性说所赖以建立的理论基

---

① 参见赵秉志主编：《海峡两岸刑法总论比较研究》（下卷），中国人民大学出版社1999年版，第155页。

② 但有学者认为，尽管古今中外的立法通例都是将教唆犯规定于共同犯罪中，但从教唆犯的立法发展史来看，教唆犯罪有逐步走向独立犯罪的趋势。参见齐文远、刘代华：《论教唆犯应被规定为独立犯罪》，载高铭暄、赵秉志主编：《刑法论丛》（第2卷），法律出版社1999年版，第2~8页。

③ 参见余淦才：《试论教唆犯的刑事责任》，载《安徽大学学报》1983年第2期。

础不科学，从而导致该学说存在严重不足。从属性说从纯客观主义理论出发，仅按照行为人在共同犯罪中行为的分工，简单地将共同犯罪人分为正犯（实行犯）与从犯，武断割裂行为人主观与客观的联系，忽略行为人的主观方面特征，片面地将教唆犯作为从犯的一种，认为教唆犯的犯罪性与可罚性完全从属于正犯的犯罪性与可罚性，没有看到教唆犯作为犯意的发起人与制造者所具有的严重的主观恶性及其相对独立性，因而无法准确揭示出教唆犯的本质特征。另外，从属性说尚缺乏有说服力的论证。该说"从共犯概念本身说明共犯从属性的观点，没有说清楚共犯的从属性为什么随着共犯的概念而产生；以尚待证明的问题，作为论证的前提，自难令人信服。用犯罪构成的理论说明共犯从属性的论点无法解释对教唆犯采用共犯独立性说的立法。至于用因果关系中断论论述共犯的从属性，也不能自圆其说。既然教唆行为与结果间的因果关系，因基于正犯的自由意思而中断，这就是说正犯行为所造成的犯罪结果与教唆行为之间不存在因果关系"[①]，如此的话，教唆行为就没有从属于正犯的根据。教唆犯的独立性说则与从属性说相反，走向了另一个极端，它从片面的主观主义立场出发，认为教唆犯的教唆是利用他人的行为以实现自己的犯意的方法，无异于实行行为，因此认为不应存在教唆犯从属于他人犯罪的情形。[②] 这种观点割裂了教唆犯罪行为主观与客观的内在联系，忽略了教唆犯与实行犯的对立统一关系，否定了教唆犯在一定程度上对实行犯的从属性，也不适当地扩大和加重了教唆犯的刑事责任范围，故有所不妥。但教唆犯的独立性说充分关注教唆犯的主观方面，注重对教唆犯的主观恶性的否定性评判，具有一定的合理性。可见，单纯的从属性说或单纯的独立性说都具有不科学、不合理性。

彻底的教唆犯独立犯说（独立罪名说）则进一步超越了极端的共犯独立性说，它根本不承认教唆犯具有与实行犯、帮助犯等构成共同犯罪的性质，从而也根本不在共同犯罪的框架内来讨论教唆犯的性质问题，即只承认教唆犯是一种独立的犯罪行为和独立的罪名，具有自己特有的犯罪构成和法定刑，并且它不可能同实行犯、帮助犯构成共同犯罪——它认为，传统的教唆犯性质学说由于其囿于共犯理论的不足而不能圆满地解决教唆犯问题；可行的解决途径是将教唆犯罪设立为独立犯罪。笔者认为，这种观点也存在许多理论上的不足和瑕疵。（1）它没有客观、全面、科学地揭示出教唆犯的本质特征。教唆犯，是指故意地怂恿、

[①] 参见马克昌：《关于共犯的比较研究》，载高铭暄、赵秉志主编：《刑法论丛》（第3卷），法律出版社1999年版，第315页。

[②] 参见陈兴良著：《共同犯罪论》，中国社会科学出版社1992年版，第51~52页。

指使具有刑事责任能力的人犯罪的人。① 从社会危害性方面来看，教唆犯的本质特征主要在于两个"促使"，即促使具有刑事责任能力的他人产生犯罪意图；促使具有刑事责任能力的他人实施犯罪，包括造成一定的危害结果。此两个"促使"，由于并不完全决定于教唆犯，因而具有相当的或然性。所以，在决定是否处罚以及如何处罚教唆犯的问题上，因刑事政策上的不同立场而有不同的选择，有的从严予以刑事遏止（如一些采共犯独立性说立场的国家的刑法），有的待之宽容而只在其客观上产生严重社会危害结果时才处罚教唆犯（如一些采共犯从属性说立场的国家的刑法）。从教唆犯的社会危害性的产生与实现途径来看，教唆犯的本质特征主要在于两个"能动性"，即实施教唆行为的自我能动性；产生社会危害结果（即被教唆人产生犯罪意图、进而实施犯罪）的他人能动性（即被教唆人能动性）。此两个"能动性"，各自具有相对独立性，同时又有一定的内在联系：前者是后者的基础和条件，后者是前者的发展和结果。大致可以说，教唆犯的自我能动性及其相当的或然性是其具有相对独立性的根据，表现了它的相对独立性特征；教唆犯的他人能动性及其相当的或然性是其具有相对从属性的根据，表明了它的相对从属性特征。教唆犯在本质上就具有相对的独立性和相对的从属性，是二者的有机统一，这是教唆犯本身所具有的特质；任何抹杀或忽视它的某一方面特征的看法都是不客观、不全面、不科学的。可见，研究教唆犯的本质特征，确实不能仅限于教唆犯来研究教唆犯，不能割裂教唆犯与被教唆人的内在联系，否则不能得出正确的结论。（2）它对教唆犯的演进历史认识表面化、绝对化，没有准确把握教唆犯立法发展和理论发展的趋向。从现象上考察，教唆犯作为一种阶级社会所特有的社会现象，当与阶级、国家、犯罪等现象同时产生。这一点，其一是可以从奴隶社会已经出现共同犯罪现象而合乎逻辑地推知，作为共同犯罪内容之一的教唆犯罪现象当时应该已经出现。例如，从罪名上分析，我国周朝至少有以下6个罪名与共同犯罪或教唆性质的犯罪有关：一是聚众出入罪，二是乱暴力正罪，三是盗窃引诱罪，四是盗贼军罪，五是言行惑众罪，六是迷信惑众罪；其二是在奴隶制时代文物、文献中可以直接或间接找到"教唆犯"的影子，例如，当时的文献中已经出现与"教唆犯"内容相近的"诱陷者"、"指使者"等记载。但是，奴隶制时代并没有明确的教唆犯概念，在立法上或其他文献资料上也没有关于教唆犯的明确规定。从立法上考察，对教唆犯进行规定始于封建刑法。大体上，我国封建刑法或著述中表达具有"教唆"含义的语词有"谋遣"、"使"、"教令"、"教"、"教诱"、"诈教诱"、"和令"、"意"、"造意"、"教唆"等十种。从奴隶社会到封建社会，人类对教唆犯的认

---

① 关于教唆犯的定义及其内涵分析，详见本章第四节"教唆犯的概念界定"以及魏智彬（魏东）：《教唆犯的概念与成立要件问题研究》，载《社会科学研究》2000年第3期。

识和把握逐渐趋向成熟，但远没有达到科学，这是人类自身的认识能力问题。直到近代，资产阶级的启蒙思想家、法学家才在总结前人经验的基础上将教唆犯划分出来，研究教唆犯的性质和特点，逐渐认识到了教唆犯的某些本质特征，并在立法上予以明确规定，这仍然是人类认识能力逐步提高所致。将教唆犯从共犯人种类中划分出来，并不必然意味着教唆犯"就一步步走到了独立犯罪的边缘"。事实上，无论在理论上还是在立法倾向上，在西方都是两派对立，各有市场，但同时都有相互吸纳兼容的趋向。就共犯独立性说而言，由于它适应了现代刑法更加注重于对犯罪的预防思想以及教育刑、社会防卫思想，因而受到广泛的青睐，不但"现代刑法思想及立法例倾向此说"，而且即使原先采用共犯从属性说的国家也有趋于减轻共犯的从属性，使共犯尤其是教唆犯的成立犯罪及处罚在相当范围内得以独立，如德国、瑞士等国刑法即体现了共犯独立性说的思想①。日本学者也认为，"从共犯理论，共犯规定的历史性发展来看，在这两个问题上（指共犯从属性问题和共犯独立性问题——引者注），可以说正逐渐朝着共犯独立性的方向变化着。""共犯理论的历史性发展，在共犯从属性的程度得到缓和的形式下，可以说逐渐朝着共犯独立性的方向变化着。"② 但这种变化和发展趋势，都是在"共同犯罪理论"框架内发生的，其发展方向仅限于"共犯独立性"，而不是"独立罪名"。另一方面，就共犯从属性说来讲，它也有市场。如在日本，无论是理论界还是立法上，主要体现的还是共犯从属性思想，可以说，日本"现在的通说、判例采取共犯从属性的理论（共犯从属性说）"③。在理论上，日本多数学者认为："在强调罪刑法定主义、要求对犯罪的成否进行慎重考虑的今日，共犯独立性说的主张具有不能符合社会要求的一面。其立场具有容易与全体主义思潮相调和的性质，虽然在战前被有力地展开，但是，在宪法规制下的我国，它已失去了一般的支持。相反，共犯从属性说严格地理解教唆犯、从犯的要件，更容易为今日的时代所接受。"④ 可见，盲目地判定教唆犯立法发展和理论发展的方向，武断地认为现在应该是教唆犯"走向独立犯罪的时候了"，这些看法是没有根据的，有失妥当。（3）它对现有的共犯理论——主要是对教唆犯的二重性说理论的责难与批判欠缺说服力。目前有论者对教唆犯二重性说进行责难，认为：我国刑法的规定不能说明教唆犯具有从属性；教唆犯罪与被教唆人犯罪不是

---

① 参见方瑊风：《论我国刑法中教唆犯的独立性》，载《法学与实践》1992年第5期。
② ［日］木村龟二主编，顾肖荣、郑树周译校：《刑法学词典》，上海翻译出版公司1991年版，第348～349页。
③ ［日］木村龟二主编，顾肖荣、郑树周译校：《刑法学词典》，上海翻译出版公司1991年版，第348页。
④ ［日］大冢仁著，冯军译：《犯罪论的基本问题》，中国政法大学出版社1993年版，第279页。

共同犯罪；二重性说在逻辑上是混乱的；强调二重性会陷入不可知论；二重性说是荒谬的，等等。① 教唆犯具有相对的独立性和相对的从属性二者有机统一的性质，这是教唆犯本身所具有的特质，这一点我们已经在前面作了论述。笔者认为，教唆犯的相对从属性是教唆犯本身所具有的性质，它不以人的主观认识而转移，也不依刑法的不同规定而变化。我国现行《刑法》第29条的规定恰恰表明，教唆犯罪与被教唆人犯罪存在共同犯罪的情况，教唆犯具有相对的从属性和相对的独立性。例如，《刑法》第29条第1款规定，"教唆他人犯罪的，应当按照他在共同犯罪中所起的作用处罚"。这一规定表明，教唆犯与被教唆人可以构成共同犯罪，这一点可从其中直接使用的"共同犯罪"的法律用语看出。这一规定还表明，教唆犯在共同犯罪中具有相对的从属性：教唆犯与被教唆人所共同实施的犯罪具有相当的一致性，在处罚上也具有相当的一致性；同时，教唆犯在共同犯罪中又具有相对的独立性：对教唆犯的定罪量刑要考虑其所教唆的犯罪及其在共同犯罪中所起的作用，因而教唆犯具有自己相当的特殊性。至于《刑法》第29条第2款的规定，由于被教唆人没有犯被教唆的罪，教唆犯与被教唆人之间不构成共同犯罪，只处罚教唆犯，这是根据教唆犯本身所具有的相对独立性所作出的刑事政策上的选择，不存在逻辑上的混乱。（4）它对教唆犯应被规定为独立犯罪的理论论证不足。有论者对教唆犯应被规定为独立犯罪进行论证所提出的论据主要有：教唆行为是一种应承担刑事责任的犯罪实行行为；教唆犯与被教唆人犯罪不是共同犯罪；教唆行为不符合刑法规定的其他任何犯罪的犯罪构成；如不将教唆犯罪规定为独立犯罪，会产生难以解决的理论和司法实践问题，等等。② 笔者认为，这些论证是不充分的。教唆行为是一种具有刑法意义的行为，尤其在非共犯教唆犯的场合，③ 也不妨将其视为一种"实行行为"；但在共犯教唆犯的场合，教唆行为与帮助行为都是与实行行为相对的非实行行为，这是基于对共同犯罪行为的分工所作的行为分类，其合理性是不可否认的。教唆行为与实行行为能否构成共同犯罪的问题，无论根据行为共同说、犯罪共同说还是根据我

---

① 参见齐文远、刘代华：《论教唆犯应被规定为独立犯罪》，载高铭暄、赵秉志主编：《刑法论丛》（第2卷），法律出版社1999年版，第1~34页；卢勤忠：《论教唆罪的设立》，载《现代法学》1996年第6期。

② 参见齐文远、刘代华：《论教唆犯应被规定为独立犯罪》，载高铭暄、赵秉志主编：《刑法论丛》（第2卷），法律出版社1999年版，第1~34页；卢勤忠：《论教唆罪的设立》，载《现代法学》1996年第6期。

③ 笔者认为，以教唆犯与被教唆人之间是否实际成立共同犯罪关系为标准，可将教唆犯分为共犯教唆犯与非共犯教唆犯。共犯教唆犯，是指教唆犯本身与被教唆人之间实际地成立共同犯罪的情形。非共犯教唆犯，则是指教唆犯由于被教唆人没有接受教唆或者没有犯被教唆的罪而与被教唆人之间不成立共同犯罪的情形。

国刑法主客观相统一的共同犯罪定义,对这个问题都应该是肯定的答案;对这个问题的否定,特别是对其在主观上的意思联络、客观上的行为整体共同等问题的否定,是没有根据的,也缺乏说服力。在犯罪构成上,教唆犯具备刑法总则所规定的全部构成要件,正如帮助犯、预备犯、未遂犯等犯罪现象一样。至于现有教唆犯理论没有圆满解决的理论和司法实践问题,这是教唆犯理论的完善和发展问题,它不能成为全盘否定教唆犯理论的理由。还要说明的是,我国《刑法》分则中确实存在将某些特殊情况下的共同犯罪中的组织犯(如我国1979年《刑法》第98条规定的组织领导反革命集团罪)、帮助犯(如协助组织卖淫罪)以及一些具有教唆性质的犯罪行为(如煽动分裂国家罪、煽动颠覆国家政权罪、煽动民族仇恨、民族歧视罪、煽动暴力抗拒法律实施罪、煽动军人逃离部队罪等煽动型犯罪,引诱、教唆他人吸毒罪、引诱未成年人聚众淫乱罪、引诱幼女卖淫罪、引诱卖淫罪等引诱型犯罪和教唆型犯罪)单独定罪的情况。但应该注意,刑法分则规定的这些个罪数量极少,而且都是针对特殊的个罪,这与将所有的教唆行为都单独定为教唆罪有着根本的不同;同时,刑法分则规定这些特殊的个罪,一般都有其特别的缘由。例如,《刑法》分则规定了煽动型犯罪、引诱型犯罪、教唆型犯罪等三种类型的犯罪(可统称为分则规定的教唆罪)共有9个,其立法理由主要有三:一是某些煽动型犯罪直接危害国家和社会的重大法益,若依教唆犯理论处理,不便恰当解决其刑事责任问题,也不便于惩治此类犯罪。例如,煽动分裂国家罪和煽动颠覆国家政权罪都直接危害国家主权的完整和政权的稳定等国家根本利益,煽动军人逃离部队罪严重危害国家军事利益,煽动民族仇恨、民族歧视罪严重侵害公民的民主权利和民族团结,煽动暴力抗拒法律实施罪严重威胁社会管理和法治秩序,这些罪的实施都可以直接引起国家的内乱外患,有必要独立出来予以单独规定。① 二是为维护未成年人合法权益,但又无法依据教唆犯理论或间接实行犯理论来解决,而有必要单独予以规定为犯罪,如引诱未成年人聚众淫乱罪、引诱幼女卖淫罪。由于未成年人聚众淫乱、未成年人卖淫根据法律规定都不能构成犯罪,因此,对之进行引诱既不构成教唆犯也不构成间接正犯,但又由于其社会危害性相当严重而应该予以刑事制裁,因而就有必要将其单独规定为犯罪。三是某些非法行为因出于刑事政策上的考虑而没有予以犯罪化,因此教唆他人实施此种非法行为就无法以教唆犯理论来解决(因为教唆犯是教唆他人"犯罪"的情形),但这种教唆行为又具有极其严重的社会危害性而需要追究刑事责任,所以刑法分则就单独设立教唆罪,如引诱卖淫罪,引诱、教唆他人吸毒罪。显然,这些理由还不足以使所有的教唆犯都可以单独定一个教唆

---

① 参见魏东、郭理蓉:《现行刑法中煽动型犯罪的司法认定》,载《犯罪与改造研究》1999年第4期。

罪（即不是按教唆犯理论来解决处理）。上述刑法分则规定的教唆罪，与刑法总则规定的教唆犯有许多相同或相似点，但区别也很明显：首先是教唆（广义的）的具体内容不同。教唆犯的教唆内容只能是"犯罪"；而刑法分则规定的教唆罪中，除煽动型犯罪中部分情形外，其余教唆罪的教唆内容并不是"犯罪"，而只是一般违法行为。其次是教唆（广义的）的具体方式有所不同。教唆犯的教唆方式多种多样，几无限制；而煽动型犯罪的具体方式仅限于"煽动"，引诱型犯罪的具体方式仅限于"引诱"。最后是教唆（广义的）的对象要求不同。教唆犯的教唆对象，必须是具有刑事责任能力的人，且原先本无犯罪意思或者犯罪决心不坚定，在多数情况下教唆犯的教唆对象是特定的；而刑法分则规定的教唆罪的教唆对象，可以不问其刑事责任能力、原先有无犯罪意思或者犯罪决心，且煽动型犯罪的对象在多数情况下是不特定的。

从前面的分析和阐述中可以看出，片面的从属性说、独立性说与绝对的独立罪名说都没有全面、科学地揭示出教唆犯的双重性质，从而也不是"相对的较好"的选择。[1] 机械的二重性说虽然承认教唆犯具有从属性和独立性双重性质，但它从机械论的立场出发，认为教唆犯的性质是变化不定的，有时具有从属性，有时具有独立性，其从属性与独立性是可以分离的，甚至在某些特定的场合只具有其中一种性质而不可能具有另一种性质。可见，机械的二重性说在本质上并没有摆脱从属性说与独立性说的窠臼，只是简单地将教唆犯的两种性质机械相加，很不科学；同时，它既肯定教唆犯的二重性，又否定教唆犯的二重性，人为地割裂教唆犯的从属性与独立性两者之间的联系，视教唆犯为一种性质变幻不定、捉摸不透的"怪物"，因而在逻辑上是矛盾的，也不符合教唆犯的本来面目，实有不妥。

笔者认为，辩证统一的二重性说是目前关于教唆犯性质的最科学、最合理的理论。它基于对教唆犯性质的全面认识和反映，要求我们在任何时候、任何场合分析教唆犯，都必须始终坚持辩证统一的立场，全面兼顾教唆犯的两重性。在具体的二重性说与抽象的二重性说的争论中，笔者认为抽象的二重性说比较可取，即教唆犯的二重性是教唆犯本身在任何时候、任何场合所具有的相对从属性和相对独立性的统一的性质，其相对从属性与相对独立性是彼此互为前提、互相依赖的，二者不可分割，也不存在主次关系。

---

[1] 从本质上讲，教唆犯具有相对的从属性，也具有相对的独立性，因此从属性说、独立性说和独立罪名说都在一定程度上揭示了教唆犯的性质，都具有一定程度上的科学性与合理性。基于此，在学说上或者在立法上坚持上述三种观点之一，就不失为一种具有一定合理性的选择；但鉴于此三种学说所存在的理论瑕疵，笔者又认为它们不是"相对的较好"的选择。

第三节 教唆犯的根据论

一、教唆犯的成立根据

教唆犯的成立根据,主要是解决教唆犯在自然法理上的存在空间以及其在实定法上的成立与归类依据的问题。

(一)教唆犯的存在空间

在奴隶社会和封建社会的古代刑法里,存在着两种不合现代法理的、相互矛盾对立的现象:一是客观归罪,或称犯罪结果责任论。即认为只要发生危害结果,不问行为人主观方面有无故意或过失,对于结果都要负刑事责任。这种现象的存在主要与当时人类的认知水平和社会文化的整体发展状况有密切关系,同时也是由奴隶主阶级和封建主阶级极其残酷愚昧的阶级本性所决定的。① 二是主观归罪。即将一些单纯的思想言论规定为犯罪,如腹诽罪、非所宜言罪等,可以由封建官吏随意推定。这主要是由封建专制主义刑法严格钳制人民思想及其专横暴虐的反动本质所决定的。②

对于上述客观归罪和主观归罪两种现象,资产阶级启蒙思想家都是持坚决反对态度的,因为这与主张自由、平等、博爱的思想观点是根本对立的。在启蒙主义的刑法思想中,主要有以自然法理论和社会契约论为理论基础的以下观点:一是刑法与宗教分离;二是主张罪刑法定,反对罪刑擅断;三是坚持客观主义,反对对思想定罪和处罚;四是罪刑相称;五是目的论的刑罚观;六是法律面前人人平等。③

因为反对对思想定罪和处罚,所以,就有必要从理论上阐明:作为主要是传播犯罪思想和意图的教唆犯,它被规定为犯罪并接受处罚的根据和可能性是什么?这就是教唆犯的存在空间问题,即教唆犯为什么存在,在哪种情况下存在。对此问题,启蒙思想家首先给予了回答。其代表人物是英国的托马斯·霍布斯和法国的孟德斯鸠。

霍布斯明确否定思想可以构成犯罪,他举例说,有偷盗或杀人的意图也是一

---

① 参见宁汉林、魏克家著:《中国刑法简史》,中国检察出版社1997年版,第93~95页。
② 参见张晋藩主编:《中国法制史研究综述》,中国人民公安大学出版社1990年版,第163页。
③ 参见马克昌主编:《近代西方刑法学说史略》,中国检察出版社1996年版,第3~6页。

种罪恶；但这种罪恶在其没有见之于行为之前，就不能称为罪行。① 但同时，霍布斯认为，"言"和"煽动"可以不同于一般的道德或思想范畴，从而可以构成罪行。他在《利维坦》一书中讲："罪行是一种罪恶，在于以言行犯法律之所禁或不为法律之所令。"② 至于"煽动"群众闹事，在霍布斯看来简直就是最严重的犯罪之一。③ 而从实质意义上讲，或从广义上讲，煽动行为也是一种教唆行为。④

孟德斯鸠在区分思想与行动、反对"思想犯"的论述中，正面肯定了教唆犯的存在空间。他认为，"思想应该和某种行为连接起来"才能具有该行为的性质，言辞只有在准备犯罪行为、伴随犯罪行为或追从犯罪行为时才能构成犯罪，"法律几乎不可能因言辞而处人以死刑，除非法律明定哪些言辞应处死刑"⑤。他还认为，一个人到公共场所鼓动人们造反即犯大逆罪，因为此时言辞已经和行为连接在一起，并参与了行为；同理，文字不是用来进行犯罪，那么，文字不能成为犯罪的理由。⑥

霍布斯和孟德斯鸠从自然法理论和社会契约论思想出发，在批判封建社会刑法客观归罪、主观归罪以及罪刑擅断的基础上，从哲学意义上、法理上阐明了教唆犯的存在空间，从而为把教唆犯作为一种独立的共犯种类进行深入研究奠定了基础，因而具有重大理论意义。

（二）教唆犯的成立根据

作为共犯的教唆犯为什么能够成立，在怎样的条件下成立？此即教唆犯成立的根据问题。教唆犯为什么能够从共同犯罪人中单独划分出来，其划分依据是什么？此即教唆犯归类的根据问题。这两个问题是教唆犯理论中最具有基础意义的问题，是研究教唆犯其他问题的理论前提，因此，在研究教唆犯的性质和概念之前，必须首先予以解决。

关于教唆犯的成立根据问题，在西方资产阶级刑法理论中是将其置于"关于共犯成立的学说"中予以讨论的，主要有三种学说，即犯罪共同说、行为共

---

① 参见马克昌主编：《近代西方刑法学说史略》，中国检察出版社1996年版，第4页。
② 参见[英]霍布斯著，黎思复等译：《利维坦》，商务印书馆1985年版，第226页。
③ 参见马克昌主编：《近代西方刑法学说史略》，中国检察出版社1996年版，第10页。
④ 参见魏东、郭理蓉：《现行刑法中煽动型犯罪的司法认定》，载《犯罪与改造研究》，第1999年第4期。
⑤ [法]孟德斯鸠著，张雁深译：《论法的精神》（上册），商务印书馆1993年版，第197页。
⑥ 参见马克昌主编：《近代西方刑法学说史略》，中国检察出版社1996年版，第20~21页。

同说、共同意思主体说。

1. 犯罪共同说

犯罪共同说又称为犯意共同说,是资产阶级早期古典学派客观主义的共犯理论。德国的毕克迈耶和日本的小野清一郎、大场茂马、泷川幸辰等学者持这种见解。犯罪共同说认为,犯罪的本质是对法益的侵害,因此,共犯是两个以上具有刑事责任能力的人共同参与实施一个犯罪,共同对同一法益进行的侵害的事实。所谓"共同",就是以同一犯罪的意思,对同一犯罪事实的协同加功。① 例如,德国学者毕克迈耶认为,"刑法意义上的共犯,指数人为了使一个犯罪结果发生而协力,因而协力者中的各人应就其达成的全部结果处罚的场合"②。日本刑法学界一般认为,若根据犯罪共同说,认为数人共同进行特定的一个犯罪就是共犯。例如,大场茂马视共犯为"一个犯罪由数人所为的场合",泷川幸辰认为"共犯是数人共同进行特定的犯罪(如杀人罪)",因此,"共同者共同进行的是特定的犯罪,客观上预谋实施特定的犯罪,以此为基础来论述几个人的共同犯罪行为",显然是直截了当地采用了犯罪共同说的立场。③ 这一学说的理论根据是:按照构成要件的理论,犯罪首先必须是符合构成要件的行为,构成要件是犯罪的类型,共犯就必须是相同的犯罪类型的共犯,因此,共同正犯的成立,要求二人以上的行为符合某个构成要件;这样严格地限定共犯的成立条件,有利于实现刑法的保障机能。④

在资产阶级刑法理论中,犯罪共同说还可以进一步划分为完全犯罪共同说与部分犯罪共同说两种。完全犯罪共同说认为,所有的共同正犯者所实施的行为在罪名上必须是同一的,即共同正犯者在同一罪名上才成立共同正犯,但一方行为人只实施轻罪的故意,则依轻罪法定刑处断。例如,甲、乙共谋伤害丙,但后来甲以杀人故意实施犯罪行为,在这种情况下,二行为人成立杀人罪的共犯,但对乙只能在伤害罪的法定刑内处罚。显然,这样就使得罪名与法定刑相分离,因而一般都认为是不妥当的。后者也是以犯罪共同说为前提,认为二人以上共同实施的虽然是不同的犯罪,但当这些不同的犯罪之间具有重合的性质时,则在重合的限度内成立共犯。例如,甲教唆乙盗窃,而乙却实施了抢劫行为,则甲和乙在重合的限度内——盗窃罪的限度内成立共犯。多数学者认为,部分犯罪共同说不至

---

① 参见李光灿、马克昌、罗平著:《论共同犯罪》,中国政法大学出版社1987年版,第191页。

② 转引自李光灿、马克昌、罗平著:《论共同犯罪》,中国政法大学出版社1987年版,第191页。

③ 参见[日]木村龟二主编,顾肖荣、郑树周译校:《刑法学词典》,上海翻译出版公司1991年版,第347页。

④ 参见张明楷著:《外国刑法纲要》,清华大学出版社1999年版,第293页。

于使罪名与法定刑分离，不至于损害构成要件的定型性，因而是比较妥当的。①

犯罪共同说的基本结论是：（1）共犯只能在所实施的行为都具备构成要件的行为人之间发生。如果有两个共同行为人，其中一人是无责任能力者、无过错者或具备阻却违法的情况者，这种人的行为既不构成犯罪，那就谈不到构成共犯。例如，有责任能力者教唆无责任能力者犯罪的场合，就不能构成共同犯罪，而应由有责任能力者（教唆行为人）单独构成犯罪。（2）共犯只能在一个犯罪事实范围内发生。如果二人共同实施某种行为，各人所造成的犯罪事实不同。例如，二人对被害人射击，一人出于杀人的意思，另一人出于伤害的意思，由于侵害的法益不一样，构成的犯罪事实不同，只能分别构成杀人罪和伤害罪，而不能构成共犯。但后来对此有发展，承认在犯意"重叠"的范围内可以构成共犯。例如，日本学者认为，甲、乙两人共同谋划之后，甲杀死了丙，而乙仅有伤害丙的意思，则在杀人罪和伤害罪的构成要件互相重叠的限度内，也就是在伤害罪的范围，一般应该看成是共同正犯。②（3）在事后共犯或者后续犯的场合，即在犯罪后藏匿犯人、湮灭罪证或窝藏赃物等事后帮助行为，能使犯罪的完成可靠，有的学者认为也是共犯的一种。但现在赞成这种观点的人很少。（4）否定片面的共犯和不同罪过形式的共犯，即如果一方有共同犯罪的意思，另一方没有共同犯罪的意思，或者一方是出于故意，另一方是出于过失，都不能成立共犯。③

2. 行为共同说

行为共同说又称构成要件之前的行为共同说、事实共同说，是近代资产阶级近代学派的刑法学者布黎所主张的主观主义的共犯理论，日本学者牧野英一、山冈万之助等也赞同这一看法。这种学说从犯罪是犯罪人恶性的表现的观点出发，认为共犯中的"共同"关系，不是二人以上共犯一罪的关系，而是共同表现恶性的关系；所以，共犯应理解为二人以上基于共同行为而各自实现自己的犯罪意图，只要行为共同，不仅共犯一罪可以成立共犯，而且即使各自实施不同的犯罪，也不影响共犯的成立。④ 因此，行为共同说认为，所谓共犯并不是数人共同

---

① 参见张明楷著：《外国刑法纲要》，清华大学出版社1999年版，第293~294页。
② 参见[日]木村龟二主编，顾肖荣、郑树周译校：《刑法学词典》，上海翻译出版公司1991年版，第347页。
③ 多数内容和观点，主要参见李光灿、马克昌、罗平著：《论共同犯罪》，中国政法大学出版社1987年版，第191~192页；[日]木村龟二主编，顾肖荣、郑树周译校：《刑法学词典》，上海翻译出版公司1991年版，第347页。
④ 参见李光灿、马克昌、罗平著：《论共同犯罪》，中国政法大学出版社1987年版，第192页。

实施一个犯罪，而是数人由共同的行为来完成各自意图的犯罪。① 例如，牧野英一解释道："恶性表现为犯罪时，并不意味着数人共犯一个罪；在主观上理解犯罪时，认为共犯是由数人的共同行为来完成那种犯罪，依照这种思路想下去的话，首先要有共同预谋的事实，并根据这事实来论述犯罪的成立。共同的事实不等同于考虑的法律上构成的犯罪事实，就是说很可能共同关系常会跨越几个犯罪事实，或者可能仅限于一个犯罪事实中的一小部分。而且并非一定需要那些人有同样的犯意。在他们的共同行为中，对于甲的犯意来说，应构成甲罪，而乙的犯意则应构成乙罪。"② 可见，行为共同说所指的"共同行为"，并不是构成要件意义上的共同行为，而是在构成要件之前的自然意义上的共同行为，因而这种学说又被称为"构成要件之前的行为共同说"。③ 这一学说的根据是：犯罪是行为人的危险性格的征表，在构成要件之前就能考察自然行为本身是否构成共同，共同的行为就表现出行为人的危险性格，因而共犯关系的成立不要求行为在同一构成要件之内。④

行为共同说的基本结论是：（1）共犯只要有共同行为的意思为已足，并不一定需要使故意共通化，因而一方有共同犯罪的意思而另一方没有共同犯罪的意思，或者一方是出于故意而另一方是出于过失，都可以成立共犯。所以，行为共同说不仅承认片面共犯的存在，也要承认不同罪过形式的共犯的存在；只要行为是共同进行的，就可以按照各行为者的故意、过失的程度来确认各自的犯罪。（2）不承认所谓事后共犯的存在。因为既然共犯以共同行为为要件，则犯罪后的藏匿犯人、湮灭罪证或者窝藏赃物等事后帮助行为，对犯罪的完成丝毫没有影响，根本谈不到行为共同，因而不承认所谓事后共犯的存在。（3）共犯不一定只在所实施的行为都具备犯罪构成要件的行为人之间发生。二人以上只要行为共同，即使其中一人没有责任能力，或者缺乏罪过，或者有阻却违法情况，都不影响共犯的成立；不过一方负刑事责任，另一方不发生刑事责任而已。（4）共犯不一定只在一个犯罪事实范围内发生，只要行为共同，即使是犯意不同的数个犯

---

① 参见［日］木村龟二主编，顾肖荣、郑树周译校：《刑法学词典》，上海翻译出版公司1991年版，第347页。

② 转引自［日］木村龟二主编，顾肖荣、郑树周译校：《刑法学词典》，上海翻译出版公司1991年版，第347~348页。

③ 与"构成要件之前的行为共同说"相对应的，还有一种"构成要件的行为共同说"。后者认为，共犯的成立不要求整个犯罪行为是共同的，只要求有一部分犯罪行为是共同的，就成立共犯。参见张明楷著：《外国刑法纲要》，清华大学出版社1999年版，第294~295页。

④ 参见张明楷著：《外国刑法纲要》，清华大学出版社1999年版，第294页。

罪事实，也可以构成共犯。①

3. 共同意思主体说

共同意思主体说为日本刑法学者草野豹一郎所创立，并得到齐藤金作、植松正等学者的支持。草野豹一郎认为："一切社会现象不仅由个人的单独行为而生，而且由数人的共同行为而生，此共同现象，在经济学中作为分工或合同关系被研究，在民法、商法中作为法人或组合制度被研究，而从刑法上观察此现象时，则生共犯的概念，唯所谓二人以上共同犯罪，先有为实现一定犯罪的共同目的存在，而在其目的之下，二人以上成为同心一体（共同意思主体），至少其中一人要着手实行犯罪。因为不存在共同目的，所谓共同不仅不能存在，而且不能在共同目的下成为一体，从而就不能有共同意思主体的活动。"② 按照草野豹一郎的观点，共犯是一种作为特殊的社会心理现象的共同意思主体的活动；所谓共同犯罪，必须先有实施一定犯罪的目的存在，在此目的下，二人以上变为同心一体，即成立共同意思主体，若其中一人着手实行犯罪，即成立共犯。所谓二人以上共同，是指两个以上的有责任能力者在意思联络下成为一体；而为了有意思联络，要求对共同犯行的认识和互相利用他一方的行为，全体成员协力而实现犯罪的意思。但要成立共犯还必须有人实行犯罪，即实施相当于刑法分则条文所规定的构成要件的行为，而实现犯罪事实，并不需要共同者全部分担实行行为，只要共同者中的任何一人实行就够了。参与谋议者纵不分担实行行为，但只要有人实行，他就要作为共谋共同正犯处理，所以不能以分担实行行为与否作为区分正犯和从犯的唯一标准。关于共犯的刑事责任问题，草野豹一郎从共同意思主体说的立场出发，坚持共犯的团体性和共犯成立上的从属性；但不承认共犯处罚上的从属性，而以个人责任为原则，主张各个共犯者应当各自负担责任。从共同意思主体说的立场来看，教唆犯虽然未参与实行行为，但教唆犯对于犯罪的实行起了重大作用，所以应以实行行为的正犯同样处理；不过，教唆犯的成立，要被教唆者答应教唆，决意犯罪并实行犯罪，因为教唆是由教唆者与被教唆者成为共同意思主体的一个渐进过程的行为，被教唆者由于应诺教唆而成为共同意思主体，因实行犯罪行为始有共同意思主体的活动。③

---

① 此"基本结论"的多数内容和观点，主要参见李光灿、马克昌、罗平著：《论共同犯罪》，中国政法大学出版社1987年版，第193页；[日] 木村龟二主编，顾肖荣、郑树周译校：《刑法学词典》，上海翻译出版公司1991年版，第347~348页。

② 转引自草野豹一郎著：《刑法总则讲义》（第1分册），劲草书房1951年版。

③ 参见李光灿、马克昌、罗平著：《论共同犯罪》，中国政法大学出版社1987年版，第194~195页。

4. 关于教唆犯成立根据的思考

西方资产阶级关于共犯的成立根据的三种学说，在从不同的侧面揭示出共犯成立的合理依据的同时，都存在不同程度的局限性。犯罪共同说作为资产阶级上升时期的产物，具有较强烈的反对封建专制（如刑事司法中的罪行擅断），主张民主、自由和人权等进步思想的色彩。犯罪共同说严格限定了共犯成立的条件，它要求成立共犯必须具备主体上是二人以上的有刑事责任能力者，主观方面具有对于同一犯罪具有共同犯罪意思，客观上具有对于同一犯罪的共同的犯罪行为。可见，犯罪共同说在较大程度上揭示了共犯成立的科学根据，因而具有重要的历史进步意义。但这种学说的局限性也是显而易见的，主要有两点：一是用因果关系论中的原因说作为共犯论的理论基础，不可能对共犯的成立和共犯的区分作出科学的说明。二是犯罪共同说承认事后共犯，把无事前通谋而仅有事后隐匿罪犯、湮灭罪证或者窝藏赃物的行为者作为共犯者，与其自身的共犯理论相悖，不科学。行为共同说作为一种主观主义的共犯理论，强调共犯者主观恶性和否定事后共犯存在等看法具有合理性；但它极大地放宽了共犯的成立条件，只要求行为主体上是二人以上，客观上具有共同行为这两个条件，就可以成立共犯。它不具体考虑每个共同行为人的刑事责任能力、主观罪过形式，并且主要从主观上来区分正犯与共犯，具有很大的局限性。共同意思主体说强调共犯是一种特殊的社会心理现象、共同意思主体的活动，具有一定的可取因素；但它只强调共犯者的意思共同，而不要求实行行为共同，只要其中一人实施实行行为就可以成立共谋共同正犯，并以共同正犯论处，有失科学性。[①] 同时，共同意思主体说还有难以区分共犯者，错误强调非经团体协议（通谋或阴谋）不成立共犯等缺陷。[②]

笔者认为，共犯的成立根据在于主客观相统一的共同犯罪行为。其具体内容有三个方面：一是在行为主体上必须是二人以上的有刑事责任能力者；二是在主观上必须是具有共同犯罪的意思；三是在客观上必须是具有共同的犯罪行为，包括共同的教唆行为、帮助行为、组织行为与实行行为。三者的有机统一，才能成立共同犯罪，其参与者才能成立共犯者。就教唆犯而言，其成立根据在于，行为人具有与他人共同犯罪并教唆有刑事责任能力者实行犯罪的主观故意，并实施了教唆他人犯罪的行为；教唆犯罪行为具有严重的社会危害性。

(三) 教唆犯的归类根据

教唆犯的归类根据主要在于以下三个方面：

[①] 参见李光灿、马克昌、罗平著：《论共同犯罪》，中国政法大学出版社1987年版，第195~196页。

[②] 参见李海东主编：《日本刑事法学者》（上），法律出版社1995年版，第124~125页。

1. 教唆犯的行为性质

教唆犯的行为是一种具有社会危害性的行为。教唆犯的教唆行为，一方面表明了教唆犯本人具有鲜明的主观恶性和反社会性，另一方面它可能挑起被教唆者的犯罪意图，使被教唆者实施犯罪行为，在危害社会的同时又使被教唆者蜕变为犯罪人。教唆犯在制造犯罪的同时，又制造了犯罪人。因此，教唆犯是犯意的挑起者，也是犯罪的传播者，具有严重的社会危害性，应当将其归入犯罪。

2. 教唆犯的行为特点

教唆犯只挑起他人的主观犯意，使被教唆者实施犯罪并成为犯罪人。这一特点，使得教唆犯不同于任何其他共犯的行为特点。实行犯具体实施犯罪的实行行为；帮助犯具体帮助实行犯，对实行犯进行精神上或物质上的帮助；组织犯对整个共同犯罪行为进行组织、策划和指挥，使共同犯罪行为成为一个有机的整体。

3. 共同犯罪人的分类方法论

在人类历史上，共同犯罪人的分类方法主要有三种：一是以行为人在共同犯罪中的分工为标准对共同犯罪人进行分类。这种分类法始于1810年《法国刑法典》。《法国刑法典》把共犯分为正犯与从犯，其中的从犯包括教唆犯与帮助犯，规定对教唆犯和帮助犯处以与正犯相同之刑。1871年《德国刑法典》继承了《法国刑法典》对共同犯罪人按分工分类的传统，并在此基础上有所发展，将共同犯罪人明确分为正犯、教唆犯和从犯三种，规定对从犯的处罚采得减主义。其后的许多国家都沿袭《德国刑法典》的分工分类法，将教唆犯从共同犯罪人中独立划分出来。《前苏联刑法典》及现行《俄罗斯刑法典》也采用分工分类法，将共同犯罪人分为组织犯、教唆犯、帮助犯和实行犯。二是以行为人在共同犯罪中的作用为标准对共同犯罪人进行分类。中国古代刑法即是如此，如《唐律》就确立了将共同犯罪人分为首犯与从犯的分类法，并规定"造意为首"的处罚原则。三是兼采行为人在共同犯罪中的分工与作用进行分类。中国现行刑法典将共同犯罪人分为主犯、从犯、胁从犯与教唆犯四种，明显兼采分工分类法与作用分类法两种分类法。在理论界，有的主张分工分类法，有的主张作用分类法，有的主张分工分类与作用分类相结合的分类方法。

笔者认为，对共同犯罪人的分类主要是解决共同犯罪人的"身份"和"归属"问题，因此应采分工分类法为宜。至于其刑事责任问题，应在规定其处罚原则中予以解决，如规定对于共同犯罪人应按照其在共同犯罪中的作用进行处罚。笔者主张，按照分工分类法对共同犯罪人分为以下四类：实行犯、帮助犯、组织犯、教唆犯。除组织犯与帮助犯在共同犯罪中的作用确定，并应明确规定对组织犯应按照其所参与或组织指挥实施的全部犯罪处罚，对帮助犯应当从轻、减轻或者免除处罚以外；其他共同犯罪人如实行犯与教唆犯在共同犯罪中的作用都不确定，因而应明确规定对其按照他在共同犯罪中所起的作用处罚。

二、教唆犯的处罚根据

西方国家的刑法理论中，关于共犯处罚根据争议的焦点在于，共犯不法是源于还是独立于正犯行为的不法。① 如前所述，在共犯体系论与教唆犯归属理论问题上，西方国家刑法立法和理论上大致出现了区分制共犯体系与单一制正犯体系，相应地，教唆犯理论也呈现出区分制共犯体系下的教唆犯理论（狭义的从犯理论）与单一制正犯体系下的教唆犯理论（单一正犯论）。这样两种共犯体系下的教唆犯处罚根据是被纳入"共犯的处罚根据"之中来展开的。西方国家尤其是德日的刑法理论，关于共犯的处罚根据学说大致有责任共犯论、不法共犯论、惹起说三种。责任共犯论认为，共犯的处罚根据在于共犯者将正犯引诱至责任和刑罚中，或者说由于共犯使正犯堕落而至责任和刑罚（故而又称为"堕落说"）；不法共犯论认为，共犯的处罚根据是使正犯实施符合构成要件的违法行为从而造成法益侵害和使正犯陷入反社会性的状态；惹起说认为，共犯的处罚根据应从共犯行为和法益侵害之间的惹起与被惹起的因果联系中寻找，其内部还存在纯粹惹起说、修正惹起说与折中惹起说（混合惹起说）的差异。② 当前，西方国家共犯的处罚根据理论呈现出以下三个方面的发展趋势：一是体现了试图合理限制共犯的处罚范围的倾向；二是展现出由在责任上探求共犯的处罚根据向在违法上寻求共犯的处罚根据过渡的发展方向；三是在共犯从属性问题上，呈现出实行从属性逐渐受到重视，而要素从属性逐渐得到缓和的趋势。③

但是，西方国家关于共犯的处罚根据问题的理论诠释可能并不契合中国刑法观念与规范现实，且西方国家两种共犯体系（区分制共犯体系与单一制正犯体系）也无法匹配中国共犯体系。

首先，我国刑法关于共同犯罪的规定难以在单一制正犯体系与区分制共犯体系之间作出确切判断。我国有学者提出了"我国到底是采单一正犯体系还是二元参与体系"之类的疑问，而对这个疑问的回答有时是模棱两可的，"这两种观点的对立其实源自于观测点不同，如果从主犯、从犯、胁从犯的规定出发，就得出我国采取的是单一的正犯体系；如果从教唆犯的规定出发，就得出我国采取的是二元的参与体系"。但是应当承认，较多的学者认可"我国的共犯体系虽然维

---

① 参见刘斯凡著：《共犯界限论》，中国人民公安大学出版社2011年版，第26页。
② 参见［日］高桥则夫著，冯军、毛乃纯译：《共犯体系和共犯理论》，中国人民大学出版社2010年版，第136～138页；陈洪兵著：《共犯论思考》，人民法院出版社2009年版，第8～25页。
③ 参见杨金彪著：《共犯的处罚根据》，中国人民公安大学出版社2008年版，第83～85页。

持了二元参与体系的基本框架，同时又具有单一正犯体系的某些特征"，但是"我国并未采取单一正犯体系"①，"我国共犯制度模式属于区分制"②。在此基础上，还有学者提出，相对于德日刑法单层区分制共犯体系而言，我国刑法规定的共同犯罪体系具有双层区分制的体系性特点，"我国刑法对参与人同时采用了分工和作用两种并存不悖、功能各异的分类标准。分工分类标准下的正犯与共犯旨在解决参与人的定性及其间的关系问题，而不直接决定和评价参与人的刑罚轻重，承载量刑功能的是作用分类标准下的主犯和从犯。在这种双层区分制立法模式下，正犯与共犯的界分宜采以构成要件为轴心的实行行为说"；而"在我国双层区分制之下，主、从犯的划分是一个直接决定和影响参与人刑罚轻重的重要实践性课题"③。"我国共犯的规定和大陆法系有实质差异，如果直接套用其学说，根本无法解决与共犯相关的理论问题。因此，共犯的处罚根据理论在我国刑事立法框架内，有重构的必要。"④ 这些现象均表明了我国共同犯罪立法规定的特殊性，我们在诠释我国共同犯罪与教唆犯原理时应当时刻关注我们自身的特殊性。

其次，我国的共犯体系是一种兼顾两种统一的共犯体系，即犯罪论上主客观相统一的犯罪体系与行为定型上总则分则相统一的行为定型体系。（1）犯罪论上主客观相统一贯彻始终，不同于西方刑法学多重含义的"犯罪论"，即使在共同犯罪论上也是如此。因此，共犯行为类型说、共犯违法类型说等均不能匹配我国犯罪论，同理，最小从属性、限制从属性、极端从属性等理论均不能匹配我国共同犯罪规范。我国犯罪论是真正意义上的主客观相统一的犯罪论。（2）行为定型上始终坚持总则与分则相统一，总则规定的行为定型相对于分则规定的行为定型始终保持了从属性与独立性相统一的特点，因为总则规定的"特别行为定型"仅仅是分则规定的行为定型的补充。这表明，就行为定型体系而言，刑法总则并非没有规定特别的行为定型（尽管其需要结合刑法分则规范来共同塑造）。行为定型在我国刑法体系中的表现，除了刑法分则规定的分则作为、分则不作为、分则持有之外，尚有刑法总则规定的总则共犯行为定型（总则共犯教唆犯行为定型、分则外的帮助犯行为定型、分则外的组织犯行为定型）、总则共犯行为外的特别行为定型（非共犯教唆犯行为定型、预备犯行为定型、间接正犯行为定型），它们无不是在刑法总则和刑法分则的共同塑造下完成行为定型任务的。

---

① 刘斯凡著：《共犯界限论》，中国人民公安大学出版社2011年版，第18~19页。
② 王志远著：《共犯制度的根据与拓展——从"主体间"到"单方化"》，法律出版社2011年版，第30页。
③ 钱叶六：《双层区分制下正犯与共犯的区分》，载《法学研究》2012年第1期。
④ 刘斯凡著：《共犯界限论》，中国人民公安大学出版社2011年版，第26页。

应当说，我国共犯体系秉承兼顾两种统一的共犯体系的特点，是一种固守了我国刑法元素的共犯体系，这种共犯体系下教唆犯的成立根据值得特别考量：犯罪论上主客观相统一、行为定型上总则分则相统一。必须明确，行为定型理论应当面对这样一种现实：并非只有刑法分则才能定型，而是刑法总则和刑法分则的有机结合才能完成行为定型，例如，非共犯教唆犯行为定型，就是典型的由刑法总则直接规定的、由刑法总则和刑法分则共同塑造的行为定型。除共犯外的教唆犯和间接正犯之外（因为共犯外的教唆犯本不属于共同犯罪范畴），所有的共犯教唆犯、分则外的帮助犯、分则外的组织犯等，均需要共同犯罪规范来塑造其行为定型。换言之，这些共犯行为定型均必须在主客观相统一的"共同犯罪范围"之内来塑造，即在一定意义上具有类似于"迈耶公式"中的夸张从属形式所要求的条件下来塑造。这就突破了西方大陆法系国家共犯理论中关于单一制正犯体系与区分制共犯体系的框架，弥补了该两种正犯体系内在的缺陷性和不协调性，并赋予了其中国刑法元素。

在我国刑法规范的语境下，教唆犯的处罚根据，实质上是指教唆犯的"刑罚处罚根据"或者说"刑事责任根据"，其不同于刑法分则规定的单独犯罪与共同犯罪中规定的实行犯（在我国主要是主犯）的"刑罚处罚根据"与"刑事责任根据"，而并非如西方国家一样仅仅指向"共犯不法是源于还是独立于正犯行为的不法"。同时，在整体论意义上，教唆犯的处罚根据总共关涉两种情形下的教唆犯的处罚根据问题：一是共犯教唆犯的处罚根据，这是在共同犯罪形态之下所进行的考察；二是非共犯教唆犯的处罚根据，这是在非共同犯罪形态之下所进行的考察。其中第二种情形，实质上就是考察《刑法》第29条第2款所规定的"如果被教唆的人没有犯被教唆的罪"之情形下，这种非共犯教唆犯的处罚根据问题。

综合起来分析，笔者认为，教唆犯的处罚根据有其刑法哲学、立法论、司法解释论上的处罚根据等三个方面：

（一）刑法哲学上教唆犯的处罚根据

关于处罚教唆犯的理论根据，主要有共犯从属性说与共犯独立性说的不同立场。共犯从属性说采"共犯借用犯罪说"的立场，认为教唆犯本身不构成犯罪，当然也不可罚，只是由于实行犯构成犯罪和具有可罚性，才使得教唆犯因具有犯罪的从属性（犯罪性之借用）和可罚性的从属性（可罚性之借用）而具有了犯罪的可罚性。共犯独立性说的立场是，教唆犯本身具有犯罪的故意和可罚的犯罪行为，是行为人所固有的反社会性的充分表现，因而教唆犯本身的教唆行为就具有犯罪性与可罚性，而不是借用其他人的犯罪性与可罚性。这两种看法都具有一定的片面性。共犯从属性说无视教唆犯本身的主观罪过与客观的社会危害性，将其完全看做是实行犯的附属物，显然具有片面性。共犯独立性说在教唆犯的犯罪性和可罚性上应该说是抓住了问题的本质,具有相当的合理性;但是,共犯独立性说人为地割断教唆犯与实行犯的内在联系,过分夸大了教唆犯的独立性,不利于科学确定教唆犯的刑事责任。那么,根据教唆犯的二重性说立场,笔者认为,教唆犯的犯罪性和可罚性基本上是由于教唆犯本身的性质所决定的,即使被教唆人没有接受教唆、没有实施所教唆的犯罪,教唆犯也因其本身所具有的人生危险性和社会危害性而具有犯罪性和可罚性;同时,教唆犯又总是同被教唆人相联系的,表现在教唆犯的刑事责任的轻重要受被教唆人的实行行为的制约和影响。

(二) 立法论上教唆犯的处罚根据

关于处罚教唆犯的实践根据主要有四种观点:一是犯罪起因说。该说认为,教唆行为是使他人发生犯罪之决意,实为他人实施犯罪之远因,因此教唆犯作为实行犯犯行之无形起因者,故应予处罚。二是责任参与说。该说认为,教唆行为使他人发生犯罪之决意为已足,无须诱使他人成为犯人,因此教唆犯系使他人为有责之犯人,并参与其犯罪,故应予处罚。① 此两种观点均有失片面:前者注重从客观方面来阐明教唆犯与被教唆人的犯意产生和犯罪实行行为的联系,并进而论证教唆犯的处罚根据。后者则注重从主观方面来看教唆犯对于被教唆人主观犯意的激发而具有的内在联系,并以此论证教唆犯的处罚根据。三是不法共犯论。日本学者平野龙一主张以"不法共犯论"来作为教唆犯的处罚根据。平野龙一认为,共犯者惹起了正犯的故意,使之实施了违法行为,或者以其援助行为促进了违法的正犯行为,故应惩罚共犯者。② 四是因果的共犯论。日本学者牧野英一在研究关于共犯处罚根据的责任论与不法共犯说的基础上,主张以共犯者对正犯的实行行为的完成的影响力来论证共犯的处罚根据,提出了重视其间的因果关系的所谓"因果关系论"。牧野英一认为,教唆犯、从犯并不是因为正犯的行为与结果之间具有因果关系而对结果承担刑事责任,而是由于自己的行为与结果之间有因果关系从而表现出一定的恶性,才受刑罚处罚。③

笔者认为,正确的态度应该是:结合教唆犯对被教唆人的主观犯意的联系以及对被教唆人实行行为的作用,坚持主客观相统一的原则来看待教唆犯的处罚根据。因此,笔者认为,教唆犯本身具有人身危险性和社会危害性,是教唆犯的处罚根据之一。

---

① 参见郭君勋著:《案例刑法总论》,台湾三民书局1983年版,第479~480页;参见陈兴良著:《共同犯罪论》,中国社会科学出版社1992年版,第276页。

② 参见[日]早稻田司法考试研究室:《刑法总论》,早稻田经营出版1990年版,第209~249页;李海东主编:《日本刑事法学者》(上),法律出版社1995年版,第287页。

③ 参见马克昌主编:《近代西方刑法学说史略》,中国检察出版社1996年版,第256页。

（三）司法解释论上教唆犯的处罚根据

刑法总则关于教唆犯应受刑罚处罚的明确规定，是刑法解释论上教唆犯的处罚根据。我国现行《刑法》第29条关于教唆犯受刑罚处罚的具体情形有以下两种：

其一，共犯教唆犯的处罚根据。《刑法》第29条第1款规定："教唆他人犯罪的，应当按照他在共同犯罪中所起的作用处罚。教唆不满十八周岁的人犯罪的，应当从重处罚。"

其二，非共犯教唆犯的处罚根据。《刑法》第29条第2款规定："如果被教唆的人没有犯被教唆的罪，对于教唆犯，可以从轻或者减轻处罚。"

因此，部分西方国家没有规定非共犯教唆犯的刑事责任后果，这种非共犯教唆犯在刑法解释论上就不具有处罚根据。从而，这种刑法解释论上教唆犯的处罚根据又在一定意义上回归到了立法论上教唆犯的处罚根据，二者之间存在相互关联和相互制约的关系。

第四节　教唆犯的概念界定

一、外国学者的见解

一般而论，国外立法和论著多数是从共犯从属性说的立场，为教唆犯下定义的。例如，教唆犯，是指故意使其他有责任能力者为犯罪的决意，由此致其他人实行犯罪的人。[1] 或认为，所谓教唆犯，是指唆使他人产生犯罪的决意，进而使其基于此决意实行犯罪的情况。[2] 日本刑法学界的看法大致是："所谓教唆犯，是指教唆他人实行犯罪的情况。"[3] 有的国家在刑法典中直接给教唆犯下了定义。例如，《德国刑法典》第26条规定："故意教唆他人故意实施违法行为的是教唆犯。"《瑞士联邦刑法典》第24条规定："故意教唆他人犯重罪或轻罪的，是教唆犯。"《俄罗斯联邦刑法典》第33条第4款规定："劝说、收买、威胁或以其他方式怂恿他人实施犯罪的人，是教唆犯。"法国学者认为："尽管法国刑法典对犯罪及罪犯采取的是客观主义的事实观念，但却将那些本人并未亲自实施构成犯罪的事实行为，而又仅是在智力方面促成实行犯罪的人，视为罪犯。这种罪犯

---

[1] 参见马克昌、杨春洗、吕继贵主编：《刑法学全书》，上海科学技术文献出版社1993年版，第659页。
[2] 参见张明楷著：《外国刑法纲要》，清华大学出版社1999年版，第313页。
[3] 参见[日]木村龟二主编，顾肖荣、郑树周译校：《刑法学词典》，上海翻译出版公司1991年版，第365页。

称为'教唆犯'或'精神犯'。鉴于原来已得到确认的处理意见比较零散,《新刑法典》的制定者则考虑对任何唆使犯罪的人都规定以罪犯论处。《新刑法典》将这样的罪犯定义为'明知而故意指使第三人实行犯罪行为的人'。"①

近代以来,部分外国学者从共犯独立性说立场出发,认为教唆行为本身应独立构成犯罪,无异于是正犯行为,不论教唆犯或正犯都是共同惹起结果的行为,都应受同样的处理。但这些学者并没有直接给出教唆犯的概念。立法上体现共犯独立性说立场的有《挪威刑法典》和《格陵兰刑法典》等,如后者第3条规定:"以任何方式教唆或者帮助他人犯罪者,本法典适用之。"

英美国家规定的教唆犯有一定特殊性,是将犯罪教唆作为其三种不完整罪之一来规定的(另两种是犯罪未遂和犯罪共谋)。例如,在美国,所谓犯罪教唆(Sobicitation),是指请求、要求、纠缠、引诱、唆使、暗示、鼓励、煽动、刺激他人实施犯罪的行为;教唆罪的构成,只要求行为人有教唆他人实施犯罪的行为,而不要求被教唆者实施了教唆的罪,有了教唆行为就构成既遂罪。②

二、我国学者的观点

综观国内出版的有关论著,对教唆犯概念的表述,比较典型的有以下几种:

1. 明示教唆故意的定义方式。即在教唆犯的概念中明确界定了教唆犯的罪过形式是故意(教唆故意),从而明确地排除了过失构成教唆犯的可能性;但对教唆对象、教唆内容、教唆方法和手段等内容并不作出明确规定。例如,教唆犯是故意地引起他人实行犯罪意图的人。③

2. 明示教唆故意与教唆结果的定义方式。即在教唆犯的概念中明确规定教唆犯的主观上是故意,并且明确规定教唆行为所产生的结果。例如,教唆犯是故意地教唆他人犯罪,致使或者没能致使他人犯罪的人。④

3. 明示教唆故意与教唆方法和手段的定义方式。即在教唆犯的概念中明确规定教唆犯的主观上是故意,并且明确规定教唆的方法和手段。例如,教唆犯是

---

① 参见[法]卡斯东·斯特法尼等著,罗结珍译:《法国刑法总论精义》,中国政法大学出版社1998年版,第282~283页。

② 参见储槐植著:《美国刑法》(第二版),北京大学出版社1996年版,第146~147页。

③ 参见魏智彬(魏东):《教唆犯的概念与成立要件问题研究》,载《社会科学研究》2000年第3期。

④ 参见李希慧:《论教唆犯的概念及其成立要件》,载《中南政法学院学报》1986年第3期。

指故意地用劝说、利诱、威逼或者其他方法唆使他人去实施犯罪的人。[①]

4. 明示教唆对象与教唆方法和手段的定义方式。即在教唆犯的概念中明确规定教唆犯的教唆方法和手段，同时明确规定教唆对象的存在状态。例如，所谓教唆犯，就是以授意、请求、煽动、劝说、收买、怂恿、强迫以及其他方法，使不具有犯罪思想的人具有犯罪的思想，或者使犯罪思想不够坚定的人坚定其犯罪思想的罪犯。[②]

5. 明示教唆故意、教唆对象、教唆内容与教唆方法和手段的定义方式。即在教唆犯的概念中明确规定教唆犯的主观上是故意，并且明确规定教唆对象的存在状态、教唆的具体内容与教唆方法和手段。例如，所谓教唆犯，是指故意地怂恿、指使具有刑事责任能力或者限制刑事责任能力（在其有意识和意志的范围内）的、原先不具有犯罪思想或者犯罪思想不够坚定的人，实施我国刑法分则所规定的具体的犯罪的人。[③]

6. 概括式的定义方式。即在教唆犯的概念中只是概括地规定教唆犯的教唆内容是"教唆他人犯罪"，而不明确规定其主观上的罪过形式、教唆对象的存在状态、教唆的具体内容、教唆方法和手段、教唆行为方式、教唆强度等内容。例如，许多学者根据我国现行《刑法》第29条的规定，认为所谓教唆犯就是教唆他人犯罪的人。

三、我国刑法规定中教唆犯概念的科学界定

给教唆犯下定义，既与下定义者所坚持的立场（如对教唆犯性质的不同看法）有关，又要结合其所在国家刑法对教唆犯的规定来进行。就大陆法系国家刑法学者而言，有的坚持共犯从属性说，有的坚持共犯独立性说，这反映在其所下的教唆犯定义上自然不同；又由于对于片面的共犯与过失的共犯，有的国家法律予以否定，而有的国家法律予以承认，这也反映在其给出的教唆犯的概念有所不同，因而这种差异就是正常的现象。例如，外国有的学者在教唆犯的概念中强调了主观上的故意或者客观上的被教唆者实施了犯罪，就是基于要排除"过失"与"教唆未遂"等情形构成教唆罪的思想；否则，他们就没有必要在教唆犯的

[①] 参见林文肯、茅彭年著：《共同犯罪理论与司法实践》，中国政法大学出版社1987年版，第94页。

[②] 参见魏克家：《略论教唆犯》，载《中国政法大学学报》1983年第2期。

[③] 参见魏智彬（魏东）：《教唆犯的概念与成立要件问题研究》，载《社会科学研究》2000年第3期。笔者曾经认为，"至于教唆的具体方式方法、是否引起被教唆人实行犯罪的意图、是否实际地致使他人犯罪等因素，就不必在教唆犯的概念中予以展开论述，这也是给概念下定义必须言简意赅的要求"。但笔者在后来的研究中发现，过去的这种看法还有必要予以修正。

概念中强调主观或者客观上的"这一个"要素。

就我国刑法对教唆犯的规定而言，我国刑法是将教唆犯置于共同犯罪之中对教唆犯进行规定的，因而在给教唆犯下定义时，就必须考虑到以下一些因素：

一是我国《刑法》规定的共同犯罪，是指二人以上共同故意犯罪。这就排除了过失犯罪构成教唆犯的可能。鉴于此，我们在给教唆犯所下的定义中还有无必要再申明或强调主观上"故意"的要素，就是一个值得斟酌的问题。对此，笔者认为，在教唆犯的概念中重申主观上"故意"要素是可以的，因为这一要素确实是教唆犯所必须具备的，对之进行重申可以体现概念的精确性和科学性；另一方面，在教唆犯的概念中对其主观上"故意"要素不予重申也是可以的，因为大前提是我国刑法的有关规定已经明确排斥了"过失"构成教唆犯的可能，主观上具有"故意"是构成教唆犯的前提和基础，不重申"故意"要素也不至于引起歧义。

二是对于被教唆人是否接受教唆或者是否实施了被教唆的犯罪这样一个事实，应否作为教唆犯概念的一个"要素"，则是另外一个问题。由于我国刑法对教唆犯的规定坚持了从属性与独立性相结合的原则立场，因而又没有完全排斥教唆犯单独构成犯罪并具有可罚性之情形的存在空间。例如，在被教唆者没有接受教唆的场合，以及在成立教唆犯的未遂的其他情形下，根据我国《刑法》的规定，此时的教唆犯仍然具有可罚性，这是我国刑法所坚持的教唆犯的二重性原则的必然要求。鉴于此，笔者认为，在给教唆犯所下的定义中没有必要申明或强调客观上"致使或者没能致使他人犯罪"这一要素，因为，这一要素的存在与否并不影响教唆犯的成立，它并不是教唆犯的内在规定性内容，被教唆人实施犯罪行为与否本身与教唆犯的成立无关。

三是教唆对象的存在状态问题，对于确定教唆行为的刑法意义具有重要作用，尤其对于认定行为人到底是构成教唆犯还是构成间接正犯具有决定意义，因而有必要在教唆犯的概念中予以明确。作为教唆对象的"他人"应有所限制，即限于有刑事责任能力的人；其中还包括部分限制责任能力者，在其有意识和意志的范围内也可以成为作为教唆犯教唆对象的"他人"。因此，将被教唆人的思想状况明确标示出来的做法值得借鉴，即"他人"必须是原先不具有犯罪思想或者犯罪思想不够坚定的人。

四是教唆强度与教唆方法和手段问题也对确定教唆行为的刑法意义具有重要作用，它对于认定教唆行为人到底是构成教唆犯还是构成组织犯等也具有决定意义，所以也有予以明确的必要；但对教唆方法和手段应适当进行概括和抽象，大致上,所有的教唆方法和手段可以概括为"怂恿"与"指使"两种。① 至于教唆行为的行为方式问题,由于教唆方法和手段本身(怂恿和指使)就可以表明这种行为只能是积极的作为而不可能是消极的不作为,因而对此就没有必要在教唆犯的概念中再明确强调。同时,笔者认为,教唆犯的概念必须符合我国现行《刑法》的有关规定,能够比较充分地体现和照应我国《刑法》所规定的教唆犯的二重性原则。根据我国现行《刑法》的规定,"教唆"的基本含义是怂恿、指使的意思。因此,凡是明确表示"怂恿、指使"意思的行为,包括劝说、授意、一般性威逼、乞求、请求、收买、引诱、煽动等行为,都是广义的教唆。

五是教唆内容只能是"犯罪",即我国《刑法》分则规定的具体的罪,而不能是抽象的犯罪,或者一般的违法违纪行为与悖德行为。比如,自杀行为本身不能构成《刑法》分则规定的犯罪(除基于骗保或者战时逃避军事义务等动机而自杀之外),那么,单纯的教唆他人自杀的行为,因其教唆的内容不是"犯罪",依法不能认定为教唆犯定罪处罚。

所有这些,都是我们在分析、判断和界定教唆犯的概念时必须给予注意的方面。只有全面、充分地注意到上述诸方面,我们才能够恰当地分析我国理论界存在的有关教唆犯概念的几种表述的利弊优劣,也才可能得出正确的、能够为多数人所赞同的结论。考虑到以上所言,笔者认为,可将教唆犯的概念进一步细化为:所谓教唆犯,是指故意地怂恿、指使具有完全或者限制刑事责任能力的、原先不具有犯罪意思或者犯罪意思不明确、不坚定的人,实施我国刑法分则所规定的具体犯罪的行为人。

需要说明的是,教唆犯的这一概念界定,实质上是一种狭义的教唆犯。因为,在一定意义上讲,我国刑法所规定的教唆犯在逻辑上大致可以分为三个层次:广义、狭义、最狭义。广义的教唆犯,是指刑法总则直接规定的教唆犯和刑法分则直接规定的教唆类犯罪的总和;狭义的教唆犯,是指刑法总则直接规定的教唆犯(包括共犯教唆犯和非共犯教唆犯);最狭义的教唆犯,是指刑法总则直接规定的共犯教唆犯(不包括非共犯教唆犯),是完全遵从共同犯罪的处罚原则的教唆犯。

---

① 关于教唆方法和手段,笔者将在后文中详细叙述,它大致可分为五类,即煽动型教唆方法、诱骗型教唆方法、劝说型教唆方法、授意型教唆方法和胁迫型教唆方法。所有这些方法和手段,笔者认为都可以概括为"怂恿"和"指使"两种。

第三章 教唆犯的构成论特征

教唆犯的构成论特征主要研究教唆犯的构成要件,因而它是教唆犯理论的重要内容。关于教唆犯的构成论,主要是根据刑法中犯罪构成理论的基本原理,结合教唆犯自身的特点,以确立教唆犯的构成要件。在教唆犯的构成要件中,拟重点研究教唆行为、教唆故意问题。

第一节 教唆犯构成论的基本原理

一、犯罪构成论体系之争

教唆犯构成论是犯罪构成理论的有机组成部分,必须符合犯罪构成理论的基本原理,因此,研究教唆犯构成论必须首先研究犯罪构成理论。

在西方大陆法系刑法理论中,"犯罪构成"一词原本是不存在的。"犯罪构成"是前苏联和我国所使用的一个刑法学术语。在前苏联,犯罪构成指"构成犯罪的诸要件的总和"[1],即苏维埃刑法规定的说明社会危害行为(犯罪)特征的诸要件的总和。这些要件是犯罪客体、犯罪构成的客观方面、犯罪主体、犯罪构成的主观方面。某人的行为具备一定的犯罪构成,是他在社会主义国家面前负刑事责任的唯一根据。[2] 在我国,通说的观点认为,犯罪构成是指刑法所规定的、决定某一具体行为的社会危害性及其程度而为该行为构成犯罪所必须具备的一切客观要件和主观要件的有机统一的整体。所谓客观要件,是指犯罪客体和犯罪客观方面的要件。犯罪客体,是指我国刑法所保护而为犯罪行为所侵害的社会主义社会关系或者法益(即我国法律所确认和保护的利益与价值)。犯罪客体是任何犯罪成立必不可少的要件,这是犯罪所具有的社会危害性的根本体现。犯罪

---

[1] 参见[前苏联] A. A. 皮昂特科夫斯基等著,曹子丹等译:《苏联刑法科学史》,法律出版社1984年版,第43页。

[2] 参见樊凤林主编:《犯罪构成论》,法律出版社1987年版,第396~397页。

客体按其层次与范围的不同,可以分为一般客体、同类客体、直接客体三种。犯罪客观方面,是指犯罪活动客观、外在的表现或者事实特征。犯罪客观方面主要包括危害行为、危害结果以及犯罪的时间、地点、方法。其中,危害行为是一切犯罪构成的必要要件;危害结果是多数犯罪构成的必要要件;犯罪的时间、地点、方法仅仅是某些犯罪构成的必要要件。所谓主观要件,是指犯罪主体和犯罪主观方面的要件。犯罪主体,是指具有刑事责任能力、实施危害行为的自然人或者单位。犯罪主观方面,是指犯罪主体对其所实施的犯罪行为及其危害结果所持的心理态度,即故意或过失的罪过。犯罪构成的四要件说是我国通说的观点,即认为犯罪构成包括犯罪客体、犯罪客观方面、犯罪主体、犯罪主观方面四个方面的要件。但是,我国理论界通说的这一观点越来越多地受到了怀疑,有不少学者提出了与通说不一致的看法,存在犯罪构成要件的二要件说、三要件说、五要件说等主张。[①]

笔者基本上赞成我国通说(犯罪构成四要件说)的主张,即犯罪构成要件包括犯罪客体、犯罪客观方面、犯罪主体、犯罪主观方面四个要件。至于有学者认为,作为行为的性质之一的犯罪客体,实质上是表明"合法权益受到侵犯"这样一种事实,它不可能与行为的主体、主观方面、客观方面相并列;它不具有前置性地界定行为是否构成犯罪的"事实特征"的性质;从刑法规定和司法实践来看,我国刑法对于具体犯罪,并没有把行为必须侵犯什么社会关系或法益作为犯罪成立的条件予以规定,而且在司法实践中,对于任何犯罪的成立,也根本用不着考虑所谓的犯罪客体要件。[②] 笔者认为,这种看法有所不妥。因为,犯罪(表明行为的犯罪性质)并不能与"合法权益受到侵害"这一事实(表明行为的危害性质)画等号,行为在客观上存在危害性是构成犯罪的必要条件而不是充分条件;在此基础上,必须还同时具备客观方面要件、主体要件和主观方面要件(其中的每一方面要件都只是构成犯罪的必要条件而不是充分条件),该行为才能被评价为犯罪。这说明,作为说明行为客观上危害性质的犯罪客体要件应当是与犯罪客观方面要件、犯罪主体要件和犯罪主观方面要件相并列的,应当成为犯

[①] 参见高铭暄主编:《刑法学原理》(第一卷),中国人民大学出版社1993年版,第454页。

[②] 参见肖中华著:《犯罪构成及其关系论》,中国人民大学出版社2000年版,第168~182页。

罪构成的一方面要件。① 在我国，犯罪论实际上就是犯罪构成论，彻底坚持了客观与主观相统一的原则。②

但德、日等大陆法系国家并不使用"犯罪构成"的概念，而使用"构成要件"一词。行为符合（该当）构成要件，还不能说就成立犯罪，除此之外，行为还必须具备违法性和有责性，行为才成立犯罪；因此，在西方大陆法系刑法理论中，构成要件或构成要件该当性只是犯罪成立要件的一部分。③ 构成要件的该当性、违法性、有责性是犯罪成立的三个条件。所谓构成要件的该当性，是指犯罪必须是该当于刑法分则及特别刑法的各刑罚法规所规定的构成要件的行为。国家从大量存在的反社会行为中，把违法并且有责的当罚行为作为法律上的犯罪类型加以规定而成为可罚的行为。这种法律上的犯罪类型称为构成要件的该当性。所谓违法性，是指行为具有违反法秩序的性质。有责性，又称责任性，是指行为具有能够追究责任的性质。责任因素包括责任能力、故意和过失、期待可能性等内容。④ 在构成要件该当性、违法性、有责性的关系问题上，德国学者迈耶提出了违法性的认识根据论，认为构成要件符合性是违法性的认识根据，行为如果符合构成要件，除个别情况下能证明具有阻却违法事由外，仅此就可以推定为违法。而德国另一位刑法学者麦兹格主张违法类型论或违法性的存在根据论，认为行为符合构成要件是违法性的存在根据，构成要件是"违法行为的类型"或者"可罚的违法类型"。日本刑法学者则进一步提出了违法责任类型论，主张构成要件不但是违法类型，同时也是责任类型。例如，小野清一郎认为，构成要件要素不是单纯记述性的、客观的，而是也包含规范的要素和主观的要素。⑤ 大体

---

① 需要特别说明的是，笔者对于犯罪构成理论的思考曾经有过许多曲折和犹豫不定。在写作本书的时候，曾经接受并赞同过犯罪构成三要件说的观点。但是，笔者发现，行为在客观上具有危害性质，并不等同于行为就在法律上（包括自然法意义上）具有犯罪性质，正如行为主体在主观上具有恶性也并不等同于行为就在法律上具有犯罪性质一样。因此，笔者也认为，犯罪客体要件应当是犯罪构成要件之一。
② 参见高铭暄、马克昌主编：《刑法学》（上编），中国法制出版社1999年版，第86～89页。
③ 参见肖中华著：《犯罪构成及其关系论》，中国人民大学出版社2000年版，第10～11页。
④ 参见肖中华著：《犯罪构成及其关系论》，中国人民大学出版社2000年版，第45～46页。
⑤ 参见马克昌、杨春洗、吕继贵主编：《刑法学全书》，上海科学技术文献出版社1993年版，第612页；高铭暄、马克昌主编：《刑法学》（上编），中国法制出版社1999年版，第82～83页；[日] 小野清一郎著，王泰译：《犯罪构成要件理论》，中国人民公安大学出版社1991年版，第9页。

上，西方大陆法系学者一般认为迈耶的体系更具合理性①。由于作为成立犯罪所必须具备的构成要件的该当性、违法性、有责性三要件囊括了行为的客观定型、法规范的违反和主观上的责任等事实特征，因此，可以认为大陆法系刑法及其理论在犯罪的成立上是坚持客观与主观相统一的原则的，这一点也是其与我国大陆刑法学中犯罪构成理论之间的相通点。

二、教唆犯构成论问题

以犯罪构成理论为指导来研究教唆犯构成论，应注意把握以下几点：

（一）坚持犯罪构成论客观与主观相统一的原则

西方大陆法系国家刑法理论中的犯罪论，在犯罪成立问题上要求行为必须同时具备构成要件的该当性、违法性、有责性，即坚持了犯罪成立的客观与主观相统一的原则。我国刑法规定的犯罪构成，要求必须同时充足犯罪客体要件、犯罪客观方面要件、犯罪主体要件、犯罪主观方面要件四个方面要件，彻底坚持了客观与主观相统一的原则。因此，在研究和确定教唆犯的构成要件时，必须以犯罪构成理论为指导，彻底坚持客观与主观相统一的原则，全面关注教唆犯的客观方面要件和主观方面要件，而不能片面地强调其客观方面要件而忽视其主观方面要件，也不能只强调其主观方面要件而忽视其客观方面要件；否则，就会顾此失彼，陷入"客观归罪"或"主观归罪"的泥潭。

（二）坚持犯罪构成论的规范性原则

这里的规范性，主要有两层含义：一是要以刑法规范为依据，不能超越刑法规定的基本精神想当然地任意发挥，主观臆断地随意增加或减少教唆犯的构成要件要素。二是要以犯罪构成理论的规范为依据，将教唆犯的各种要件要素置于其应然的位置和框架内来研究，以实现理论逻辑上的规范要求。例如，在研究教唆犯的行为方式、行为内容、行为对象、因果关系等问题时，应将它们置于教唆犯的客观方面这一要件之下作为"一个要件"来研究，因为它们都属于教唆犯的客观方面这一要件的内容，而不能将其中的每一个要素单独作为一个构成要件来对待。同理，在研究教唆犯的意识因素、意志因素等内容时，也只能将它们置于教唆犯的主观方面这一要件下来展开。

（三）把握和突出教唆犯构成论的特殊性

教唆犯作为一种犯罪现象，既有所有犯罪的共性，又有其自身的特殊性，这种共性与特殊性必然在教唆犯构成论上有所反映。作为共性，教唆犯构成论要坚

---

① 参见［日］大冢仁著，冯军译：《犯罪论的基本问题》，中国政法大学出版社1993年版，第48页。

持客观与主观相统一的原则，有其犯罪客体、客观方面、犯罪主体、主观方面等主客观要件。但其特殊性也是显而易见的。由于教唆犯是刑法总则直接规定的一种犯罪形态，又由于教唆犯在理论上可以构成刑法分则规定的任何一种具体的故意犯罪的教唆犯（部分学者甚至认为还包括过失犯罪的教唆犯），几乎可以完全融合于刑法总则关于一般犯罪构成的相关规定，在此前提下，关于教唆犯的犯罪客体要件和犯罪主体要件问题，一方面基本上完全套用刑法总则的有关原则规定；另一方面，不同具体罪的教唆犯的犯罪客体内容和犯罪主体资格也与教唆犯所教唆的具体罪的犯罪客体内容和犯罪主体资格完全等同。因此，基本上没有单独研究教唆犯的犯罪客体要件和犯罪主体要件的必要。可见，教唆犯的犯罪客体要件和犯罪主体要件是具有"普适性"的构成要件（即教唆犯的"普适性构成要件"），由于其可以直接适用刑法总则的一般规定而没有自己的特殊性，因而没有特别地予以研究的必要；但教唆犯的客观方面要件（如教唆行为）与主观方面要件（如教唆故意）则是具有专属于教唆犯的性质的要件——对此，笔者姑且称之为教唆犯的"专属性构成要件"。由于教唆犯的"专属性构成要件"不能直接适用刑法总则关于犯罪构成的一般规定，而具有自己特殊的、具体的内容，需要研究和揭示，因而对之有深刻研究的必要。因此，研究教唆犯的构成要件时，既要坚持犯罪构成的四要件说的基本精神，同时又要兼顾教唆犯本身的特殊性，把教唆犯的构成要件分为"普适性构成要件"与"专属性构成要件"，并将研究的重点放在"专属性构成要件"上。正如研究实行犯、帮助犯、未遂犯、预备犯、中止犯等由刑法总则直接规定的特殊犯罪形态的构成要件一样，应将研究的重点放在其具有"专属性"的客观方面要件和主观方面要件；而对其具有"普适性"的犯罪客体要件和犯罪主体要件，就没有必要予以特别的、单独的研究。

（四）充分考虑各国刑法规定对教唆犯的性质问题所坚持的不同立场

西方国家中，有的国家刑法规定坚持了彻底的共犯从属性原则，由于教唆犯的犯罪性和可罚性完全从属于实行犯，因此，在研究教唆犯的"专属性构成要件"时，设置教唆故意、教唆行为、被教唆人的行为等要件或要素就具有其相对的合理性；而有的国家刑法规定坚持了彻底的共犯独立性原则，由于教唆犯的犯罪性完全独立于实行犯，因此，在研究教唆犯的"专属性构成要件"时，不考虑被教唆人是否实施犯罪的因素，而只论及教唆犯自己的教唆故意与教唆行为，也有其合理性。在我国，刑法对教唆犯的规定坚持了辩证统一的二重性原则，由于承认教唆犯具有相对的独立性，因此，在研究教唆犯的"专属性构成要件"时，不考虑被教唆人是否实施犯罪的因素，而只设置教唆故意与教唆行为两方面的要件是合理的，即可以认为，我国刑法规定的教唆犯的"专属性构成要件"有两个：一是主观方面必须具有教唆他人犯罪的故意；二是客观方面必须具有教唆他人犯罪的行为。至于被教唆人是否接受教唆、是否实施了被教唆的犯罪等因素，则不属于我国刑法规定的教唆犯的"专属性构成要件"的内容。

研究教唆犯构成论，应以犯罪构成论的基本原理为指导，结合教唆犯的特殊性，在坚持教唆犯的犯罪构成四要件说，即教唆犯的犯罪构成是犯罪客体要件、犯罪客观方面要件、犯罪主体要件、犯罪主观方面要件共四个方面要件的有机统一的前提下，将教唆犯的构成要件区分为教唆犯的"普适性构成要件"（即犯罪客体要件和犯罪主体要件）与"专属性构成要件"（包括犯罪客观方面要件和犯罪主观方面要件）。对其"普适性构成要件"没有必要予以单独研究和特别申明，而对其"专属性构成要件"应该进行全面、深刻的研究和讨论。对教唆犯的"专属性构成要件"的研讨，必须充分考虑各国刑法规定对教唆犯的性质问题所坚持的不同立场。我国刑法对教唆犯的规定坚持了辩证统一的二重性原则，由于承认了教唆犯具有相对的独立性，因此，可以认为，我国刑法规定的教唆犯的"专属性构成要件"有两个：一是主观方面必须具有教唆他人犯罪的故意；二是客观方面必须具有教唆他人犯罪的行为。

三、教唆犯的犯罪构成

（一）观点总揽

在西方大陆法系国家中，教唆犯成立的条件一般包括以下三个：一是行为人必须有教唆的故意，即行为人认识到自己的教唆行为本身能使他人决意犯罪，并对他人因此而实施犯罪有预见。二是行为人必须实施了教唆行为，即行为人实施了故意唆使他人产生实行一定犯罪的决意的行为。在教唆的方法、手段问题上，现行《日本刑法典》、《瑞士刑法典》均未设任何规定；但《法国刑法典》限定了可构成教唆罪的教唆方法，如果使用法律限定以外的方法和手段教唆者，由于作为"不重要的角色"而被认为不可罚，因而限制着教唆犯成立的范围。但行为的方式，不论命令或请求，也不论明示或暗示均无不可。至于不作为，因其没有使他人产生犯意的能力，而不能构成教唆犯。三是须被教唆者实行犯罪。被教唆者由于教唆行为的结果，决意实行该种犯罪，并实行犯罪时，才成立教唆犯。同时，作为正犯的被教唆者的行为，必须符合构成要件并且具有违法性。根据共犯的从属性，被教唆者未实行犯罪时，或者虽然实行了，但实行行为与教唆行为之间没有相当的因果关系，即不构成教唆犯。[①]

我国台湾学者对教唆犯的成立要件的问题看法不一，分歧较大，大致有二要

---

① 参见赵秉志主编：《外国刑法原理（大陆法系）》，中国人民大学出版社2000年版，第216页。

件说、三要件说、五要件说、七要件说等几种观点。①（1）二要件说。持此观点的学者认为，教唆犯必须具备主观与客观两个要件，即教唆之意思与教唆之行为。韩忠谟、翁国梁、林山田等人持这种观点。比如，韩忠谟认为："教唆犯亦为共犯之一种，自须具备一般共犯之主观及客观两要件，即教唆之意思与教唆之行为。"②另有学者从教唆人与被教唆人两方面来分析教唆犯的成立要件，也主张成立教唆犯的二要件说，但具体内容与前述观点明显不同。③（2）三要件说。持此观点的学者认为，教唆犯的成立要件有三：一是须有被教唆者；二是须有教唆之故意；三是须有教唆之行为。蔡墩铭持此说。④（3）五要件说。持此观点的学者认为，教唆犯的成立要件包括以下五个：一是须有教唆之故意；二是须有教唆他人之犯罪行为；三是须有特定之被教唆人；四是须被教唆人有责任能力；五是须被教唆人原无犯罪之意思因受教唆而启发犯意。张灏持此说。⑤（4）七要件说。持此观点的学者认为，教唆犯的成立要件有以下七个：一是须有教唆他人犯罪之故意；二是须有特定之被教唆人；三是须被教唆人有刑事责任能力；四是须被教唆人有自由之意志；五是须被教唆人原无犯罪之意思；六是须有教唆他人犯罪之行为；七是须教唆人未参与犯罪行为之实施。高仰止提出这种观点。⑥

我国大陆刑法学者对教唆犯的成立要件的看法也有分歧，大致有二要件说、三要件说、四要件说几种。⑦我国大陆刑法学者多数坚持二要件说，认为教唆犯的成立要件有二：主观方面必须有教唆犯罪的故意；客观方面必须有教唆犯罪的行为。⑧例如，马克昌教授指出，构成教唆犯，需要具备如下要件：（1）从客观方面说，必须有教唆他人犯罪的行为，或者教唆行为引起被教唆人实施所教唆的犯罪。（2）从主观方面说，必须有教唆他人犯罪的故意。⑨再如，司法部法学教材编辑部编审的高等学校法学教材《刑法学》认为，教唆犯的主要特征是：

---

① 参见刘佳雁：《海峡两岸刑法中教唆犯理论之比较研讨》，载《台湾研究》1995 年第 2 期。

② 韩忠谟著：《刑法原理》，台湾 1981 年作者自版，第 277 页。

③ 参见赵秉志主编：《海峡两岸刑法总论比较研究》（下卷），中国人民大学出版社 1999 年版，第 159 页；郑健才著：《刑法总则》，台湾三民书局 1985 年版，第 218～224 页。

④ 参见蔡墩铭著：《中国刑法精义》，台湾汉林出版社 1985 年版，第 242～243 页。

⑤ 参见张灏编著：《中国刑法理论及实用》，台湾三民书局 1980 年版，第 223～224 页。

⑥ 参见高仰止著：《刑法总则之理论与实用》，台湾五南图书出版公司 1986 年版，第 407～409 页。

⑦ 参见魏智彬（魏东）：《教唆犯的概念与成立要件问题研究》，载《社会科学研究》2000 年第 3 期。

⑧ 参见林文肯、茅彭年著：《共同犯罪理论与司法实践》，中国政法大学出版社 1987 年版，第 94～100 页；马克昌：《论教唆犯》，载《法律学习与研究》1987 年第 5 期。

⑨ 马克昌：《论教唆犯》，载《法律学习与研究》1987 年第 5 期。

（1）在客观方面必须具有教唆行为，即教唆犯教唆他人犯罪的行为。只要教唆者实施的是教唆他人犯罪的行为，而不是教唆他人实行一般违法行为或者不道德行为，就可以成立教唆行为。至于被教唆者是否产生犯罪决意，进而是否实施了犯罪行为，都可以不问。（2）在主观方面必须具有教唆故意，即教唆犯教唆他人犯罪的故意。这是指教唆者明知自己的教唆行为会使他人产生犯罪意图，进而实施犯罪造成一定的危害结果，并且希望或者放任这种结果发生的心理态度。①

除二要件说以外，我国还有学者持三要件说、四要件说。例如，张明楷教授认为，教唆犯的成立要件有三个：一是就教唆对象而言，必须是教唆达到法定年龄、具有辨认和控制自己行为能力的人，否则不成立教唆犯而成立间接正犯。二是就客观方面而言，必须有教唆他人犯罪的行为。三是就主观方面而言，必须有教唆故意。从故意形式上说，共犯教唆犯的成立既可以是直接故意，也可以是间接故意；单独教唆犯的成立只能是直接故意。② 李希慧教授认为，教唆犯的成立要件应该是四个，即除了主观方面和客观方面的要件以外，还有教唆犯的主体要件和对象要件。已满16周岁、具有刑事责任能力的人可以构成任何罪的教唆犯；已满14周岁不满16周岁、具有相对刑事责任能力的人只能构成刑法明确规定的几种特殊罪的教唆犯。教唆犯的对象必须是达到刑事责任年龄、具有刑事责任能力的人，否则不能构成教唆犯而只能构成间接正犯；必须是没有犯意的人，否则也不能构成教唆犯而只能构成帮助犯；教唆犯的对象可以是特定的，也可以不是特定的。③

（二）观点评析

1. 关于西方大陆法系的观点

由于西方大陆法系国家坚持教唆犯的从属性原则以及限缩教唆犯的处罚范围原则，主张教唆犯的成立须以实行犯构成犯罪为前提，因此，其教唆犯的成立条件有三个，即教唆故意、教唆行为、被教唆人实行犯罪。这样，西方大陆法系国家关于教唆犯的成立条件的三要件说就与其所坚持的教唆犯的从属性原则具有内在的一致性，因而也具有其合理性。当然，这种三要件说对于部分国家所坚持的教唆犯的独立性原则以及承认独立教唆犯或者非共犯教唆犯的原则立场而言，并不能适用。

---

① 高铭暄、马克昌主编：《刑法学》（上编），中国法制出版社1999年版，第310~312页。
② 参见张明楷著：《刑法学》（上），法律出版社1997年版，第304~305页。
③ 参见李希慧：《论教唆犯的概念及其成立要件》，载《中南政法学院学报》1986年第3期。

2. 关于我国台湾刑法学界的观点

由于我国台湾刑法学界在教唆犯的性质问题上存在分歧,主要有从属性说与独立性说两种观点,因而,在教唆犯的成立条件上存在分歧就是正常现象。但是,目前我国台湾学界一般认为,台湾"刑法"最初采用的是从属性,而现行台湾"刑法"考虑到"教唆犯恶性甚大,宜采独立处罚主义,故改为依其所教唆之罪处罚之"①;因此,应认为台湾现行"刑法"主张教唆犯具有独立性。②据此,可以认为,我国台湾"刑法"所规定的教唆犯的成立条件应该有两个方面:一是教唆故意,二是教唆行为。至于台湾学界所提出的三要件说、五要件说、七要件说等观点,实质上都没有脱离二要件说的范畴,而只是将其主观方面的教唆故意与其客观方面的教唆行为进行了肢解而已,如将本身属于"教唆行为"范畴的要件肢解为"须有(特定的)被教唆者"、"须被教唆者有责任能力"、"须被教唆者有自由之意志"、"须被教唆者原无犯罪之意思"等要素;或者另外增加一个本不属于教唆犯成立要件的要素,如七要件说所列举的"须教唆者未参与犯罪行为之实施",有画蛇添足之嫌,故有所不妥。

3. 关于我国大陆刑法学界的观点

二要件说实际上只列出了教唆犯的"专属性构成要件",而没有给出教唆犯的"普适性构成要件",因而是不完整的构成要件论。三要件说和四要件说将教唆对象从教唆犯的客观方面中分离出来作为一个单独的要件,违背了犯罪构成论的规范性原则,因而并不妥当。

(三) 教唆犯的犯罪构成

鉴于以上分析,笔者认为,总体上应当从我国刑法对教唆犯的规定所坚持的辩证统一的二重性原则出发,坚持以我国犯罪构成论为依据的科学的教唆犯的四要件说,即教唆犯的构成要件应当包括犯罪的客体要件、客观方面要件、主体要件、主观方面要件四个方面的要件。除此四要件外,教唆犯的犯罪构成并无其他要件要求。"至于被教唆人是否特定、被教唆人的犯意是否产生或者是否实施犯罪、教唆犯本人是否参加实行行为等,都不影响教唆犯的成立,因而不能成为教唆犯的成立条件。"③但笔者的这种观点并没有将"教唆对象"从教唆犯的客观方面单列出来,因而与以前的教唆犯的四要件说有显著不同。其中,教唆犯的客

---

① 蔡墩铭主编:《刑法暨特别法汇编》,台湾五南图书出版公司1990年版,第148~149页。

② 参见赵秉志主编:《海峡两岸刑法总论比较研究》(下卷),中国人民大学出版社1999年版,第153~154页。

③ 参见魏智彬(魏东):《教唆犯的概念与成立要件问题研究》,载《社会科学研究》2000年第3期。

体要件和主体要件方面是教唆犯的"普适性构成要件",并没有特殊要求,因而没有予以特别讨论的必要;而教唆犯的客观方面要件和主观方面要件是教唆犯的"专属性构成要件",具有相当的特殊性,需要进行专门研究。

关于教唆犯的"专属性构成要件",大致可以进行这样的概括:教唆犯的客观方面要件是必须有教唆他人犯罪的行为,可以简称为教唆行为。其中,作为行为对象的被教唆者须有刑事责任能力、原无特定的犯罪意思或决意并不坚决。教唆犯的主观方面要件是必须有教唆他人犯罪的故意,可以简称为教唆故意。后文笔者将专门研讨教唆犯的"专属性构成要件"。

第二节 教唆行为

一、观点总揽

教唆犯的客观方面要件是行为人必须有教唆他人犯罪的行为,这是教唆犯承担刑事责任的客观基础。关于教唆犯的客观方面要件,理论界有以下四种观点:一是教唆行为说。该说认为,只要行为人实施了教唆他人犯罪的行为就构成教唆犯。二是足以引起被教唆人犯罪意思说。该说认为,只要行为人实施了足以引起他人犯罪意思的行为就成立教唆犯。三是被教唆人实施犯罪说。该说认为,要成立教唆犯,必须是被教唆人实施了所教唆的犯罪,并且教唆行为与被教唆人犯罪之间具有因果联系。四是分别情形说。该说认为,教唆犯分共犯教唆犯(我国《刑法》第29条第1款)和单独教唆犯(我国《刑法》第29条第2款)两种情形,各自的客观方面要件不同。共犯教唆犯的客观方面表现为,行为人实施了教唆他人犯罪的行为,被教唆人犯了所教唆的罪(包括预备和实行),并且教唆行为与被教唆人犯罪之间具有因果联系;单独教唆犯的客观方面表现为,行为人实施了教唆他人犯罪的行为,但被教唆人没有犯所教唆的罪。[①]

二、笔者的见解

笔者认为,教唆犯应该是一个完整的、统一的概念,其成立要件应该有一个统一的标准,至于具体分析其种类及各种类的特征,则是另一回事。鉴于此,分别情形说有所不妥。就被教唆人实施犯罪说而言,其立论根据不符合教唆犯二重性理论和教唆犯概念的要求,有画蛇添足之嫌,也不妥。因此,笔者认为,教唆

[①] 李希慧:《论教唆犯的概念及其成立要件》,载《中南政法学院学报》1986年第3期。

行为说和足以引起被教唆人犯罪意思说的看法是正确的,但教唆行为是否"足以"引起被教唆人犯罪意思,实则属于教唆行为本身的"教唆强度"问题,因此,可以将其作为教唆行为的"内在规定性"来研究。因此,笔者认为,只要行为人实施了足以引起他人犯罪意思的教唆他人犯罪的行为,就符合教唆犯的客观方面要件要求。如果被教唆人实施了被教唆的罪并达既遂,则教唆犯构成既遂;如果被教唆人没有接受教唆或者没有犯被教唆的罪,或者没有完成被教唆的罪,则教唆犯构成犯罪未遂。

如何理解"教唆他人犯罪的行为"?笔者认为,应该强调以下几方面的内容:

（一）教唆的内容

教唆的内容,即教唆犯教唆行为的具体内容,简单地说就是"（他人）犯罪"。这里的"犯罪",是指我国《刑法》分则规定的具体的罪,可以是一罪或数罪,而不能是抽象的犯罪或是一般的违法违纪行为与悖逆道德的行为。同时,这里的"犯罪"还要排除部分内容,如刑法分则规定的煽动型犯罪（我国《刑法》分则规定的此类犯罪有5个罪名①）,由于刑法已将其单独规定为一种具体的罪名,所以应将其排除在教唆犯的教唆行为的内容之外。此外,刑法分则规定的引诱型犯罪和教唆型犯罪也应排除在教唆犯的教唆行为的内容之外。比如,在引诱、教唆他人吸毒罪中,如果"吸毒行为"被规定为犯罪的话,则引诱、教唆的行为内容即为"吸毒罪";再如,引诱幼女卖淫罪,如果"幼女卖淫"被规定为犯罪的话,则引诱的行为内容为"幼女卖淫罪"。

（二）教唆的方法和手段

在教唆的方法和手段上没有特别的限制,可以以口头、文字、动作进行教唆,也可以以明示或暗示方式进行教唆。在具体的教唆方法上,可以采用煽动、怂恿、刺激、挑拨、诱骗、利诱、利用迷信、劝说、请求、嘱托、授意、指示、胁迫手段等方法进行教唆。② 这些教唆方法大致可以分为五类:一是煽动型教唆方法,包括煽动、怂恿、刺激、挑拨等方法;二是诱骗型教唆方法,包括诱骗、利诱、利用迷信等方法;三是劝说型教唆方法,包括劝说、请求、嘱托等方法;四是授意型教唆方法,包括授意、指示等方法;五是胁迫型教唆方法,包括威胁、逼迫等方法。

---

① 我国《刑法》分则规定的五种煽动型犯罪包括:（1）煽动分裂国家罪;（2）煽动颠覆国家政权罪;（3）煽动民族仇恨、民族歧视罪;（4）煽动暴力抗拒法律实施罪;（5）煽动军人逃离部队罪。

② 参见陈兴良著:《共同犯罪论》,中国社会科学出版社1992年版,第97~102页;魏智彬（魏东）:《教唆犯的概念与成立要件问题研究》,载《社会科学研究》2000年第3期。

1. 煽动型教唆方法

煽动，《辞海》解释为"怂恿、鼓动"；《现代汉语词典》解释为"鼓动（别人去做坏事）"。因此，煽动型教唆行为的共同之处是，行为人以直截了当的积极作为的方式蛊惑人心，激励、挑动或鼓动他人产生实施某种或某几种特定犯罪的意图，其煽动性很强。① 这种类型的教唆行为，除了煽动以外，还包括怂恿、刺激、挑拨等行为。怂恿，是指鼓励、煽动他人去实行具体的犯罪。但怂恿行为在本质上不同于纵容行为。纵容仅仅是对他人的犯罪行为不加制止而任其发展，实则是一种放纵，它对犯罪所持的是一种消极态度。如果对制止犯罪具有特定义务，行为人能制止而不加制止，纵容其发展，那么就构成不作为犯罪。不过，由于在纵容的情况下，他人的犯罪意图是自发地产生的，而不是行为人唆使的结果，因此，即使纵容者构成犯罪，他与被纵容者之间也不存在共同犯罪关系。但在怂恿的情况下，行为人以积极的行为鼓动他人犯罪，这是一种作为，因此，行为人与被教唆人之间就存在共同犯罪关系。② 刺激方法实质上就是一种"激将法"，即行为人采取激将的方法使他人产生犯罪意图的情形。挑拨方法，是指通过搬弄是非的方式挑起他人的犯罪意图的情形。

2. 诱骗型教唆方法

这种类型的教唆方法的核心是"诱"和"骗"，即总体上包括引诱和欺骗两种方法，具体包括单纯的引诱方法、单纯的欺骗方法、诱中有骗的混合方法等。其具体情形是指行为人通过各种方式对被教唆人进行引诱、欺骗，使被教唆人在意识和意志上因受到某种诱惑或蒙骗而偏离正常人的认识、判断能力或者决策能力，以促使被教唆人产生实施某种或某几种特定犯罪的意图。比如，利诱方法，属于单纯的引诱，是指通过利益引诱的手段，使他人产生犯罪意图。③ 利用封建迷信方法属于单纯的蒙骗，是指通过封建迷信的麻痹作用，使他人受到蒙蔽和欺骗而产生犯罪意图。诱骗方法则属于既诱又骗的混合体，是指利用他人对实际情况的不了解，通过花言巧语的诱惑和欺骗，促使他人产生犯罪意图。

3. 劝说型教唆方法

这种教唆方法的共同点是，行为人以劝导、说服、叮嘱、请求等方式，对被教唆人进行"动之以情、晓之以理"式的教唆，使被教唆人受到"情"或"理"或者"情和理兼有"的困惑，以促使被教唆人产生犯罪意图。例如，劝说方法，是指利用言语进行开导、说服，使被教唆人接受教唆者的犯罪意图；请求

---

① 参见魏东、郭理蓉：《现行刑法中煽动型犯罪的司法认定》，载《犯罪与改造研究》1999年第4期。

② 参见陈兴良著：《共同犯罪论》，中国社会科学出版社1992年版，第99~100页。

③ 参见陈兴良著：《共同犯罪论》，中国社会科学出版社1992年版，第101页。

方法，是指通过说明理由，要求被教唆人接受所教唆的犯罪意图；嘱托方法，是指通过嘱咐、托付被教唆人去实施犯罪的方式，促使被教唆人产生犯罪意图。①

4. 授意型教唆方法

这种教唆方法的特点是，行为人并不对被教唆人进行思想感情上的激励、诱骗、劝导或施加某种压力（尽管在客观上可能因某种特别的缘由而有某种影响力），而是直接、客观地向被教唆人传递或者下达实施犯罪的思想，以促使被教唆人产生犯罪意图。例如，授意方法，是指行为人将犯罪意图传授给他人，从而使他人产生犯罪意图；指示方法，是指行为人向被教唆人发布实施犯罪的意见，从而促使他人产生犯罪意图。

5. 胁迫型教唆方法

胁迫教唆方法，即利用胁迫手段对他人进行教唆，促使他人产生犯罪意图的教唆方法。所谓胁迫手段，是指行为人以立即或将来实施暴力、揭发隐私或者其他手段等进行威胁、恫吓，对被教唆人进行精神上的强制（但尚没有使被教唆人丧失意识和意志自由），迫使被教唆人接受犯罪意图。胁迫的手段多种多样，既可以直接对被教唆人本人进行威胁，也可以通过第三者进行威胁；既可以是口头胁迫，也可以是书面胁迫；既可以以暴力相威胁，如持刀、枪等凶器胁迫，也可以以非暴力进行威胁，如以揭发隐私、毁坏名誉、加害亲属或朋友相威胁，还可以是利用某种特殊的条件，如上下级之间服从与被服从关系、亲属之间抚养（扶养）与被抚养（扶养）关系等有利条件向被教唆人施加压力，迫使被教唆人接受犯罪意图。在这种情况下，只要被教唆人没有完全丧失意志自由，被教唆人仍然可以成为共同犯罪中的实行犯（胁从犯）并承担相应的刑事责任，胁迫者即可以构成教唆犯。当然，这种情况涉及教唆强度问题，即胁迫教唆行为不能超过一定限度而致被教唆人完全丧失意志自由；否则，行为人（教唆人）将作为间接正犯而负全部责任。对此，笔者在后文中的相关部分将进行专门研究。

（三）教唆的行为方式

教唆的行为方式可以是作为方式，这一点是刑法理论界的共识。因此，这里主要涉及这样一个问题：存不存在教唆犯的不作为犯？对此问题，我国有两种主张：积极说与消极说。积极说认为，教唆犯的成立与否是以教唆者故意实施了教唆行为为必要条件的，教唆者可以以积极的作为形式教唆他人犯罪，也可以以消极的不作为形式教唆他人犯罪。消极说认为，教唆行为是教唆者的教唆犯意的外部体现，只能表现为积极的作为形式，不能表现为消极的不作为形式。②

---

① 参见陈兴良著：《共同犯罪论》，中国社会科学出版社1992年版，第98～100页。
② 参见吴振兴著：《论教唆犯》，吉林人民出版社1986年版，第81页。

针对不作为能否构成教唆行为的问题，我国台湾学者也进行了讨论，但同样存在争议，主要有部分肯定说与否定说两种观点。① 部分肯定说认为，纯粹不作为犯不能成立教唆犯。例如，有阻止他人为犯罪行为决意之义务者，仅违反义务而不加阻止时，不得成立教唆；在此种场合，对于违反义务者，依从犯处理则较为合理。② 否定说认为，不作为不能成立教唆犯。"其理由有如不能以不作为成立间接正犯。行为人必须处于教唆故意而为教唆行为，始能成立教唆犯。此等教唆行为只能以积极之作为，而不能以消极不作为而实施，故不作为不能成立教唆犯。"③ 对此，我国有学者认为，现在台湾虽无实例直接予以否定，但旧中国存在间接否定不作为能成立教唆犯的判例。比如，1939年国民党政府最高法院院字第3974号判例指出："《刑法》第15条第1项所定对于一定结果能防止而不防止之责任，以对于一定结果之发生，法律上有防止之义务者为限。"这就表明，教唆犯的不作为对被教唆人的行为结果因没有防止义务，因而就不应负刑事责任，故不可能成立教唆犯的不作为犯。④

笔者认为，消极说或者否定说是对的，即认为教唆行为只能表现为积极的作为形式，不作为不能成立教唆犯。不作为犯的存在前提是行为人具有作为义务，而教唆犯在其实施教唆行为之前本身并不存在任何特定的作为义务，因此，教唆犯缺乏构成不作为犯的基础。有学者认为，教唆行为本身并不是犯罪行为，而教唆行为才是产生教唆犯的作为义务的根据，教唆犯因其教唆行为而成立，同时因其教唆行为而承担排除危险的义务，这时教唆犯不履行该义务的不作为，才是教唆犯的犯罪行为。⑤ 这种观点也是不妥当的，它认为教唆犯是不作为犯，但它把"实施了教唆行为"本身作为一种能够使教唆犯产生作为义务的根据性质的先行行为，然后再由此推导出教唆犯是不作为犯，这与我们探讨"教唆行为"本身可不可以是不作为的问题是两回事。笔者认为，教唆行为是一种怂恿、鼓动行为，行为人必须以积极的、主动的行为方式促使被教唆人接受自己的犯罪意图并实施所教唆的犯罪，这一特点就决定了教唆行为只能由积极的作为形式来实施。如果行为人的积极行为已经具有怂恿、鼓动他人实施犯罪的效果，那么行为人的积极行为本身就具有教唆的性质，也就没有必要考察其后续行为的作为义务问

---

① 参见赵秉志主编：《海峡两岸刑法总论比较研究》（下卷），中国人民大学出版社1999年版，第162~163页。

② 参见蔡墩铭著：《刑法总则争议问题研究》，台湾五南图书出版公司1991年版，第291页。

③ 参见林山田著：《刑法通论》，台湾三民书局1989年版，第324页。

④ 参见赵秉志主编：《海峡两岸刑法总论比较研究》（下卷），中国人民大学出版社1999年版，第163页。

⑤ 参见夏华：《教唆犯新探》，载《政治与法律》1991年第4期。

题；如果行为人的积极行为本身并不具有怂恿、鼓动他人实施犯罪的效果，则即使他人实施了犯罪行为，行为人对他人犯罪不加阻止，也不能认为行为人具有作为义务而要求行为人负教唆犯的责任。

（四）教唆强度

教唆行为有一个教唆强度的问题，如果教唆强度很弱，不至于引起或坚定被教唆人的犯罪意图，则此种行为不能作为教唆犯的教唆行为，对此不宜定罪；如果教唆强度过强，如以暴力、胁迫或者其他强力手段进行教唆，致使被教唆人丧失意志自由而完全被动地、机械地实施所教唆的犯罪，则此种行为已经不是一般的教唆行为，而是具有间接正犯性质的间接实行行为。可见，教唆犯的教唆强度，必须是足以引起或者坚定被教唆人的犯罪意图，并且未致使被教唆人丧失意志自由。即教唆强度的下限是教唆行为足以引起或者坚定被教唆人的犯罪意图，上限是不至于使被教唆人丧失意志自由。

与教唆强度问题有关的是，我国台湾学者曾讨论过的"喝令"行为是否可构成教唆的问题，① 对此也有分歧。旧中国"最高法院"于1932年与1943年有两个关于"喝令"的判例，前一个判例认为，"喝令打人，显与教唆之情形不同"；而后一个判例认为，"当场喝令他人实施犯罪者，苟他人原无犯意，则喝令者，即应以教唆犯论处"。可见，我国台湾地区对喝令行为是区别对待的。② 笔者认为，"喝令"和"暴力"、"胁迫"等都可以成为教唆的方法，③ 但都存在一个教唆强度的问题，因而需要具体分析。原则上，在被教唆人没有丧失意志自由时可以成立教唆犯；但如果这些教唆方法使被教唆人丧失了自由意志而不得不实施犯罪时，就不能成立教唆犯，而应成立间接正犯。

（五）教唆对象

教唆犯的教唆对象是处于正常适法状态的"他人"（或被教唆人）。对教唆对象主要有两点要求：一是被教唆人必须是具有刑事责任能力者。其中还包括部分具有限制刑事责任能力者，在其有意识和意志的范围内，也可以成为教唆犯教唆的对象。二是必须是被教唆人原无特定的犯罪意思或者犯罪意志并不坚定。上

---

① 在我国，多数学者是将此问题作为"教唆方法"的内容进行讨论的。笔者认为，"喝令"既是一个教唆方法问题，但在更大程度上它是一个"教唆强度"问题，因此，笔者将其作为一个"教唆强度"问题来研究。与此相类似，笔者在教唆强度的问题上，也讨论了以"暴力"、"胁迫"手段进行教唆的情形。

② 参见刘佳雁：《海峡两岸刑法中教唆犯理论之比较研讨》，载《台湾研究》1995年第2期。

③ 我国学者一般也承认，"以暴力或者其他方法胁迫他人犯罪的也可成立教唆犯"。参见李希慧：《论教唆犯的概念及其成立要件》，载《中南政法学院学报》1986年第3期。

述两点必须同时具备,在这种情形下,被教唆人才能成为教唆犯的教唆对象,行为人才能构成教唆犯;否则,教唆犯不能成立,而只能成立间接正犯(当被教唆人不具有刑事责任能力时)或者帮助犯(当被教唆人已有犯意并且犯意坚定时)。可见,被教唆人的正常适法状态具有区别犯罪性质和形态的重大意义;被教唆人是否处于正常适法状态,是区别教唆行为构成教唆犯还是构成间接正犯或帮助犯的关键。①

但是,对于已经具有犯罪意思但尚犹豫不决的人,再用言辞鼓励或者激发,促使其下定犯罪决心的,是否构成教唆犯的问题,在理论界有肯定说与否定说两种看法。持肯定说者认为,"对于犯意尚不坚定的人实施教唆行为,促其坚定犯意,应以教唆犯论处"②。持否定说者认为,"对于一个已经具有犯意的人,再用言辞去激发他,以促其实现犯罪的决心,也不能构成教唆犯。在这里,应以帮助犯论处为宜"③。笔者认为,肯定说比较妥当。因为,教唆犯的本质特征就在于,使那些本无犯意或者犯意不够坚定者具有犯意或者坚定其犯意,并促使其最终实施犯罪。

我国台湾地区学者还提出,被教唆人必须是具有自由意志的人。笔者认为,具有刑事责任能力的人应该就是具有自由意志的人;如果在行为的当时,具有刑事责任能力的人丧失自由意志,是由于教唆犯的"强力"所致的话,则说明这是教唆强度的问题;如果是其他原因所致,说明此时被教唆人不具有刑事责任能力。可见,不宜把"具有自由意志"作为与"具有刑事责任能力"相并列的因素来限定被教唆人。

还有一个问题,作为教唆犯的教唆对象是否必须是特定的?对此,学术界存在分歧,有肯定说与否定说两种观点。肯定说认为,教唆对象必须是具体和特定的,向谁教唆、教唆实施什么犯罪,都应该是具体、明确的。④ 否定说认为,教唆对象不必是特定的(当然也可以是特定的),如果被教唆人属于不特定的众人,对教唆者来说都应当按教唆犯处罚。⑤ 我国台湾学术界也有类似的分歧,有的认为教唆犯须对于特定之人教唆特定之罪始能成立,而有的却认为教唆无须对特定之人为之。⑥ 我国大陆和台湾的通说都采肯定说。我国大陆学者多数认为,

---

① 参见魏智彬(魏东):《教唆犯的概念与成立要件问题研究》,载《社会科学研究》2000年第3期。
② 参见魏克家:《略论教唆犯》,载《中国政法大学学报》1983年第2期。
③ 参见华东政法学院编:《中华人民共和国刑法总则讲义》,第116页。
④ 参见高铭暄主编:《新中国刑法学研究综述》,河南人民出版社1986年版,第366页。
⑤ 参见吴振兴著:《论教唆犯》,吉林人民出版社1986年版,第60页。
⑥ 参见韩忠谟著:《刑法原理》,台湾1981年作者自版,第297页。

教唆犯应有特定的对象，否则不能构成教唆犯；当然，对于所谓特定对象不宜作狭隘理解，教唆某个人或者某一群人都可视为特定的人。① 我国台湾学者也认为，"共犯关系乃特定人之间的关系，教唆犯系共犯之一种自亦不能例外。而且刑法对于教唆犯的规定始则曰：'教唆他人犯罪者为教唆犯'；再则曰：'教唆依其所教唆之罪处罚之'，如不限于特定之犯罪则将无从确定'所教唆之罪'，可知立法之本旨原规定教唆犯虽对特定之人教唆特定之犯罪，盖无疑"②。有的学者则进一步指出，"如教唆之对象为不特定人，则为煽惑犯，而非教唆犯"③；"教唆犯必须以特定人或得以特定之人为之。否则，如系对于不特定之多数人为之者，则非教唆。"④ 但笔者认为，肯定说的看法并不全面，而否定说的看法更具有合理性，即教唆犯的教唆对象并不必须是特定的。例如，某甲出于报复社会的动机，意图挑起多人犯意盗抢一储蓄所钱财，遂将一张精心制作的大字报贴在外来务工、过往行人集中的十字路口处，该大字报的主要内容是煽动、教唆、引诱人们去盗窃附近一家储蓄所的钱财，并且大字报中还揭示了钱财存放的大致位置和数量等内容，结果果然有人因受大字报刺激和诱导而盗窃了该储蓄所。在该案例中，被教唆人并不是特定的，但某甲显然应构成教唆犯。与此类似的教唆还有"悬赏教唆"、"网上教唆"等情形下的教唆，其教唆对象都很难说是特定的。事实上，教唆行为与煽动行为在本质上是一致的，都是一种怂恿、鼓动行为。从广义上讲，煽动行为本身也是一种教唆行为，只是由于《刑法》分则规定了某几种特定的煽动型犯罪，才使得煽动型犯罪中的煽动行为具有区别于一般的教唆行为的性质，而两者区别的关键并不在于行为对象是否特定这一点上，而在于教唆的具体内容以及教唆的对象是否可以不问其刑事责任能力、意志自由、原先有无特定的犯意等因素的不同。⑤ 这一点，笔者将在后文详细讨论。

三、教唆行为与相似行为的界限

（一）教唆行为与煽动型犯罪中煽动行为的界限

可以认为，煽动型犯罪是我国《刑法》分则中规定的一种特殊类型的犯罪。

---

① 参见赵秉志主编：《海峡两岸刑法总论比较研究》，中国人民大学出版社1999年版，第164～165页。
② 参见韩忠谟著：《刑法原理》，台湾1981年作者自版，第297页。
③ 参见高仰止著：《刑法总则之理论与实用》，台湾五南图书出版公司1986年版，第408页。
④ 参见林山田著：《刑法通论》，台湾三民书局1989年版，第220页。
⑤ 参见魏智彬（魏东）：《教唆犯的概念与成立要件问题研究》，载《社会科学研究》2000年第3期。

我国《刑法》分则中规定的煽动型犯罪只有五种具体罪，即煽动分裂国家罪，煽动颠覆国家政权罪，煽动民族仇恨、民族歧视罪，煽动暴力抗拒法律实施罪，煽动军人逃离部队罪。这五种煽动型犯罪都是性质极其严重、社会危害性极大的犯罪。煽动分裂国家罪和煽动颠覆国家政权罪直接危害国家主权的完整和政权的稳定等国家根本利益，煽动军人逃离部队罪直接危害国家的军事利益，煽动民族仇恨、民族歧视罪严重侵害公民的民主权利和民族团结，煽动暴力抗拒法律实施罪严重威胁社会管理和法治秩序。可见，煽动型犯罪所侵害的法益都是极其重要的法益。① 如前所述，煽动型犯罪中的煽动行为与教唆行为的行为人都是通过劝诱、鼓动等方法，以促使他人实施犯罪行为的，并且从广义上讲，煽动行为也是一种教唆行为。但二者仍然有明显的区别，主要有以下四点不同：

1. 行为的具体内容不同。煽动行为的内容是特定的五种关联的实行行为。② 即分裂国家、破坏国家统一的行为，颠覆国家政权、推翻社会主义制度的行为，引起民族仇恨、民族歧视的行为，暴力抗拒国家法律和行政法规的实施并扰乱社会公共秩序的行为，军人擅自离开所服役的部队或者与部队脱离关系的行为。而教唆行为的内容是除煽动行为的具体内容以外的其他一切犯罪行为，其范围大大超过煽动行为的内容。行为人如果教唆他人实施这五种关联的实行行为，应以煽动型犯罪定罪，而不能按教唆犯论处。例如，有学者认为，煽动军人逃离部队的行为，实际上是军人逃离部队罪的教唆犯，若无《刑法》第373条之规定，对于这种行为完全可以作为军人逃离部队罪的共犯论处；③ 但正因为现行《刑法》第373条特别规定了煽动军人逃离部队罪，所以才应将教唆、煽动军人逃离部队行为认定为煽动军人逃离部队罪。

2. 犯罪对象不同。煽动行为的对象多数情况下是不特定的多人（也可以是特定的一人或多人）；而教唆行为的对象则在多数情况下是特定的单个人或多人（也可以是不特定的多人）。

3. 法律对具体的构成要件的要求不同。煽动型犯罪属于举动犯，其构成不以被煽动者实施或者完成关联的实行行为为必要，且煽动型犯罪不存在犯罪的未遂形态；教唆犯的构成尽管也不以被教唆人接受教唆或者实施被教唆的犯罪为必

---

① 参见魏东、郭理蓉：《现行刑法中煽动型犯罪的司法认定》，载《犯罪与改造研究》1999年第4期。

② 在我国现行《刑法》规定的五种具体的煽动型犯罪中，各自都有一个与煽动行为相关联的实行行为，这样，煽动行为与相关联的实行行为相结合就构成某种独立的煽动型犯罪。例如，煽动行为与分裂国家行为相结合，就构成煽动分裂国家罪；其中，分裂国家行为就是一种与煽动行为相联系的"关联的实行行为"。参见魏东、郭理蓉：《现行刑法中煽动型犯罪的司法认定》，载《犯罪与改造研究》1999年第4期。

③ 参见陈兴良著：《刑法疏议》，中国人民公安大学出版社1997年版，第606页。

要，但如果被教唆人没有犯被教唆的罪，则构成教唆犯的犯罪未遂，这也就是说，教唆犯存在犯罪的未遂形态。

4. 罪名与法定刑的确定方式不同。煽动行为与关联的实行行为相结合构成一个独立的罪名，有独立的法定刑；而教唆犯的罪名的确定是由其教唆行为的具体内容决定的。[①]

（二）教唆行为与组织行为的界限

组织行为，是指组织犯在犯罪集团中的组织、策划、指挥行为。正是组织犯的组织行为，使犯罪集团中各成员的行为协调一致，从而使犯罪目的更加容易实现。组织犯属于共同犯罪中的主犯，但其本身并不一定参加犯罪实行行为的直接实施。因此，教唆行为与组织行为相比较，主要有以下几方面的区别：

1. 行为特点不同。教唆行为表现为口头或书面的怂恿、鼓动，意在引起被教唆人的犯意并进而实施其所教唆的犯罪；而组织行为表现为组织、策划、指挥共同犯罪人进行所预谋的共同犯罪活动，目的在于使共同犯罪活动按照预先的设想顺利地进行和完成。

2. 在共同犯罪中的作用和地位不同。教唆犯在共同犯罪中的作用和地位具有不确定性，有的教唆犯在共同犯罪中起主要作用因而属于主犯，而有的教唆犯在共同犯罪中起次要作用因而属于从犯；而组织犯在共同犯罪中的地位和作用是确定的，都是主犯。

3. 存在的范围不同。教唆犯既可以与被教唆人构成共同犯罪，也可以单独构成犯罪而成立非共犯的教唆犯；而组织犯只能存在于共同犯罪之中，除《刑法》分则特别规定的具体的"组织犯罪"以外，组织犯不可能单独构成犯罪。

（三）教唆行为与帮助行为的界限

帮助行为，是指在共同犯罪中为共同犯罪人实施犯罪创造方便条件，提供物质上和精神上的支持，帮助实施犯罪的行为，而不是直接参加实施犯罪构成客观方面要件的行为。外国刑法中一般把帮助犯规定为独立的共犯种类；而在我国刑法中，帮助犯不是独立的共犯种类，而是从犯的一种，即起辅助作用的从犯。[②] 因此，教唆行为与帮助行为之间具有明显的界限。

1. 客观方面的表现不同。教唆行为表现为口头或书面的怂恿、鼓动；而帮助行为表现为提供犯罪工具、指示犯罪地点、排除犯罪障碍以及事先答应隐匿罪证、窝藏赃物，等等。

---

① 参见欧阳涛、魏克家编著：《易混淆之罪的界限》，中国政法大学出版社1989年版，第73~74页。

② 参见《中国刑法词典》，学林出版社1989年版，第313页。

2. 所针对的对象不同。教唆行为所针对的是尚无犯罪意图的特定的或者不特定的、具有刑事责任能力的人；而帮助行为所针对的对象是已经具有共同犯罪故意的、特定的共同犯罪中的实行犯。

3. 目的和内容不同。教唆行为的目的在于使被教唆人产生犯罪意图并进而实施所教唆的犯罪；而帮助行为的目的在于使共同犯罪得以顺利完成。

4. 在共同犯罪中的作用和地位不同。教唆犯在共同犯罪中的地位和作用具有不确定性，根据具体情况，有的教唆犯在共同犯罪中起主要作用而属于主犯，有的则在共同犯罪中起次要作用而属于从犯；而帮助犯只在共同犯罪中起次要作用，总是属于从犯。

（四）教唆行为与传授犯罪方法行为的界限

所谓传授犯罪方法罪，根据《刑法》第295条的规定，是指故意用语言、文字、动作或者其他方法向他人传授犯罪方法、犯罪技术与诀窍的行为。可见，教唆行为与传授犯罪方法行为有部分交叉，二者具有许多相似之处。事实上，在1983年9月2日第六届全国人大常委会第二次会议通过的《关于严惩严重危害社会治安的犯罪分子的决定》颁行之前，① 传授犯罪方法行为只是作为共同犯罪中的教唆犯或者帮助犯进行处罚；甚至有学者认为，传授犯罪方法罪有一部分是从教唆犯中独立出去的。② 同时，教唆行为与传授犯罪方法行为的区别也是比较明显的，主要表现在以下几个方面：

1. 行为内容不同。教唆行为是采取各种手段制造犯意，怂恿、鼓动他人犯罪，行为所针对的对象是具有刑事责任能力的人；而传授犯罪方法行为是采取言传身教的方式将犯罪方法传授给他人，行为所针对的对象是一切人，既包括具有刑事责任能力的人，也包括没有刑事责任能力的人。

2. 行为的主体要件的内容和要求不同。教唆犯的主体是一般主体，其中，根据《刑法》第17条第2款的规定，已满14周岁不满16周岁的人，教唆他人犯故意杀人、故意伤害致人重伤或者死亡、强奸、抢劫、贩卖毒品、放火、爆炸、投毒罪的，应当负教唆犯的刑事责任；而传授犯罪方法罪的主体尽管也是一般主体，但是，根据《刑法》的规定，已满14周岁不满16周岁的人不可能构成传授犯罪方法罪。

3. 行为的故意内容不同。教唆行为的故意内容是具有教唆他人犯罪的故意，目的是引起他人的犯意，并与被教唆人形成共同犯罪故意；而传授犯罪方法行为

---

① 在该决定中，我国刑事法律首次规定了传授犯罪方法罪。该决定第2条规定："传授犯罪方法，情节较轻的，处五年以下有期徒刑；情节严重的，处五年以上有期徒刑；情节特别严重的，处无期徒刑或者死刑。"

② 参见陈兴良著：《共同犯罪论》，中国社会科学出版社1992年版，第270页。

的故意内容是具有向他人传授犯罪方法的故意,目的是将犯罪的方法、技巧传授给他人,但传授者与被传授者不一定就具有共同犯罪故意。

4. 行为所据以定罪的根据不同。教唆行为的定罪受共同犯罪行为的性质所制约,应将教唆犯与被教唆的犯罪联系起来,教唆他人抢劫的就构成抢劫罪(教唆犯),教唆他人盗窃的就构成盗窃罪(教唆犯)。可见,教唆犯没有自己独立的罪名,它是我国《刑法》总则规定的共同犯罪人中的一种独立的种类。而传授犯罪方法罪是我国《刑法》分则规定的一种独立的犯罪,罪名确定,并不因其传授的方法或者具体内容不同而改变罪名。

有一种情况需要研究,即行为人既向他人传授犯罪方法,同时又对该人进行教唆犯罪,对此应当如何处理?笔者认为,对此,应分以下几种情况处理:(1)如果行为人的传授犯罪方法行为与教唆行为所针对的是同一性质的犯罪,应将传授犯罪方法行为与教唆行为视为一个整体行为(出于一个故意而实施的行为),属于同一行为同时触犯数罪名(构成传授犯罪方法罪和所针对的犯罪的教唆犯),按照牵连犯处理,从一重罪论处。例如,行为人针对盗窃罪,对他人传授盗窃技术和技巧,同时又对该人进行盗窃教唆,构成传授犯罪方法罪和盗窃罪(教唆犯),应根据具体情况,按照其中较重的一罪论处。由于传授犯罪方法罪的最高法定刑是死刑,因此,完全可以按照传授犯罪方法罪处理,而将其教唆行为作为量刑情节予以考虑。(2)如果行为人传授犯罪方法的行为与教唆行为所针对的是不同性质的犯罪,则应当分别以传授犯罪方法罪与教唆犯实行数罪并罚来追究刑事责任。例如,某甲向某乙传授扒窃技术,同时某甲又教唆某乙对他人进行抢劫,则某甲的行为构成传授犯罪方法罪和抢劫罪(教唆犯),对某甲实行数罪并罚。

四、教唆犯的因果关系问题

(一)教唆犯的因果关系的含义

关于教唆犯的因果关系的含义,目前理论界主要有以下几种解释:第一种解释认为,所谓教唆犯的因果关系,是指教唆犯的教唆行为与被教唆者的犯罪行为及其所造成的危害结果之间的必然的、内在的联系;第二种解释认为,教唆犯的因果关系,是指教唆行为与被教唆人的实行行为之间的因果关系;第三种解释认为,教唆犯的因果关系,是指教唆犯的教唆行为与被教唆者的实行行为所造成的危害结果之间的一种必然的、内在的联系;第四种解释认为,教唆犯的因果关系,是指教唆行为与被教唆者的犯罪决意之间的必然的、内在的联系;[①] 第五种

---

① 参见吴振兴著:《论教唆犯》,吉林人民出版社1986年版,第154~155页。

解释认为，教唆犯的因果关系，是指教唆行为与被教唆人已经实施或者可能实施的犯罪结果之间的因果关系。①

笔者认为，研究教唆犯的因果关系，应该首先明确其以下两点内在的规定性：(1) 教唆犯的"因"，是指教唆犯的教唆行为。这一点已经成为共识，毋庸分析论证。(2) 教唆犯的"果"，是指教唆犯的教唆行为所引起的具有刑法意义的结果，包括被教唆人的特定的犯罪意图、特定的犯罪实行行为、特定的犯罪结果及其他危害后果。被教唆人的特定的犯罪意图，包括被教唆人主观上的犯罪意识因素和犯罪意志因素，它是被教唆人实施犯罪实行行为的主观基础，也是教唆犯实施教唆行为所追求的第一个目标，是教唆犯对被教唆人基于此种犯罪意图而实施的犯罪行为以及由此产生的危害结果所应负刑事责任的基础。教唆犯实施教唆行为所追求的第二个目标，就是被教唆人基于其特定的犯罪意图而实施的特定的犯罪实行行为。教唆犯实施教唆行为的最终目的是特定的犯罪结果，有的还追求或者放任其他危害后果的发生。这主要是从教唆犯的主观上进行的分析。从客观上来看，教唆犯的教唆行为能够引起被教唆人的特定的犯罪意图，进而实施特定的犯罪实行行为并产生特定的犯罪结果及其他危害后果，这种特定的犯罪意图、特定的犯罪实行行为、特定的犯罪结果以及其他结果，都必须是实际的、现实存在的，而不能是一种非实际存在的某种可能性。

因此，笔者认为，教唆犯的因果关系，是指教唆犯的教唆行为与该教唆行为所引起的具有刑法意义的危害结果之间的内在的、必然的联系。具体而言，教唆犯的因果关系包括教唆犯的教唆行为与被教唆人的犯罪意图、犯罪实行行为、犯罪结果以及其他危害后果之间的因果关系。可见，将教唆犯的因果关系限定在某一个方面，如教唆犯的教唆行为与被教唆人的犯罪意图之间的关系，或者教唆犯的教唆行为与被教唆人的犯罪实行行为之间的关系，或者教唆犯的教唆行为与被教唆人实施的犯罪之结果之间的关系，都是不全面的；此外，将教唆犯的因果关系予以扩张，甚至把被教唆人"可能实施的犯罪结果"也作为教唆犯的"果"，也是不妥的。

(二) 教唆犯的因果关系的地位

教唆犯的因果关系的地位问题涉及的主要问题是：教唆犯的成立，是否以教唆犯的教唆行为与被教唆人的特定犯罪意图、特定的犯罪实行行为、特定的犯罪结果以及其他危害后果之间具有因果关系为必要。对此有肯定说与否定说两种观点。肯定说认为，只有在主观上有教唆故意，在客观上有教唆行为，且教唆行为

---

① 参见林文肯：《共犯者的种类及其刑事责任》，载《河北法学》1984 年第 2 期。

与被教唆人的犯罪行为之间具有因果关系,才能成立教唆犯。① 有的学者对此论述道:教唆行为与被教唆人的犯罪行为的诱发关系,实质上是一种因果关系,是教唆犯的构成要件之一,因为如果被教唆人的犯罪行为与教唆行为之间没有诱发关系或者说因果关系,就不能令教唆犯对这一结果承担刑事责任。② 否定说认为,有了教唆行为和教唆故意,就可以成立教唆犯。③

笔者认为,从刑法的犯罪构成理论看,因果关系并不是犯罪构成的一个要件,它只是对于确定行为人的刑事责任轻重有意义。就教唆犯而言,其"专属性构成要件"是行为人主观上具有教唆故意,客观上具有教唆行为,但并不要求二者之间具有因果关系。教唆犯成立并不以因果关系为必要,或者说因果关系并不是教唆犯犯罪构成的一个要件。但是,在教唆犯构成共同犯罪的场合,是存在因果关系的,因而讨论这一问题,对于进一步认识教唆犯的本质、危害,以及确定教唆犯的刑事责任等都有重要意义。

(三) 教唆犯的因果关系的特点

关于教唆犯的因果关系的特点问题,目前理论界主要有以下两种看法:(1) 教唆犯的因果关系是偶然的因果关系。就教唆犯的因果关系而论,存在着两个因果关系链:教唆之罪产生的危害结果之直接原因是被教唆人实施的实行行为,而教唆行为与该危害结果之间呈现出一种偶然因果关系。④ (2) 认为教唆犯的因果关系是延长的因果关系。教唆行为与教唆结果之间具有必然的因果联系。可以将这种延长的因果关系图示为:⑤

笔者认为,教唆犯的因果关系是一种同时包含有直接性和间接性的复杂的因果关系。如前所述,教唆犯的教唆行为可以引起的具有刑法意义的危害结果主要有三个方面:被教唆人的特定的犯罪意图、被教唆人的特定的犯罪实行行为、特定的犯罪结果。从根本意义上说,作为因果关系中的"果"的这三方面的危害结果,都是以教唆犯的教唆行为为"因"的,因而教唆行为与这三方面的危害结果都具有因果关系;但是,教唆犯的教唆行为对于不同的危害结果却是具有不

---

① 参见高格主编:《刑法教程》,吉林大学出版社1984年版,第157页。
② 参见陈兴良著:《共同犯罪论》,中国社会科学出版社1992年版,第294~295页。
③ 参见陈兴良著:《共同犯罪论》,中国社会科学出版社1992年版,第294~295页。
④ 参见方暇风:《论我国刑法中教唆犯的独立性》,载《法学与实践》1992年第5期。
⑤ 参见吴振兴著:《论教唆犯》,吉林人民出版社1986年版,第151~152页。

同性质的因果关系。一般而言，教唆犯的教唆行为与被教唆人的特定的犯罪意图之间具有直接的因果关系；教唆犯的教唆行为与被教唆人的特定的犯罪实行行为、特定的犯罪结果之间具有间接的因果关系。后者的间接性表现在：教唆犯的教唆行为所具有的原因力只能是或者主要是一种"信息原因力"，因而它尽管对于被教唆人的特定的犯罪意图具有直接的原因力，但它对于被教唆人的特定的犯罪实行行为只具有间接的力量。因为事实上，被教唆人接受教唆后是否实际实施特定的犯罪实行行为，从时间、空间以及实施犯罪所需要的其他各种条件等各方面来看都还有许多"余地"，从而使得教唆行为与被教唆人的犯罪实行行为和犯罪结果之间具有间接性。但如果教唆犯的教唆行为对于被教唆人的特定的犯罪实行行为具有直接的"物质能量原因力"，如被教唆人的意志被教唆犯完全控制，被教唆人的行为完全由教唆犯支配而致被教唆人实施特定的犯罪实行行为，则此时的教唆犯已经具有间接正犯的性质，其因果关系就超出了教唆犯的因果关系的范畴。

第三节 教唆故意

我国刑法学界一般认为，教唆犯的主观方面要件是行为人在主观上必须具有教唆他人犯罪的故意，即教唆故意。因此，我国刑法学界一致否认过失教唆犯的存在，即认为教唆犯的主观方面不可能是过失。[①] 但西方理论界对此存在争论，有的认为过失也可以构成教唆。比如，日本刑法学者牧野英一、宫本英修、木村龟二等对此持肯定看法；而泷川幸辰、小野清一郎、团藤重光等对此则持否定态度，双方争论不休。[②] 一般而言，承认过失共同犯罪观点者，都承认过失教唆犯；不承认过失共同犯罪，就不承认过失教唆。笔者认为，根据我国刑法关于共同犯罪的规定，我国刑法不承认过失共同犯罪，自然也不承认过失教唆犯。因此，教唆犯在主观上必须具有教唆他人犯罪的故意，包括直接故意和间接故意。教唆犯的故意，其具体内容可以从意识因素与意志因素两个方面来分析。

一、教唆犯的意识因素

在意识因素上，行为人（即教唆犯）必须认识到自己是在实施教唆他人犯罪的行为，即认识到自己的教唆行为将引起被教唆人产生某种犯罪的故意并实施该种犯罪，而且还认识到被教唆人的犯罪行为将会造成严重危害社会的结果。如

[①] 参见魏智彬（魏东）：《教唆犯的概念与成立要件问题研究》，载《社会科学研究》2000年第3期。

[②] 参见马克昌：《论教唆犯》，载《法律学习与研究》1987年第5期。

果不是这样,如行为人只是开玩笑或信口开河,结果出现"说者无意,听者有心",他人因此而产生某种犯意并进而实施该种犯罪的情况,则由于行为人缺乏起码的认识因素,没有教唆故意,就不能成立教唆犯。

一般情况下,在意识因素上行为人还应该认识到教唆对象的"正常状态",即认识到他人具有刑事责任能力、具有意志自由并且原无犯罪意思或者犯意并不坚定。① 但事实上,这些因素往往需要由司法机关事后查明;而且即使行为人当时没有认识到这些因素,也不影响教唆犯的成立。例如,某甲在怂恿、指使某乙去盗窃某商店时,以为某乙是未成年人,即没有认识到某乙具有刑事责任能力,但司法机关事后查明某乙已具有刑事责任能力,则某甲仍成立教唆犯。因此,笔者认为,在意识因素上并不要求行为人必须认识到教唆对象的"正常状态"。

二、教唆犯的意志因素

关于教唆犯的意志因素为何,学术界对此存有分歧。基本上有三种观点:② 第一种意见认为,教唆犯的故意只能是直接故意,即意志因素只能是希望。例如,有个别国家的刑法典就明文规定教唆犯只能由直接故意构成。《波兰刑法典》第18条规定:"希望他人实施被禁止的行为,并诱使他人实施者,应负教唆之责。"第二种意见认为,教唆犯的故意包括直接故意和间接故意,即意志因素可以是希望和放任。第三种意见认为,构成我国《刑法》第29条第2款规定的教唆犯只能是出于直接故意,即在意志因素上只能是希望;而构成我国《刑法》第29条第1款规定的教唆犯通常也出于直接故意,但也可以出于间接故意,即在意志因素上既可以是希望,也可以是放任。③

笔者认为,上述意见中第三种意见比较妥当。教唆犯的意志因素,总体上说可以是希望或者放任,即教唆犯不仅希望或者放任其教唆行为引起被教唆人产生犯罪意图并进而实施犯罪行为,而且希望或者放任被教唆人的犯罪行为造成严重危害社会的结果。④ 但在间接故意的场合,如果没有出现危害结果(如我国《刑法》第29条第2款所规定的情形下的教唆犯,由于没有出现被教唆的人接受教唆并实施所教唆的犯罪这样的危害结果)是无法或者很难考证行为人主观意志

---

① 参见马克昌:《论教唆犯》,载《法律学习与研究》1987年第5期。

② 参见马克昌:《论教唆犯》,载《法律学习与研究》1987年第5期。另有学者是将其作为"教唆故意的形式"问题来研究的,认为对这个问题,我国刑法学界主要有两种观点:第一种观点认为,教唆的故意通常是直接故意,但也不排除间接故意的可能;第二种观点认为,构成教唆犯的主观方面要件必须是直接故意,间接故意不能构成教唆犯。参见陈兴良著:《共同犯罪论》,中国社会科学出版社1992年版,第127页。

③ 参见马克昌:《论教唆犯》,载《法律学习与研究》1987年第5期。

④ 参见陈兴良著:《共同犯罪论》,中国社会科学出版社1992年版,第126~127页。

上的放任问题的。可见,承认无危害结果场合下间接故意的存在并且可以成立教唆犯,有扩大行为人刑事责任范围、加重行为人刑事责任程度的危险。因此,可以认为,在被教唆人接受教唆并实施所教唆的犯罪的场合,教唆犯的意志因素可以是希望和放任;但在被教唆人没有接受教唆或者没有实施所教唆的犯罪的场合,教唆犯的意志因素只能是希望。

当然,教唆的间接故意与教唆他人犯间接故意的罪是两码事。在教唆犯实施教唆行为以后,被教唆人接受教唆而产生犯罪意图并实施被教唆的犯罪,被教唆人所实施的犯罪可能是直接故意的犯罪,也可以是间接故意的犯罪。在被教唆人犯间接故意的罪的情况下,教唆犯即属于教唆他人犯间接故意的罪的情形。①

教唆犯的主观方面要件中关于教唆犯的认识错误问题比较复杂,笔者将在下面用专章进行讨论。

---

① 参见陈兴良著:《共同犯罪论》,中国社会科学出版社1992年版,第128页。

第四章 教唆犯的基本类型

对所研究的对象进行分类,是一种科学有效的研究方法。就教唆犯而言,研究其分类原理及基本类型,有助于加深对教唆犯本质的认识,为正确分析和处理教唆犯问题奠定基础。

第一节 教唆犯的分类

一、观点总揽

教唆犯的分类比较混乱,各有各的分法。归纳起来,教唆犯主要有以下几种分类法:

一是旧中国刑法学者耿文田主张分为以下四类,即单纯教唆犯、复杂教唆犯、共同教唆犯与同时教唆犯。[①]

二是我国台湾学者张灏主张分为以下七对,即直接教唆与单独教唆、单独教唆与共同教唆、一次教唆与连续教唆、帮助教唆与教唆帮助、有效教唆与无效教唆、既遂教唆与未遂教唆(陷害教唆)、教唆既遂与教唆未遂。[②]

三是我国台湾学者褚剑鸿主张分为九种,即共同教唆与单独教唆、直接教唆与间接教唆、连续教唆与教唆连续、教唆之未遂与未遂之教唆、陷害教唆。[③]

四是我国台湾学者黄村力主张分为十二种,即教唆未遂、未遂教唆、陷害教唆、教唆错误、连续教唆、教唆连续、竞合教唆、接续教唆、帮助教唆、教唆帮助、帮助帮助犯、教唆教唆犯。[④]

---

① 参见耿文田著:《教唆犯论》,商务印书馆1935年版,第13~15页。
② 参见张灏著:《中国刑法理论及实用》,台湾三民书局1980年版,第224~228页。
③ 参见褚剑鸿著:《刑法总则论》,台北有盈印刷有限公司1984年版,第268~271页。
④ 参见黄村力著:《刑法总则比较研究(欧陆法比较)》,台湾三民书局1995年版,第221~229页。

五是我国大陆部分学者主张分为三对六种，即单独教唆犯与共同教唆犯、直接教唆犯与间接教唆犯、一般教唆犯与特殊教唆犯。①

六是我国另有学者主张分为两对四种，即单独教唆犯与共同教唆犯、直接教唆犯与间接教唆犯。他认为，将教唆犯分为一般教唆犯与特殊教唆犯的分法不妥当。因为，所谓特殊教唆犯实际上是指我国《刑法》第29条第2款规定的教唆未遂的情形，它属于教唆犯的未遂形态之一，应该在教唆犯与犯罪未遂中加以研究，根本没有必要作为教唆犯的特殊种类予以特别对待，所以不应承认有一般教唆犯与特殊教唆犯的种类划分。②

此外，在日本刑法教唆犯理论中，还有独立教唆犯种类的划分；在承认过失共同犯罪的国家立法和刑法理论中，尚有故意教唆与过失教唆的划分。

二、教唆犯科学分类之我见

笔者认为，教唆犯的分类应坚持标准同一、外延周全、多角度进行划分的原则，目的是从不同视角、不同层面深刻认识教唆犯这一社会法律现象。当然，在进行教唆犯的分类时，必须考虑我们对教唆犯的性质、概念、成立要件等方面的基本态度，脱离了这些因素，我们就无法理解和甄别某些分类法的优劣。例如，关于故意教唆犯与过失教唆犯的划分是我们所不能接受的，原因就在于我们对教唆犯的性质、概念和成立要件的基本态度，我们不承认"过失共同犯罪"与"过失教唆"的存在空间；但在承认过失共同犯罪的场合（暂且不论其是否科学），则相应地应当承认其具有"相对合理性"。再如，日本独立教唆犯的划分，从其共犯从属性理论的立场出发，结合其立法上对特别重大法益的特殊保护与特别规定来看，显然也具有其"相对合理性"。当然，我们也不承认独立教唆犯的划分。但另一方面，正如我国对犯罪的划分可以从多角度进行分类一样，我们对教唆犯的分类也应从多个角度进行观察和分类。基于这些考虑，就我国刑法所规定的教唆犯而言，从教唆犯的二重性说立场出发，笔者认为可对教唆犯进行如下七种分类：

一是以教唆方式为标准，可将教唆犯分为直接教唆犯与间接教唆犯。

二是以教唆犯的人数和犯罪形式为标准，可将教唆犯分为单独教唆犯与共同教唆犯。

三是以教唆犯与被教唆人之间是否实际成立共同犯罪关系为标准，可将教唆犯分为共犯教唆犯与非共犯教唆犯。

四是以教唆犯的行为特点为标准，可将教唆犯分为普通教唆犯与悬赏教唆

---

① 参见吴振兴著：《论教唆犯》，吉林人民出版社1986年版，第87页。
② 参见陈兴良著：《共同犯罪论》，中国社会科学出版社1992年版，第258~262页。

犯、雇佣教唆犯、网络教唆犯。

五是以教唆犯的教唆内容的明确性程度为标准，可将教唆犯分为精确性教唆犯、概然性教唆犯与选择性教唆犯。

六是以教唆犯的主观目的为标准，可将教唆犯分为纯粹教唆犯与陷害教唆犯。

七是以教唆犯的停止形态为标准，可将教唆犯分为教唆犯的既遂犯与未遂犯、预备犯、中止犯。但这种分类，实质上是教唆犯的停止形态问题，因此，对此将在另外的有关章节中予以讨论。

第二节 直接教唆犯与间接教唆犯

以教唆方式为标准，可以将教唆犯分为直接教唆犯和间接教唆犯。

一、直接教唆犯

所谓直接教唆犯，是指行为人直接教唆他人犯罪的情形下所构成的教唆犯。直接教唆犯又可以分为纯正的直接教唆犯与相当的直接教唆犯两种。

纯正的直接教唆犯，是指行为人在实施教唆他人犯罪的教唆行为过程中，没有借助任何第三人的行为作为传递教唆内容的中介，而是完全由行为人独立完成教唆行为的情况下的教唆犯。例如，甲、乙、丙三人共同对丁直接进行教唆，没有借助其他第三人（即除甲、乙、丙三人以外的其他任何人）的行为作为传递教唆行为的中介，则甲、乙、丙共同构成纯正的直接教唆犯。

相当的直接教唆犯，是指行为人在实施教唆他人犯罪的教唆行为过程中，将没有刑事责任能力或者没有教唆故意的第三人作为工具加以利用后，才完成教唆行为的情况下的教唆犯。例如，甲利用未成年人乙，对丙进行教唆；或者利用不知情的丁，将载有教唆丙犯罪的书信转交给丙，则甲构成相当的直接教唆犯。

二、间接教唆犯

所谓间接教唆犯，又称教唆教唆犯或者教唆之教唆犯，是指教唆犯经过其他有刑事责任能力且有教唆犯罪故意的第三人的中介，将教唆他人犯罪的教唆内容间接传递给他人的情况下的教唆犯。间接教唆犯可以再分为中介共犯性的间接教唆犯与中介非共犯性的间接教唆犯两种。

（一）中介共犯性的间接教唆犯

所谓中介共犯性的间接教唆犯，是指教唆犯与作为传递教唆内容中介的第三人构成共同教唆的情况下的教唆犯。例如，甲对乙交代，让其将"把丙杀死报仇"的教唆内容传递给丁，乙同意，并教唆丁"把丙杀死报仇"。可见，这种中介共犯性的间接教唆犯具有以下几个特点：

1. 第一教唆犯甲并没有直接教唆丁，而是通过第二教唆犯乙将教唆内容传递给丁，图示即为：甲—乙—丁。可见，教唆犯甲对丁的教唆具有间接性。

2. 第一教唆犯甲与第二教唆犯乙构成共同教唆，因为他们有共同的教唆故意，也有前后连贯的教唆行为。因此，间接教唆犯甲与作为甲的教唆中介的乙构成共同教唆，亦即中介者乙相对于间接教唆犯甲来说具有共犯性。

我国有学者提出"转托性的间接教唆犯"的概念，认为转托第二教唆者教唆他人犯罪的，即为转托性的间接教唆犯。① 实际上，这种转托性的间接教唆犯属于中介共犯性的间接教唆犯。

（二）中介非共犯性的间接教唆犯

所谓中介非共犯性的间接教唆犯，是指教唆犯与作为传递教唆内容中介的第三人不构成共同教唆的情况下的教唆犯。这大致相当于我国学者提出的"失败式的教唆犯"②。例如，甲教唆乙去杀死丁，乙思来想去都觉得不妥，于是乙私下里（即并没有同甲商量或者告诉甲）又教唆丙去杀死丁，则甲相对于丙来说是间接教唆犯；但由于甲与中介乙并没有对丙进行教唆的共同故意，因而甲与乙不构成共同教唆，即属于中介非共犯性的间接教唆犯。这种中介非共犯性的间接教唆犯具有以下特点：

1. 在客观上，第一教唆犯甲的教唆内容通过第二教唆犯乙传递给丙，因此，相对于甲而言，对丙的教唆具有间接性。

2. 在主观上，第一教唆犯甲并没有通过第二教唆犯乙将教唆内容传递给丙的故意，也没有形成与第二教唆犯乙共同进行教唆丙的共同犯罪故意，而是乙自己单独进行教唆丙的行为。因此，在间接教唆丙这一犯罪行为上，甲与乙并没有共同故意或者意思联络，也没有共同的犯罪行为，从而第一教唆犯甲与第二教唆犯乙并不构成教唆丙的共同犯罪。换言之，就教唆丙这一犯罪行为而言，第一教唆犯甲与第二教唆犯乙并不具有共同犯罪性质，即是"非共犯性的"。

关于多层次的间接教唆犯问题。多层次的间接教唆犯，在学理上又称辗转教唆、连锁教唆，③ 在西方大陆刑法理论中又称为再间接教唆犯，是指在第一教唆人与被教唆人之间还有两个以上作为传递教唆内容中介的教唆人的情形下的教唆犯。实际上，再间接教唆犯要么是中介共犯性的间接教唆犯，要么是中介非共犯

---

① 参见吴振兴著：《论教唆犯》，吉林人民出版社1986年版，第93~94页。
② 所谓失败式的教唆犯，是指唆使第二教唆者去直接实行犯罪这一本来目的归于失败的间接教唆犯。参见吴振兴著：《论教唆犯》，吉林人民出版社1986年版，第94页。
③ 参见褚剑鸿著：《刑法总则论》，台北有盈印刷有限公司1984年版，第269页。

性的间接教唆犯,要么就是中介共犯性的间接教唆犯与中介非共犯性的间接教唆犯的一种复杂组合。例如,甲教唆乙,乙又去教唆丙,丙又去教唆丁,丁最后又去教唆戊,戊实施了被教唆的犯罪。其中,甲、乙即属于再间接教唆犯。

理论上一般认为,间接教唆犯具有可罚性。例如,《日本刑法典》第61条规定:"教唆他人实行犯罪的,按照正犯论处。教唆教唆犯的,亦同。"但多层次的间接教唆犯是否具有可罚性?对此问题,在西方资产阶级学者中有争论:有的认为,再间接教唆犯与间接教唆犯同是引起被教唆人实行犯罪的原因,因此具有可罚性;另有学者反对前述主张,认为这样无限地追究下去,有害于法的确定性。① 我国台湾有学者认为,如何对待这个问题,决定于我们所坚持的教唆犯性质的立场。即共犯从属性说者通常以因果关系中断说为依据否定再间接教唆犯的可罚性;而共犯独立性说者则以共同犯罪的恶性之共同表现观点为据肯定再间接教唆犯的可罚性,并且认为间接教唆犯的范围永无止境,毫无限定之需要。② 我国学者一般认为,多层次的间接教唆犯仍然具有可罚性,但处罚时不能采取简单划一的方式,应当具体问题具体分析,按照其各自的间接程度,在量刑的轻重上加以区别对待。③

笔者认为,根据我国《刑法》第29条第2款的规定来看,多层次的间接教唆犯当然具有可罚性。

第三节 单独教唆犯与共同教唆犯

以教唆犯的人数及犯罪形式为标准,可以将教唆犯分为单独教唆犯与共同教唆犯。

一、单独教唆犯

所谓单独教唆犯,是指一个行为人以单独犯罪的形式教唆他人犯罪的情形。应当明确,这里所谓"以单独犯罪的形式",仅仅指针对"教唆"行为本身而言,不具有与他人共同进行教唆犯罪的性质;但是,单独一人对他人进行教唆犯罪,教唆犯与被教唆人仍然可以构成共同犯罪。

单独教唆犯的显著特点是:教唆犯的人数只有单独一人;教唆犯进行教唆犯罪在形式上是单独犯罪,而不是与他人以共同犯罪形式实施教唆行为。

---

① 参见吴振兴著:《论教唆犯》,吉林人民出版社1986年版,第95页。
② 参见蔡墩铭著:《刑法基本问题研究》,台北汉苑出版社1976年版,第205页;陈兴良著:《共同犯罪论》,中国社会科学出版社1992年版,第264~265页。
③ 参见吴振兴著:《论教唆犯》,吉林人民出版社1986年版,第95页。

因此，如果一个行为人利用没有刑事责任能力或者没有教唆故意的第三人作为工具对他人进行犯罪教唆，由于只有一个人构成教唆犯，仍然属于采取单独进行教唆犯罪的形式，因此仍然不失为单独教唆犯。在间接教唆犯的场合，由于教唆犯都在两个或者两个以上，那么间接教唆犯是否可以是单独教唆犯？答案是肯定的。例如，在中介非共犯性的间接教唆犯的场合，第一教唆犯与第二教唆犯不构成共同教唆犯罪，他们应当分别属于单独教唆犯。甲教唆乙盗窃，乙因各种原因没有实施盗窃，转而私下教唆丙盗窃，则甲、乙不构成共同教唆，而是分别构成单独教唆。但在中介共犯性的间接教唆犯的场合，由于教唆犯在犯罪形式上都是采取的共同犯罪（共同教唆）的形式，因此没有单独教唆犯的存在空间。

二、共同教唆犯

所谓共同教唆犯，是指数人在主观上具有教唆的犯意联系而采取共同犯罪的形式对共同的被教唆人进行犯罪教唆的情形。

共同教唆犯的显著特点是：实施教唆行为的人是数人而不是一人；实施教唆行为的数人之间必须具有教唆的犯意联系即共同的教唆故意；实施教唆行为的方式是共同犯罪的形式，在客观上有共同的教唆犯罪行为。

共同教唆犯可以是直接教唆犯，也可以是间接教唆犯。例如，甲、乙经过商量后，一起直接对丙进行诈骗犯罪的教唆，则甲、乙属于直接教唆犯、共同教唆犯；甲教唆乙并经乙同意，由乙再教唆丙，因而甲相对于丙而言就是间接教唆犯，但同时甲、乙是教唆丙犯罪的共同教唆犯。共同教唆犯应根据其在共同犯罪中的地位和作用来确定其刑事责任。

要注意正确区分同时教唆犯与共同教唆犯。同时教唆犯，是指数人在同一时间对同一被教唆人进行犯罪教唆的情形。同时教唆犯仅仅是在时间上的同时与巧合，但实施教唆行为的数人之间并没有教唆的犯意联系，即没有共同的教唆故意，而且在教唆行为上也没有形成共同教唆的整体，因此它与共同教唆犯具有本质的区别。

第四节 共犯教唆犯与非共犯教唆犯

以教唆犯与被教唆人之间是否实际成立共同犯罪关系为依据，可以将教唆犯分为共犯教唆犯与非共犯教唆犯。这与我国有的学者提出的"一般教唆犯与特殊教唆犯"的分类相类似。① 应当说，这是我国比较独特的一种教唆犯分类，其他国家鲜有这种分类（美国部分州除外）。

一、共犯教唆犯

所谓共犯教唆犯，是指被教唆人接受教唆并实施所教唆的犯罪活动，从而教唆犯与被教唆人已经实际地构成共同犯罪的情形下的教唆犯。在实际生活中，大量的教唆犯是共犯教唆犯；我国《刑法》所规定的"教唆他人犯罪的，应当按照他在共同犯罪中所起的作用处罚"，也主要是针对共犯教唆犯而言的。

共犯教唆犯的特点是：必须是被教唆人已经接受了教唆；必须是被教唆人实施了所教唆的犯罪活动，包括为实施所教唆的犯罪准备工具、制造条件，着手具体的犯罪实行行为等；必须是教唆犯与被教唆人已经实际地构成共同犯罪。

共犯教唆犯可能存在以下几种犯罪形态：教唆犯的既遂犯，教唆犯的未遂犯，教唆犯的中止犯。在被教唆人接受教唆犯的教唆的前提下，共犯教唆犯存在以下情形：

其一，如果被教唆人在进行犯罪的预备行为或者犯罪的实行行为过程中，因被教唆人本人意志以外的原因而未完成犯罪的，这时成立共犯教唆犯，是教唆犯的未遂犯。

其二，如果被教唆人在进行犯罪的预备行为或者犯罪的实行行为过程中并在完成犯罪之前，教唆犯自动有效地中止了自己所教唆的犯罪活动，防止了犯罪结果的发生，这时成立共犯教唆犯，是教唆犯的中止犯。

其三，如果被教唆人已经完成了所教唆的犯罪，这时当然成立共犯教唆犯，是教唆犯的既遂犯。

二、非共犯教唆犯

所谓非共犯教唆犯，是指教唆犯由于被教唆人没有接受教唆或者没有犯被教

---

① 吴振兴教授认为，一般教唆犯与特殊教唆犯是教唆犯的两种基本类型，其划分主要根据是被教唆人是否实施了被教唆的犯罪行为，教唆犯与被教唆人是否具有共犯关系。所谓一般教唆犯，是指共同犯罪中的教唆犯。所谓特殊教唆犯，是指独立存在的教唆犯。参见吴振兴著：《论教唆犯》，吉林人民出版社1986年版，第96~118页。

唆的罪而与被教唆人之间不成立共同犯罪的情形下的教唆犯。① 其特点是：

（一）被教唆人没有接受教唆或者没有犯被教唆的罪

在被教唆人没有接受教唆的情况下，只有教唆犯单独构成犯罪，当然不存在共同犯罪的问题。在被教唆人虽然接受教唆犯的教唆，但是被教唆人并没有犯教唆犯所教唆的罪的情况下，由于教唆犯与被教唆人之间不存在共同的犯罪故意和共同的犯罪行为，因此，教唆犯与被教唆人也不构成共同犯罪。

（二）教唆犯与被教唆人不成立共同犯罪

要成立教唆犯与被教唆人之间的共同犯罪，必须是被教唆人接受教唆犯的教唆，并且实施了被教唆的犯罪，从而二者在主观上存在共同的犯罪故意和犯意上的联系，在客观上存在共同的犯罪行为；否则，教唆犯与被教唆人就不能成立共同犯罪。因此，非共犯教唆犯，是指教唆犯与被教唆人之间不成立共同犯罪的场合。

可见，非共犯教唆犯只能包括以下几种情形：教唆犯的预备犯，教唆犯的未遂犯，教唆犯的中止犯。例如，教唆犯实施了教唆行为，但被教唆人没有接受教唆或者接受教唆但没有实施所教唆的犯罪，教唆犯因此而构成教唆犯的未遂或者中止的，此时的教唆犯与被教唆人不构成共同犯罪，则教唆犯属于非共犯教唆犯。根据我国《刑法》第29条第2款的规定，这种情况下的非共犯教唆犯仍然具有可罚性，应对其予以依法定罪处罚。

值得注意的是以下一些特殊情形：教唆犯正在为教唆他人犯罪准备工具、制造条件，因教唆犯本人意志以外的因素而停止下来的情形，在逻辑上似乎可以成

---

① 非共犯教唆犯中的部分情况，如被教唆人接受教唆但没有实施所教唆的犯罪，因而仍然成立非共犯教唆犯。这种情况下的非共犯教唆犯与日本刑法中规定的"独立教唆犯"相似。日本刑法坚持共犯从属性说，但《日本刑法修改临时案》第340条和《日本刑法修改准备草案》第271条规定了独立教唆犯，因为，"就特殊的重罪而言，把这种教唆行为从正犯中独立出来作为区别于刑法总则的独立罪来处罚，这就叫独立教唆。可是，即使成立独立教唆，也有人认为，从刑法的严格解释出发，被教唆者至少需要有实行犯罪的决意"。（参见［日］木村龟二主编，顾肖荣、郑树周译校：《刑法学词典》，上海翻译出版公司1991年版，第371页。）陈兴良教授进一步解释说，独立教唆犯是指教唆犯在实施教唆行为的时候，犯罪对象还不存在，只是预想到其存在，只有在这种犯罪对象出现以后，被教唆人才有可能去实施被教唆的犯罪行为。例如，某甲教唆怀孕的妇女某乙在分娩以后杀害其婴儿。独立教唆犯之所以有必要在刑法中加以明文规定并成为一个特殊的刑法理论问题，是因为按照共犯从属性说，教唆犯是从属犯，其可罚性是以正犯实施了实行行为并且具有可罚性为前提条件的。但在独立教唆犯的情况下，被教唆人尚未实施被教唆的犯罪实行行为就构成犯罪。日本现行刑法取消了独立教唆犯的规定，但在理论上仍有争论。（陈兴良著：《共同犯罪论》，中国社会科学出版社1992年版，第262页。）

立非共犯教唆犯的预备犯。但是，在刑法解释论上，此种情形下的教唆犯（预备犯）由于客观上尚未真正实施刑法规定的"教唆行为"，因而不应将其解释为非共犯教唆犯予以定罪处罚。

（三）非共犯教唆犯不同于《刑法》分则规定的教唆类犯罪

非共犯教唆犯是《刑法》总则所直接规定的特别类型的犯罪形态（但是也有赖于《刑法》分则关于具体犯罪的相关规定），而不是一个具体犯罪或者罪名，也没有其独立的法定刑。而《刑法》分则规定的教唆类犯罪只能是具体犯罪与具体罪名，且有其具体确定的法定刑，如引诱、教唆他人吸毒罪，引诱卖淫罪，引诱幼女卖淫罪等。

第五节 悬赏教唆、雇佣教唆与网络教唆

以教唆犯的教唆行为的具体手段的特点为依据对教唆犯进行分类，可以将教唆犯分为普通教唆、悬赏教唆、雇佣教唆、网络教唆等四种。其中，悬赏教唆、雇佣教唆和网络教唆相互之间可能存在一些交叉与竞合现象，值得在具体认定中予以注意。

由于悬赏教唆、雇佣教唆、网络教唆相对于采用其他普通手段的教唆而言具有特殊性，因此提出来进行专门论述。

一、悬赏教唆

所谓悬赏教唆，是指采取公开设悬奖赏的手段，利用口头或者大字报、传单以及报纸、杂志、广播、电视、电影、多媒体等方式，教唆一定范围内的不特定多数人犯罪。悬赏教唆的特点是：

（一）行为人具有教唆他人犯罪的主观故意

这是成立悬赏教唆的主观条件。如果行为人在主观上没有教唆他人犯罪的故意，而是由于悬赏广告的内容误导了他人犯罪，就不能成立悬赏教唆犯。

（二）教唆犯采取了公开设悬奖赏的教唆手段

这是悬赏教唆的突出特点。设悬奖赏对被教唆人往往具有很大的诱惑力，加上教唆犯以公开的方式，如利用传单、报纸、多媒体等方式进行悬赏，影响面很大，因此，悬赏教唆比较容易成功，社会危害性较普通方式的教唆更大。

（三）教唆对象是一定范围内的不特定多数人

悬赏教唆本身的特性就决定了这种形式的教唆对象具有不确定性，而是悬赏教唆信息所能达到的范围内的不特定多数人。

不过，对于悬赏教唆行为，到底是按照教唆犯的一般处罚原则处理妥当，还是设置独立罪名单独规定罪刑关系妥当，确实是一个值得研究的问题。但在现行刑法之框架内，应当说宜于按照教唆犯进行处罚；即使被教唆的人没有犯被教唆的罪，也可以依法对悬赏教唆人按照非共犯教唆犯的规定定罪处罚。

二、雇佣教唆

所谓雇佣教唆，是指教唆犯以雇主的身份，以雇佣的方式教唆他人犯罪。雇佣教唆，实际上是借用经济学上"雇佣"概念为表征的一种特定情形下的教唆犯罪现象。雇佣教唆属于雇佣犯罪中的一种。所谓雇佣，是指用货币购买劳动力。出钱的人称雇主，出力的人叫受雇人。从法律上考察，雇主与受雇人通过自由协商并达成一致协议后，雇主与受雇人之间即产生一定的权利义务关系：雇主具有要求受雇人为一定行为或者提供一定劳务的权利与按约定支付一定报酬的义务；受雇人则相应地具有为一定行为或者提供一定劳务的义务与获得一定报酬的权利。雇佣犯罪，是指雇主与受雇人双方达成一致协议，由雇主一方提供一定报酬，受雇人一方接受报酬并实施一定犯罪行为的犯罪形式。在雇佣犯罪中，雇主一般情况下是主犯，同时还可能是教唆犯。例如，在雇佣他人犯罪之际故意挑起他人的犯罪意图的即可构成教唆犯。[①]

雇佣教唆的特点主要有以下几点：

（一）雇主在主观上具有教唆故意，即雇主具有教唆受雇人实施特定犯罪的故意

这是雇佣教唆的主观特征。如果雇主在主观上不具有教唆故意，而是在知道受雇人以实施特定犯罪为职业，仅仅为实现自己的犯罪意图而雇佣受雇人犯罪，则不成立雇佣教唆犯。

（二）教唆犯以雇主的身份出现，采用了雇佣教唆的方式

因此，雇主在故意对受雇人进行教唆的同时，以雇主的身份雇佣被教唆人，约定向被教唆人支付一定的报酬，促使被教唆人实施所教唆的犯罪的情形下，才成立雇佣教唆犯。

（三）被教唆人以受雇人的身份出现，按约定可获得一定的报酬

被教唆人同时又是受雇人，为雇主提供约定的"劳务"即实施特定的犯罪，并获得一定的酬金，从表面上看貌似具有合法性，但实际上，教唆犯与被教唆人约定的"劳务"在本质上是犯罪行为，因此，这种雇佣行为在法律上是无效且违法的，实际上就是一种特殊形式的犯罪教唆——雇佣教唆，雇主是教唆犯，受

---

① 参见魏东：《雇佣犯罪及其刑事责任》，载《犯罪与改造研究》1996 年第 11 期。

雇人是被教唆人、实行犯。

在确定雇佣教唆时,要特别审查雇主是否在主观上具有教唆他人(受雇人)犯罪的故意,以及受雇人在受雇之前是否有特定的犯罪意图。只有在雇主主观上具有教唆他人犯罪的故意,并且明知受雇人在受雇之前没有特定的犯罪意图,在客观上受雇人因为受到雇主的教唆才产生特定的犯罪意图时,雇主才能成立雇佣教唆。否则,如果雇主在主观上并没有教唆他人犯罪的故意,而且受雇人在受雇之前已经具有了特定的犯罪意图,而不是因为受到雇主的教唆才实施犯罪的,就不能成立雇佣教唆。例如,雇佣凶手杀人的案件,如果受雇人本身是职业杀手,本来就是以为他人杀人为职业,其犯罪意图早就存在,而不是在雇主的教唆之下才产生犯罪意图的,则雇主并不一定构成教唆犯。当然,如果雇主以教唆的故意,教唆并雇请他人实施一定的犯罪,即使受雇人本身在受雇之初就已经具有实施该种犯罪的犯意,而只是雇主不知道而已,雇主也可以构成教唆犯,仍然属于雇佣教唆。

三、网络教唆

所谓网络教唆,是指教唆犯利用计算机网络教唆他人犯罪。近年来,随着计算机的大量运用和计算机网络的迅速发展,计算机犯罪特别是网络犯罪日益突出,已经引起了法学界、司法实践部门乃至全社会的广泛关注。我国有学者已开始研究网络犯罪,提出了网络教唆和与网络教唆联系极其紧密的网络传授犯罪方法的问题。

有学者给出了网络教唆的定义,并对之进行了简要分析。他认为,网上教唆,系指利用计算机网络,通过电子通信等方法,教唆特定的对象实施特定的犯罪的行为。网上教唆他人犯罪的重要特征是,教唆人与被教唆人并不直接见面,教唆的结果并不一定取决于被教唆人的行为。这一犯罪行为除方式不同于一般的教唆犯罪之外,还可能产生大量非直接被教唆对象同时接受相同教唆内容等严重后果。因此,网上教唆并非一般教唆犯罪在教唆手段的简单扩展,而是一种独立的犯罪形式。在网上教唆的重要特征是隐蔽性和弥漫性非常强,因为互联网具有开放性等特征,其造成的危害也远远大于面对面的教唆行为。[①]

对于网络教唆行为,到底是按照教唆犯的一般处罚原则处理妥当,还是设置独立罪名单独规定罪刑关系妥当,是一个值得研究的问题。但是,在现行刑法规定的框架内研究网络教唆,笔者认为应注意以下几点:

---

① 参见刘中发:《网络犯罪及其防范对策》,载《云南法学》2000年第4期。

（一）网络教唆应以行为人在主观上具有教唆他人犯罪的主观故意为条件

这是网络教唆的主观特征。如果行为人在主观上并没有教唆他人犯罪的主观故意，而只是在网络上发布了一些容易误导犯罪的信息，但这些信息并不包含直接怂恿、唆使他人进行犯罪的内容，就不能认定行为人的行为成立网络教唆。

（二）网络教唆的重要特点是教唆犯利用具有迅捷、开放等性质的计算机网络进行

这一点，可以从网络教唆的具体方法和手段上看出来。大致上，网络教唆的具体教唆手段主要有以下三种：（1）在互联网络中的电子公告栏上，发布针对特定的人或者不特定的多数人的犯罪教唆；（2）利用网络发布悬赏教唆、雇佣教唆；（3）向特定的人或不特定的多数人发送电子邮件，传递教唆内容。

（三）必须考虑实施网络教唆的人所教唆的具体内容

网络教唆的人所教唆的具体内容，可以成为区分行为人的行为性质是否构成《刑法》分则所规定的具体的教唆型犯罪、煽动型犯罪或者传授犯罪方法罪的基本依据。只有在其不构成《刑法》分则所规定的教唆型犯罪、煽动型犯罪，或者不能单独按照传授犯罪方法罪进行处理的情况下，才能作为教唆犯处理。

因此，下列三种情况就不能按照教唆犯处理：

其一，构成《刑法》分则所规定的具体的教唆型犯罪。例如，行为人通过网络教唆他人实施卖淫、吸毒以及引诱未成年人聚众淫乱等的行为，就直接构成我国《刑法》分则所规定的引诱卖淫罪，引诱幼女卖淫罪，引诱、教唆他人吸毒罪，引诱未成年人聚众淫乱罪等犯罪。对此，就不能按照《刑法》总则所规定的教唆犯论处。

其二，构成《刑法》分则所规定的具体的煽动型犯罪。例如，行为人通过网络煽动他人实施分裂国家、破坏国家统一的行为，颠覆国家政权、推翻社会主义制度的行为，民族仇恨、民族歧视的行为，暴力抗拒国家法律和行政法规的实施并扰乱社会公共秩序的行为，军人擅自离开所服役的部队或者与部队脱离关系的行为等，就直接构成《刑法》分则所规定的五种煽动型犯罪，即煽动分裂国家罪，煽动颠覆国家政权罪，煽动民族仇恨、民族歧视罪，煽动暴力抗拒法律实施罪，煽动军人逃离部队罪。对此，不能按照《刑法》总则所规定的教唆犯论处。

其三，应当单独按照《刑法》分则所规定的传授犯罪方法罪处理的情况。行为人通过网络，既向他人传授犯罪方法，同时又对该他人进行教唆犯罪，如果行为人的传授犯罪方法行为与教唆行为所针对的是同一性质的犯罪，应将传授犯罪方法行为与教唆行为视为一个整体行为（出于一个故意而实施的行为），属于同一行为同时触犯数罪名（构成传授犯罪方法罪和所针对的犯罪的教唆犯），按照牵连犯处理，从一重罪论处。例如，行为人针对盗窃罪，通过网络对他人传授盗窃技术和技巧，同时又对该他人进行盗窃教唆，构成传授犯罪方法罪和盗窃罪（教唆犯），应根据具体情况，按照其中较重的一罪论处。由于传授犯罪方法罪的最高法定刑是无期徒刑，因此，一般情况下可以按照传授犯罪方法罪处理，而将其利用网络进行教唆的行为作为量刑情节予以考虑。但是，如果行为人通过网络进行的传授犯罪方法行为与教唆行为所针对的是不同性质的犯罪，则应当分别以传授犯罪方法罪与教唆犯实行数罪并罚来追究刑事责任。例如，某甲通过网络向某乙传授扒窃技术，同时某甲又通过网络教唆某乙对他人进行抢劫，则某甲的行为构成传授犯罪方法罪和抢劫罪（教唆犯），应对某甲实行数罪并罚。

（四）研究网络教唆，不能囿于传统教唆犯理论的框架内来讨论问题

有部分学者认为，教唆应当是教唆犯与被教唆人面对面地进行的；教唆犯所教唆的对象必须是特定的一人或数人；教唆犯的主观方面只能是直接故意；等等。这些看法都是不尽合理的，无法妥当解决网络教唆问题。网络教唆就正好表明了：（1）教唆犯的教唆手段可以多样化，可以利用网络技术而不必面对面进行教唆；（2）教唆犯的教唆对象可以是特定的人，也可以是不特定的人；（3）教唆犯在进行网络教唆的场合，其主观上应当能够认识到网络教唆的影响面，但仍然进行网络教唆，希望或者放任危害结果发生，因此，教唆犯的主观方面可以是直接故意，也可以是间接故意。

（五）研究网络教唆，应当意识到教唆犯理论面临着理论难题

由于网络覆盖面遍及全国甚至全球，而网络教唆的对象又可以是不确定的，因此，到底有没有、有多少被教唆人接受教唆并实施所教唆的犯罪？如果有被教唆人接受教唆并实施所教唆的犯罪，那么应该如何确定教唆犯在共同犯罪中的作用？对网络教唆的教唆犯如何进行准确量刑？这些问题还有待于我们进行深入的研究。

笔者认为，行为人通过网络进行教唆，不能是没有任何明确性的全概然性教唆，正如下文笔者将讨论的，对全概然性教唆是不宜依据教唆犯进行处罚的；而对于一些具有相对明确性的半概然性教唆才可以依据教唆犯进行处罚。

第六节　概然性教唆与选择性教唆

以教唆犯的教唆内容的明确性程度为依据而对教唆犯进行分类，可以分为精确性教唆、概然性教唆、选择性教唆三种。通常情况下的教唆犯罪就是精确性教唆（即教唆犯所教唆的犯罪具体、明确），因而其认定与法律适用一般不至于产

生疑问。存在较多疑问的情形是概然性教唆与选择性教唆,因而这里专门加以讨论。

一、概然性教唆

所谓概然性教唆,是指教唆犯的教唆内容概括而不具体。我国刑法学者一般将概然性教唆区分为半概然性教唆与全概然性教唆。所谓半概然性教唆,是指教唆犯在被教唆人实行何种犯罪方面是泛指的、非特定的。所谓全概然性教唆,是指教唆人的教唆内容毫不明确,不但让被教唆人犯什么罪不明确,而且犯罪对象也不明确。一般认为,半概然性教唆的教唆人可以成立教唆犯,具有可罚性;而全概然性教唆的教唆人不宜被看成教唆犯,不宜予以处罚。但西方一些学者认为,教唆者教唆他人犯罪应当是特定的,否则,如在概然性教唆的场合,教唆者不构成教唆犯。[①]

笔者认为,概然性教唆确实有一个概然性程度问题,如果全然不清,当然不成立教唆犯;如果教唆内容具有相对的确定性,如所教唆的犯罪行为性质范围、犯罪行为对象范围等相对确定,则应当成立教唆犯,具有可罚性。因此,笔者同意半概然性教唆与全概然性教唆的划分。

但是,笔者认为,对半概然性教唆的界定还应当进一步科学化,否则,就会将一些很不明确的、不具有可罚性的所谓教唆行为纳入教唆犯的范畴,既有扩张刑罚范围之危险,又造成司法实践无法操作的窘境。针对教唆行为而言,在教唆对象(被教唆人)、教唆内容(所教唆的具体犯罪)、所教唆的犯罪行为对象三者中,至少有两者必须是明确的,才能成立半概然性教唆之教唆犯;否则,即使能够成立某些教唆型犯罪或者煽动型犯罪,也不能成立教唆犯。

这样,具有可罚性的半概然性教唆大致上可分为三种情况:(1)教唆对象与教唆内容(所教唆的犯罪行为性质范围)相对确定,但所教唆的犯罪行为对象范围不确定。例如,某甲教唆某乙"搞钱",可以认为教唆对象及其教唆内容(所教唆的犯罪行为性质范围)是相对确定的,即教唆某乙实施侵财型的一些犯罪行为,但在犯罪行为对象范围上则不确定。(2)教唆对象与所教唆的犯罪行为对象范围相对确定,但犯罪行为性质范围不确定。例如,某甲教唆某乙报复某丙家族,可以认为其所教唆的犯罪行为对象范围是相对确定的,即"某丙家族",但在犯罪行为性质上不确定,到底是绑架、杀伤、侵财还是毁誉等,并不确定。(3)所教唆的犯罪行为对象和教唆内容(所教唆的犯罪行为性质范围)相对确定,但是教唆对象不确定。例如,某甲教唆不特定的他人到某宿舍区去偷或者抢劫几部电视来卖,可以认为其所教唆的犯罪行为对象范围是相对确定的,

---

① 参见吴振兴著:《论教唆犯》,吉林人民出版社1986年版,第185~186页。

即某宿舍区内的所有住户；所教唆的犯罪行为性质范围也是相对确定的，即盗窃或抢劫。

因此，笔者认为，所谓半概然性教唆，是指教唆犯所实施的教唆行为在教唆对象、教唆内容、所教唆的犯罪行为对象三者中仅有两者是相对明确的情形。如果教唆对象、教唆内容与所教唆的犯罪行为对象三者都是完全确定的，则是精确性教唆。

二、选择性教唆

一般认为，所谓选择性教唆，是指教唆犯所教唆的犯罪内容具有让被教唆人进行选择的性质和要求（选择性要求）。可见，"所教唆的犯罪内容"具有选择的性质和要求，是选择性教唆的根本特征。那么，"所教唆的犯罪内容"到底包括哪些内容？笔者认为，"所教唆的犯罪内容"主要是指：（1）所教唆的犯罪行为性质，即教唆内容；（2）所教唆的犯罪行为对象。

因此，选择性教唆可以分为以下三种情况：（1）教唆内容即所教唆的犯罪行为性质具有选择性要求。比如，某甲教唆某乙对某丙实施盗窃或者诈骗或者抢劫。（2）所教唆的犯罪行为对象具有选择性要求。比如，某甲教唆某乙去盗窃，强调要么偷某丙，要么偷某戊。（3）在教唆对象明确的情况下，所教唆的犯罪行为性质范围与犯罪行为对象范围都具有选择性要求。比如，某甲教唆某乙去某宿舍区"找钱"，可以偷、抢、骗。

第七节 陷害教唆

以教唆犯的主观目的为依据对教唆犯进行分类，可以分为纯粹教唆犯与陷害教唆犯两类。所谓纯粹教唆犯，是指教唆他人犯罪，纯粹是为了实现所教唆的犯罪的教唆犯。例如，某甲仇恨某丙，于是教唆某乙杀某丙，结果某乙将某丙杀害。可见教唆犯某甲教唆某乙犯罪，纯粹是为了"报仇杀人"，实现其杀害某丙的目的。生活中，大量的教唆犯罪行为人都是纯粹教唆犯，只有少量的教唆犯是陷害教唆犯。由于陷害教唆具有特殊性，这里专门研讨陷害教唆问题。

一、陷害教唆的称谓

陷害教唆的原名是"Agent Provocateur"（法语）或者"Lockspizel"（德语）。在我国，陷害教唆还有各种称谓，如未遂教唆、未遂之教唆、陷阱教唆、假象教唆、"从事教唆的刑事警察"等。①

关于陷害教唆的称谓问题,需要进行简单讨论。

首先,"假象教唆"的称谓不确切。因为,虽然此类教唆的根本目的是陷害被教唆人,有点类似"假象"的东西,但教唆犯实实在在就是在教唆,而且行为人就构成教唆犯,因此称"假象教唆"并不妥当。

其次,"未遂教唆"、"未遂之教唆"的称谓也不确切。理由是:(1)这种称谓容易与"未遂犯的教唆"混淆。在我国,未遂教唆还可以是教唆犯的未遂犯的一种情形。比如,有学者认为,未遂教唆,是指教唆者故意实施教唆行为后,被教唆者已着手实行犯罪,由于意志以外的原因而未完成犯罪的情况。② 我国还有学者认为,"未遂教唆",是指教唆犯已经着手实施了教唆行为,而被教唆者并未依其教唆构成犯罪的情况。具体说至少有三种表现形式:第一种是教唆犯已经实施教唆行为,被教唆者拒绝接受教唆而使之未遂;第二种是教唆犯已经实施教唆行为,被教唆者也接受教唆而产生犯意,但尚未着手实施而使之未遂;第三种是教唆犯已实施甲种犯罪的教唆,而被教唆者并未实施甲种犯罪,却着手实施了乙种犯罪行为,教唆行为仍然未遂。③ 而在我国台湾,也有学者同时将"未遂教唆"与"陷害教唆"并列为教唆犯的两种种类,认为:"未遂教唆:即教唆人于教唆之初,即已确知无论如何均不致产生教唆之结果的未遂状态。例如,甲明知乙空无一物,但仍教唆丙窃取乙之财物,此时,甲仍须承担教唆盗窃之未遂罪责。""陷害教唆:即基于陷害被教唆人之意思,于教唆之后,立即采取各种防护措施,以防止犯罪结果之发生者谓之。例如,甲教唆乙杀丙,但立即通知丙防范或通知警方保护丙。此时,甲仍须负担教唆杀人之未遂罪责。陷害教唆有些学者又将其认为系未遂教唆之一种。"④ (2)这种称谓不符合实际情况。因为在陷害教唆的情况下,被教唆的罪是否"未遂"并不是关键的问题,更何况还有可能出现既遂的情况。事实上,在陷害教唆的场合,其最鲜明的特点在于:实施陷害教唆的行为人是出于陷害他人的动机和目的,整个教唆行为在实质上是为被教唆人设置一个陷阱。

再次,"从事教唆的刑事警察"的称谓仍然不妥当。因为,陷害教唆的行为人并不当然就是刑事警察,而且并不能准确地表示行为人进行陷害教唆的动机与

---

① 参见黄村力著:《刑法总则比较研究(欧陆法比较)》,台湾三民书局1995年版,第221~222页;贾宇:《教唆犯理论的初步比较研究》,载《河北法学》1991年第2期;余向阳、柳立子、钟再根:《陷害教唆理论初探》,载《河北法学》1999年第6期。

② 参见郝守才:《论未遂教唆与教唆未遂》,载《法商研究》2000年第1期。

③ 参见贾宇:《教唆犯理论的初步比较研究》,载《河北法学》1991年第2期。

④ 参见黄村力著:《刑法总则比较研究(欧陆法比较)》,台湾三民书局1995年版,第221~222页。

目的，所以有所不当。事实上，在刑事警察依职权而进行所谓的教唆的时候，它可能是属于陷阱侦查或者警察圈套的问题，而不能简单地等同于陷害教唆或者陷阱教唆。

相对来说，陷害教唆的称谓比较贴切，能够鲜明而准确地表示出行为人进行陷害教唆的动机、目的，也能够表示出这种教唆本身只能是一种"陷阱"式的教唆。当然，称谓问题具有一定的地域性、文化性、约定俗成性等特点。比如，日本刑法学界比较普遍认同"未遂教唆"的称谓。因而，所谓称谓的合理性只是一个相对的、具有地域文化性的判断。

二、陷害教唆的含义

（一）日本学界流行的定义

日本学者认为，未遂的教唆，是指教唆者一开始就以使被教唆者的实行行为以未遂而告终的意思进行教唆的情况。① 例如，某甲将没有装入子弹的手枪交给某乙，教唆某乙用该枪杀死某丙，某乙因某甲的教唆而开枪杀某丙，但未能既遂。②

（二）我国台湾学者的定义

我国台湾学者一般认为，教唆者以预期中不会实现终了的行为实施教唆的场合，称为陷害教唆。③ 但是，在具体解释上，又各有说法。例如，韩忠谟认为，陷害教唆又称为陷阱教唆、假象教唆、未遂教唆，凡是以被教唆者着手犯罪即告警拘捕的意思，教唆他人犯罪，以达其陷害目的，就是陷害教唆。④ 张灏认为，所谓未遂教唆者，即教唆犯预见被教唆人，依其教唆而实行时，不可能发生犯罪之结果也。例如，诱使他人犯罪，俟其着手实行之际，即通知警察予以逮捕，因此使被教唆人之行为，在尚未达于既遂之前，即被阻止矣。⑤ 陈子平认为，所谓未遂教唆，是指教唆人自始意图使被教唆人之犯罪终于未遂之阶段而为教唆之情况而言。⑥

（三）我国大陆学者的定义

有的学者认为，教唆者以预期中不会实现终了的行为实施教唆的场合，称为

---

① ［日］早稻田司法考试研究室：《刑法总论》，早稻田经营出版 1990 年版，第 237 页。
② 参见张明楷著：《未遂犯论》，法律出版社 1997 年版，第 207 页。
③ 参见贾宇：《教唆犯理论的初步比较研究》，载《河北法学》1991 年第 2 期。
④ 参见韩忠谟著：《刑法原理》，台湾 1981 年作者自版，第 277 页。
⑤ 参见张灏著：《中国刑法理论及实用》，台湾三民书局 1980 年版，第 228 页。
⑥ 参见陈子平著：《论未遂教唆之可罚性》，载台湾《东吴大学法律学报》1993 年第 8 卷第 1 期。

陷害教唆。① 有的学者认为，陷害教唆，是指出于陷害他人的目的教唆他人犯罪，再乘被教唆人实行犯罪之际，报告警察将其抓获的行为。② 还有的学者认为，陷害教唆，是指教唆人明知被教唆人不可能完成犯罪，为了达到陷害被教唆人的目的，而唆使其实施犯罪的情况。③

（四）笔者的看法

笔者认为，就陷害教唆的定义而言，应强调这样几层意思：（1）它是教唆他人犯罪的行为；（2）它出于陷害他人的动机和目的；（3）在主观上具有使被教唆人的实行行为以未遂而告终的意思。

其中，第一个要素是陷害教唆与纯粹教唆的共通点，说明了陷害教唆与纯粹教唆的一致性；而后两个要素是陷害教唆在主观上的特殊性，也是陷害教唆区别于其他一般教唆（指纯粹教唆）的主要内容。

根据上述分析，笔者认为可将陷害教唆的定义表述为：教唆人出于陷害他人的动机，以使他人的实行行为以未遂而告终的意思，而教唆他人犯罪的情形。

三、陷害教唆中教唆犯的刑事责任

（一）国外的主张

从国外刑事立法和理论争鸣的情况看，主要有肯定说与否定说两种不同的主张。

肯定说之所以肯定陷害教唆行为的可罚性，一般是从基于客观主义立场的犯罪共同说与共犯从属性说出发，认为既然实行犯作未遂犯处罚，那么作为共犯的教唆犯即应从属于实行犯予以处罚。当然，如果被教唆者未依教唆而产生犯罪决意，或者虽接受教唆但未实施行为，此时被教唆者不构成犯罪，故教唆者依从属性而不成立犯罪。德国学者迈耶、日本学者小野清一郎、团藤重光等均持肯定说。④ 比如，团藤重光认为，未遂的教唆，如警察事先以逮捕的目的教唆他人犯罪，经他人开始实行后逮捕他人的情形，从共犯从属性说出发，由于教唆行为不是基本构成要件行为，因此，教唆的意思也不是有关基本构成要件的故意，只要有使被教唆人产生实行犯罪的决意的意思就够了，使他人以未遂告终的教唆，并

---

① 参见贾宇：《教唆犯理论的初步比较研究》，载《河北法学》1991年第2期。
② 参见李富友：《陷害教唆与警察圈套》，载《中央政法管理干部学院学报》1988年第4期。
③ 参见张晓辉：《论教唆犯》，载赵秉志等主编：《全国刑法硕士论文荟萃（1981届—1988届）》，中国人民公安大学出版社1989年版，第377~381页。
④ 参见贾宇：《教唆犯理论的初步比较研究》，载《河北法学》1991年第2期；李富友：《陷害教唆与警察圈套》，载《中央政法管理干部学院学报》1988年第4期。

不缺乏这种意思，故应认定为教唆，具有可罚性。① 同时，依主观主义的共犯独立性说，也能得出陷害教唆具有可罚性的结论。我国台湾学者蔡墩铭、韩忠谟、张灏等也主张肯定说，但在解释论上却是以"教唆犯显系采共犯独立性说"为前提的，② 而不是以共犯从属性说为出发点。比如，张灏认为："陷害教唆，系诱人犯罪为目的，其行为显具有恶性，并且我国刑法对于教唆犯之所以采独立处罚主义，即因其教唆行为本身具有反社会性，基此，不论被教唆人，有无实行教唆之犯罪行为，均不影响教唆犯之成立。故陷害教唆在此一理论之下，自应对其诱使他人犯罪之行为，免其教唆之刑责。"③

否定说一般是从基于主观主义立场的行为共同说与共犯独立性说出发，认为犯罪行为的认识因素当然包括对构成要件的危害结果的发生有所认识，而陷害教唆者是在认识到不发生预期的危害结果的情况下实施教唆行为的，应当说教唆者没有故意，不成立教唆犯。德国学者李斯特以及日本学者木村龟二等均持否定说。④

与理论界学术争鸣相对应，各国立法与实践对陷害教唆的处理方式也各有不同，有的持肯定态度，有的持否定态度，有的不作明确规定而犹豫观望。但总的来说，除德国在判例上否定陷害教唆的犯罪性与可罚性之外，尚无其他国家明确规定陷害教唆不可罚，而且，部分国家刑法明确规定了陷害教唆的刑事责任问题。⑤ 例如，1950年《希腊刑法典》第46条第2项规定："以在未遂或预备状态逮捕犯人为目的，故意使人实施不能完成之犯罪者，按正犯之刑减轻至二分之一。"1932年《波兰刑法典》第30条规定："（第1项）教唆犯及从犯预防其行为之犯罪结果者，不负刑事责任。（第2项）教唆犯、从犯曾力图防止行为之犯罪结果者，法院得减轻其刑。（第3项）第1项及第2项之规定于意图对他人提起刑事诉讼而煽动其犯罪者，不适用之。"再如，《美国模范刑法典》在总则第五章"未完成的犯罪"中，分别在第5-1条（未遂罪）和第5-2条（教唆罪）规定了追究包括陷害教唆行为在内的"未完成的犯罪"的刑事责任的内容，"教唆不知情者实行该当于犯罪成立要件之行为"，得作未遂罪处理；"以促进或助成实质犯罪之实行为目的，对他人命令、鼓吹或要求为构成犯罪或其未遂罪或该

---

① 但多数持共犯独立性说者认为，在未遂的教唆的场合，由于教唆的意思应是有关基本构成要件的故意，而使他人以未遂告终的意思还缺乏这种故意，因而不成立犯罪。
② 参见张灏著：《中国刑法理论及实用》，台湾三民书局1980年版，第208页。
③ 参见张灏著：《中国刑法理论及实用》，台湾三民书局1980年版，第228页。
④ 参见李富友：《陷害教唆与警察圈套》，载《中央政法管理干部学院学报》1988年第4期。
⑤ 参见李富友：《陷害教唆与警察圈套》，载《中央政法管理干部学院学报》1988年第4期。

当于此等罪之共犯之特定行为为犯该罪之教唆犯"①。

（二）我国台湾学者的主张

关于陷害教唆中的教唆犯所负责任如何，我国台湾学者存在客观说与主观说的不同结论。②

依客观说，陷害教唆中的教唆犯之责任问题可分为两种情形：（1）被教唆者未依教唆而产生犯罪决意，或虽承诺教唆而未实施行为，此时被教唆者不构成犯罪，因共犯具有从属性，故教唆者也不成立犯罪。（2）被教唆者因教唆而产生犯罪决意，并实施行为，构成犯罪未遂，则教唆者也与之负同一责任。

依主观说，教唆行为有独立的性质，此等情形下，教唆犯应就其所认识的犯罪事实限度内负刑事责任。其一，教唆者对于被教唆者的行为止于未遂，不能有确切的支配能力，或者说，对于被教唆者的犯罪既遂有着不确定的认识，其以陷害教唆引起他人犯罪，该犯罪行为即可向既遂方向发展。其二，即使教唆者确信被教唆者决不致完成犯罪，但也有使被教唆者成立未遂犯的故意，亦即有教唆他人犯罪的故意，至少应负教唆未遂之责；何况其教唆的动机出于陷害，恶性更深，更有处罚的必要。

（三）我国大陆学者的主张

我国法学界对陷害教唆问题尚无深入研究，但已经有所涉及和思考。在陷害教唆行为的刑事责任问题上，大致有以下几种意见：

第一种意见认为，陷害教唆者不应成立教唆犯，而应构成诬告陷害罪。理由是：其一，陷害教唆具有严重的社会危害性，必须予以刑罚惩罚。其二，在陷害教唆的场合，教唆人与被教唆人之间并不存在共同故意和共同行为。教唆行为只是作为陷害手段使用，教唆人的故意也不是一般意义上的教唆故意，而是陷害他人的故意。其三，在陷害教唆的场合，被教唆人的犯罪未得逞之时，就是教唆人陷害他人的目的得逞之时，对教唆人不能按犯罪未遂处理。其四，以制造犯罪事实为手段来陷害他人是诬告陷害的一种方法，其犯罪情节比捏造犯罪事实的诬告陷害更为严重。③

第二种意见认为，对陷害教唆者不应以犯罪论处，而应作其他处理。理由是：陷害教唆在《刑法》总则中没有规定，但它与《刑法》分则第243条规定的诬告陷害罪有类似之处，即行为人都有使他人受到刑事追究的目的；不过二者

---

① 参见萧榕主编：《世界著名法典选编（刑法卷）》，中国民主法制出版社1998年版，第52页。
② 参见贾宇：《教唆犯理论的初步比较研究》，载《河北法学》1991年第2期。
③ 参见张晓辉：《论教唆犯》，载赵秉志等主编：《全国刑法硕士论文荟萃（1981届—1988届）》，中国人民公安大学出版社1989年版，第377~381页。

并不相同，因为他们采取的手段不同，一个是教唆他人犯罪，一个是捏造犯罪事实，故对陷害教唆行为不能直接按诬告陷害罪定罪处罚。从共同犯罪的角度分析，我国刑法中的共同犯罪是指二人以上共同故意犯罪，主观上要求有共同的犯罪故意，客观上要求有共同的犯罪行为。而在陷害教唆的场合，教唆者实际上有浅层和深层两层故意。从表面上看，教唆者是要他人实施某种犯罪行为，即二者有共同的犯罪故意；而从最终目的上来看，教唆者是要通过此种手段达到让司法机关追究其刑事责任的目的，在此意义上，二者又没有共同的故意了。至于共同的犯罪行为，显然二者并不存在。所以在陷害教唆的场合，以单独论罪为宜。但在我国现行刑法已经规定了罪刑法定原则，而分则条文又未明确规定此种犯罪的情况下，只能不以犯罪论处，而作其他处理。①

第三种意见认为，对陷害教唆者应按教唆犯的未遂予以处理。论者认为，我国刑法未明确规定陷害教唆，但就立法精神理解，在该问题上可以说采取了主观论的肯定观点：被教唆者未接受陷害教唆，依照《刑法》第29条第2款属于"被教唆的人没有犯被教唆的罪"的情形，对教唆者按教唆犯的未遂犯处理；如果被教唆者接受陷害教唆，构成犯罪未遂，则教唆者与之构成共犯，依据《刑法》第29条第1款和第23条的规定，仍按教唆犯的未遂犯处理。②

（四）笔者关于陷害教唆的见解

笔者认为，陷害教唆的问题有以下几点需要明确：

1. 陷害教唆不同于诬告陷害与报复陷害。根据我国刑法规定，所谓诬告陷害，是指捏造犯罪事实，向司法机关或者有关单位告发，意图使他人受刑事追究，情节严重的行为。所谓报复陷害，是指国家机关工作人员滥用职权、假公济私，对控告人、申诉人、批评人、举报人实行报复陷害的行为。③而在陷害教唆的场合，行为人并没有捏造犯罪事实，所针对的陷害人也不限于控告人、申诉

---

① 参见李富友：《陷害教唆与警察圈套》，载《中央政法管理干部学院学报》1988年第4期。

② 参见贾宇：《教唆犯理论的初步比较研究》，载《河北法学》1991年第2期。这里所说的"主观说"，是指我国台湾学者在讨论陷害教唆之教唆人的刑事责任问题时所坚持的一种主张，即依主观说，教唆行为有独立的性质，此等情形下，教唆犯应就其所认识的犯罪事实限度内负刑事责任。首先，教唆者对于被教唆者的行为止于未遂，不能有确切的支配能力，或者说，对于被教唆者的犯罪既遂有着不确定的认识，其以陷害教唆引起他人犯罪，该犯罪行为即可向既遂方向发展。其次，即使教唆者确信被教唆者决不致完成犯罪，但也有使被教唆者成立未遂犯的故意，亦即有教唆他人犯罪的故意，至少应负教唆未遂之责；何况其教唆的动机出于陷害，恶性更深，更有处罚的必要。

③ 参见高铭暄、马克昌主编：《刑法学》（下编），中国法制出版社1999年版，第846、869页。

人、批评人、举报人,而恰恰告发的是真实的犯罪事实,这与诬告陷害、报复陷害显然具有本质的不同。因此,主张以诬告陷害来代替对陷害教唆的处理的观点是站不住脚的。

2. 陷害教唆具有极为严重的社会危害性,也反映了行为人严重的人身危险性,应该予以犯罪化处理。其在客观上的危害性表现在,陷害教唆行为人为达到个人目的,先制造刑事犯罪分子,后又报告有关机关去抓获,从而已经使得犯罪行为直接侵害了法益,并导致社会治安状况的恶化,造成社会秩序的混乱。其在主观上的恶性表现在,陷害教唆行为人出于卑劣的动机,明知自己的陷害教唆行为会发生危害社会的结果,并且希望或者放任这种结果发生,因而具有犯罪故意。陷害教唆行为人的人身危险性表现在,一方面他具有再次实施陷害教唆的可能,另一方面还会有潜在的陷害教唆行为人实施陷害教唆行为的可能。[①] 因此,从陷害教唆行为的严重社会危害性及其行为人所具有的严重的人身危险性等方面来看,应对陷害教唆行为予以犯罪化。

3. 陷害教唆行为人的主观故意内容问题。有人认为,陷害教唆行为人在主观上只是希望被教唆人被追究刑事责任,而不是、也不至于使被教唆人的犯罪行为真正进行到底,即教唆人并不希望被教唆人的犯罪行为产生犯罪结果。笔者认为,这种看法不符合实际,也不全面。因为:(1)被教唆人的犯罪行为到底能够进行到何种程度,并不完全取决于教唆人的主观愿望,它还受许多主客观因素的制约,更何况被教唆人的犯罪行为总是在不同程度上对社会造成了危害。事实上,在陷害教唆的场合是存在被教唆人将所教唆的犯罪进行到底的可能性的。例如,警察还没有来得及将被教唆人抓获时,被教唆人就可能已经将所教唆的犯罪实施完毕。特别是在陷害教唆所针对的是特别重大法益的场合,如针对他人的人身甚至生命,针对公共安全、国家安全等法益,往往会造成无法挽回的巨大损失。(2)教唆人的主观动机是卑劣的,意在陷害他人并危害社会。在陷害教唆的场合,实施陷害教唆的行为人在主观上的动机是意图使他人受到确定无疑的刑事追究,而且有的犯罪由于其本身的严重性质,被教唆人可能要付出生命的代价。对于出于这样严重卑劣的行为动机的行为人,无论从社会通常的伦理道德来看,还是从实施陷害教唆行为人本身的主观恶性来看,都应当对实施陷害教唆的行为人予以严厉谴责。更何况,实施陷害教唆的行为人根本不顾及其行为对社会所造成的重大危害及其危险,在主观上具有危害社会的主观故意。(3)教唆人的直接故意是被教唆人能够实施所教唆的犯罪行为,具有应受谴责性和可罚性。因为,实施陷害教唆的行为人很明白,如果被教唆人不实施所教唆的犯罪,那么

[①] 参见余向阳、柳立子、钟再根:《陷害教唆理论初探》,载《河北法学》1999年第6期。

被教唆人是不能受到刑事追究的，因此，教唆人明确知道被教唆人会实施危害社会的犯罪行为，并且希望被教唆人实施这种犯罪行为及其危害社会的后果发生，在主观恶性上具有应受谴责性和可罚性。（4）实施陷害教唆能对社会造成严重的危害后果。这种行为不但在客观上造就了犯罪人，而且对社会造成危害，是一种具有严重社会危害性的行为，应当受到刑法的严厉制裁。

4. 通过全面考察陷害教唆的社会危害性和主观罪过，可以看出，陷害教唆在本质上具有与纯粹教唆犯相当的可谴责性和可罚性，其客观行为与主观罪过都与纯粹教唆犯基本等质，因此，应以教唆犯理论来解决陷害教唆的刑事责任问题，适用与教唆犯相同的处罚原则。在被教唆人接受教唆并实施所教唆的犯罪的场合，按共同犯罪（教唆犯的未遂犯）处理；在被教唆人没有接受教唆或者没有实施所教唆的犯罪的场合，按非共犯教唆犯（教唆犯的未遂犯）来处理。同时应当说明，在陷害教唆的场合，对实施陷害教唆的行为人，由于其在主观动机上并不具有"良好的"、"有益于社会的"性质，不宜于比照纯粹教唆犯予以特别的从轻或者减轻处罚，可以适用与纯粹教唆犯相同的处罚原则，但是同时也应根据具体案情依法按照教唆犯的未遂处罚原则予以处罚。尤其是对于那些具有比较善良的或者情有可原的复杂动机而实施陷害教唆的行为人，还是应当综合考量其主观恶性大小，同时还应当承认其客观上并没有造成严重社会危害后果的具体情况，可以依法对此种情况下的陷害教唆犯予以更大的从宽处理。例如，为了帮助亲人立功或者为了揭露某些本来就具有重大犯罪嫌疑的人的犯罪"真相"而对他人进行陷害教唆，并且客观上尚未造成严重后果的，即可以对陷害教唆犯予以从轻、减轻处罚或者免除处罚。

这里还需要说明的是，一般而言，陷害教唆是大陆法系刑法共同犯罪中的教唆犯问题，而警察圈套（本书中，笔者冠之以"诱惑侦查"的称谓）则是英美法系刑法辩护规则中合法辩护事由问题。二者是分属于不同法系、不同理论体系中的两个问题。[①] 因此，对于警察圈套问题，本书在下面设置专节进行讨论。

第八节　诱惑侦查

诱惑侦查既有教唆或者容忍他人犯罪的性质，属于广义上的陷害教唆，但又有其特殊性，因此有必要予以单独讨论。

[①] 参见李富友：《陷害教唆与警察圈套》，载《中央政法管理干部学院学报》1998年第4期。

一、诱惑侦查的称谓问题

在理论界和实践中,诱惑侦查还有诱导型侦查、侦查陷阱、诱饵侦破、警察圈套等称谓。

笔者觉得,用"警察圈套"的称谓不够确切,因为这种称谓本身表明其受到的规范和限制有以下几个方面:(1)对于执行这种侦查行为的主体的限制,即执行这种侦查行为的主体仅仅限于"警察"或者"警察机关"。但是,在实践中,执行这种侦查行为的主体还包括具有侦查权的检察人员或者检察机关。因此,用"警察圈套"的称谓,对于这种侦查行为的主体限制不当,没有准确概括这种侦查行为的主体范围。(2)对于执行这种侦查行为的行为方式的限制,即限于设置一种"圈套"。但是,如何界定"圈套"呢?语言学上的解释是:所谓圈套,就是使人上当受骗的计策,如落入圈套等。这种圈套只能是行为人积极地、有预谋地、有计划地实施的,但在行为方式上实际上是没有限制的,既可以采取暴力威胁方法以逼迫他人就范的胁迫性方式,也可以采取引诱、迷惑方法以引导他人就范的引导性方式,还可以采取有控制地予以放任的方法以误导他人就范的误导性方式。这些不同的行为方式同时还涉及行为强度问题,它既可能是十分剧烈的圈套行为,如胁迫性方式的圈套行为,也可以是相对缓和的圈套行为,如引导性方式与误导性方式的圈套行为,对此显然也不确定。可见,"警察圈套"的称谓并没有真正严格限制这种特殊的侦查行为的行为方式与强度。实际上,即使警察所设置的圈套行为并不至于过分刺激、引诱他人实施犯罪行为,而只是容忍他人实施犯罪行为,也很难说这种警察圈套行为属于"理智"、"合理"、"合法"的限度内。(3)对于执行这种侦查行为的行为目标或者目的的限制。虽然,从相对善良的愿望与合目的性的常理出发,可以知道其目标是"侦查破案",但是,"警察圈套"的称谓并没有必然排除为实现治安行政管理目标、报复陷害目的等其他合法与非法目标的内容。是否只要是警察所设置的圈套都是"警察圈套"呢?显然不能这样理解,但是"警察圈套"的称谓并没有明确这一点。

笔者认为,相对来说,"诱惑侦查"的称谓要贴切一些。这种称谓至少限制了执行这种侦查行为的主体只能是"侦查机关",包括依法行使侦查权的警察机关、检察机关及其他执行侦查职务的人员;限制了其行为方式与强度只能是在"诱惑"的范围内;限制了其行为目标只能是"侦查破案"。当然,由于这种行为的法律性质与问题本身的复杂性,"诱惑侦查"的称谓仍然存有特殊的疑问,因为按照一般的理解,诱惑应该是指主动引诱和迷惑,实质上无异于是一种教唆,如果是这样,那么其合法性就值得怀疑。"侦查陷阱"、"诱饵侦查"的称谓也有问题,因为侦查在现实生活中,实际上基本上是作广义的理解,除开警察依法行使侦查权,检察机关也有法律所赋予的部分侦查权以外,在调查一些普通违法行为的场合,生活中也有称之为"侦查"的情形,这样一来,似乎可以在不受限制的领域内合法设置陷阱与诱饵进行侦查,其负面的作用无疑会造成社会的混乱。

因为上述原因,笔者认为宜采用"诱惑侦查"的称谓。但是,出于行文方便以及介绍英美国家情况的需要,笔者在后文中仍然使用了"警察圈套"、"诱导型侦查"的概念,在没有特别解释的场合,应当将其作为与"诱惑侦查"等同的概念。

二、主要西方国家对诱惑侦查的态度

在总体上,日本等西方国家是将诱惑侦查分为"机会提供型"的诱惑侦查与"犯意诱发型"的诱惑侦查两种。比如,日本学者认为:诱饵侦查有两种类型,一是诱发犯罪意图型,即诱饵者鼓动被诱饵者,诱发其犯罪意图,促使他实施犯罪;二是机会提供型,即诱饵者向已经产生了犯罪意图的被诱饵者提供实行犯罪的机会。[①] 因此,所谓机会提供型诱惑侦查,是指犯罪嫌疑人本来就有犯罪的意图,侦查机关的诱导只是为其实施犯罪提供了一种机会的情形。所谓犯意诱发型诱惑侦查,是指由于侦查机关的诱导,行为人才产生犯罪的意图,并进而实施犯罪的情形。对于前者,各国国内法与欧洲人权法院都持肯定立场;但对于后者,大多持否定立场。这实际上是对诱惑侦查提出了一个基本一致的底线要求,即政府不能为了侦查、追诉的需要,而教唆一个本来无意实施犯罪的人去犯罪。因此,西方主要国家根据欧洲人权法院的要求,都对诱惑侦查所适用的犯罪类型以及有关程序作了明确规定,但各国的具体规则仍然有较大的差别。[②] 下面对英国、美国、日本、德国、法国、瑞士、葡萄牙等主要西方国家以及欧洲人权法院对诱惑侦查的有关规定及立场作一介绍。[③]

[①] 参见[日]西原春夫主编,金光旭等译:《日本刑事法的重要问题》(第二卷),中国法律出版社、日本成文堂2000年联合出版,第148页。

[②] 孙长永著:《侦查程序与人权——比较法考察》,中国方正出版社2000年版,第39页。

[③] 参见储槐植著:《美国刑法》(第二版),北京大学出版社1996年版,第128~129页;孙长永著:《侦查程序与人权——比较法考察》,中国方正出版社2000年版,第37~44页;马跃:《美、日有关诱惑侦查的法律及论争之概观》,载《法学》1998年第11期;杨建勇、郭海容:《美国刑法中的警察圈套合法辩护》,载《法学杂志》1999年第2期;[日]小野清一郎:《诱惑侦查和陷阱的理论及诱惑者的理论》,载日本《警察研究》1954年第25卷第11号;[日]田中政义:《关于诱惑侦查的诸问题》,载日本《法学新报》1952年第59卷第3号。

(一) 英美国家的警察圈套问题

在英美国家，警察圈套（Entrapment），是指警察、司法人员或者他们的代理人为了获得对某人提起刑事诉讼的证据，而诱使其实施某种犯罪的行为。① 在警察圈套的场合，被告人就可以以他的犯罪行为是在警察、司法人员或者他们的代理人诱使下产生的为理由提出免罪辩护，这就是所谓的警察圈套合法辩护。

1. 警察圈套的成立要件。根据美国最高法院1932年索里尔斯出售烈性酒案和1958年谢尔曼出售麻醉品案两个判例，警察圈套的成立要件有三个：

（1）诱使者的身份必须是警察、其他司法人员或者他们派出的代理人。一般公民不能作为警察圈套的诱使者。

（2）诱使者的行为，不仅仅是提供了犯罪机会，还必须以积极行为去诱使被告人实施犯罪。这是构成警察圈套的客观条件或者客观标准。

（3）被告人的心理状态。被告人本来是无辜的，其犯罪念头是因司法人员的引诱而萌发的，并且不是原先就有的。这是构成警察圈套的主观要件或者主观标准。

总的来说，构成警察圈套的三个要件应该统一起来考虑。但是，对于警察圈套的第二个要件即客观标准和第三个要件即主观标准，不同的理论有不同的解释。美国联邦系统法院和多数州法院采取侧重于主观标准的立场，认为应当区别被告人有无犯罪的倾向性，即区分侦查人员是仅仅提供了犯罪机会还是诱发了犯罪两种不同情况来看：如果被告人在被设计的圈套引诱时就已经存在犯罪心理倾向，则不存在警察圈套合法辩护的根据；如果被告人本来没有犯罪意图，其犯罪意图是警察圈套诱使的结果，就可以进行免罪辩护。判别被告人在实施犯罪行为前是否已经存在犯罪心理倾向的标准，通常是看被告人以前有没有类似的犯罪记录。但少数州法院和许多学者主张客观标准说，认为警察圈套合法辩护成立与否主要不取决于被告人的主观心理状态，而在于圈套设计者的行为是否足以引起一个假定没有犯罪心理倾向的人去实行犯罪。即认为应当以诱导行为本身合法为标准来判断，如果所提供的诱导行为在客观上超出了通常的诱惑范围而诱发了犯罪意图，从而诱导行为与犯罪行为之间存在因果关系，就应当认定"陷阱抗辩"

---

① 此外，属于英美法系的加拿大也存在"警察圈套合法辩护"问题，在内容上基本上没有超出英国和美国的规定。一般认为，加拿大最高法院在判断诱导型侦查的合法性时适用的是客观标准，即必须有客观证据可以据以合理地怀疑被告人曾经参与过某种有联系的犯罪活动，才能认可警察诱导犯罪的适当性。参见储槐植著：《美国刑法》（第二版），北京大学出版社1996年版，第128～129页；孙长永著：《侦查程序与人权——比较法考察》，中国方正出版社2000年版，第37～44页。

成立。① 客观标准说对主观标准说的批评是，用过去的犯罪记录来证明被告人后来存在犯罪心理倾向，无异于承认"天生犯人"或者"犯人无法矫正"这种已经遭到否定的犯罪学理论；同时，犯罪心理倾向常常很难确定，为了"确定"这种倾向，不是求助于被告人过去的犯罪记录，就是给法官留下了过大的自由裁量权。当然，主观说也对客观说提出了反批评，但明显的反驳无力。

实际上，上述主观标准说与客观标准说都认可一定程度上的引诱的现实合理性，既没有限定可以适用诱惑侦查的案件范围，也没有要求侦查机关在采取诱导型侦查手段前必须有一定的合理怀疑。所不同的只是二者的侧重点有所区别，并且证明责任的分担不一样：主观标准说侧重于被告人在受到引诱时是否已经具有犯意，这需要由被告方先提供证据证明是受到政府"陷阱"的引诱而犯罪，然后才由政府证明被告人本来就有犯意并且犯罪是注定要发生的；客观标准说侧重于侦查人员的诱导行为，它使"陷阱抗辩"成为一种"积极抗辩"，从而证明责任完全由控诉人一方承担。

但是，现在美国和英国在司法实践中都对实施诱导型侦查进行了一定的限制。就美国而言，联邦司法部长在给联邦调查局关于化装侦查的"内部指引"中明确要求，只有在下列两种情形之下，才能为实施犯罪提供引诱：一是根据耳目或者其他方法获得的信息认为存在合理的迹象，侦查对象正在、已经或者很可能就要实施类型相似的犯罪活动的；二是基于对于非法活动机会的安排有理由相信被提供给这种机会的人注定要实施预谋的犯罪活动的。可见，事实上美国对诱导型侦查的采用施加了一定的限制，即至少存在某种事实根据且行为人已经存在犯意的前提下才能进行"警察圈套"行为。就英国而言，英国上诉法院也基本上采取了综合考虑主客观两方面因素的判断标准，认为关键在于如果没有警察的引诱被告人是否会犯罪，即引诱与犯罪之间是否存在因果关系；如果存在因果关系，法官可以根据《警察与刑事证据法》第78条的规定裁量排除有关证据。特别是在欧洲人权法院对卡斯特罗诉葡萄牙案件进行判决之后，英国开始对警察诱导型侦查进行了反思，在主流思想上对诱导型侦查的态度逐渐与大陆法系国家趋于一致，即要求根据《欧洲人权公约》所确定的标准实行法治化，以进一步保障嫌疑人的权利。例如，英国民间团体"司法"组织就根据1998年通过的《人权法》和欧洲人权法院的判决发表了一份题为《监控之下：秘密警察活动与人权标准》的研究报告，呼吁对秘密侦查手段要通过立法和司法进行严格控制，并且允许遭受警察"陷阱"引诱的嫌疑人根据《人权法》上的"基本公正"原

---

① 参见孙长永著：《侦查程序与人权——比较法考察》，中国方正出版社2000年版，第42页。

则提出强有力的辩护。①

2. 警察圈套合法辩护的理论根据。1932年美国最高法院多数法官的观点是：落进圈套的被告人之所以没有罪责的理由是，他是刑事法规的不言而喻的例外，即"当然例外理论"。少数法官的观点是：落进圈套的被告人有罪责但不定罪，因为如果被告人落进了普通公民设计的圈套就可能构成共同犯罪，所以不能由于圈套设计者不同而改变被告人的犯罪心态，但为了阻止司法官员搞这种应受谴责的动作，从而使得落进圈套的被告人免受刑事惩罚是必要的，这应当作为一种政策，即所谓的"社会政策理论"。尽管美国多数法院采取当然例外观点，但不少学者认为社会政策观点在理论上更具有说服力，因为，根据公正审判的理念，警察设圈套是同美国宪法所规定的"正当程序"原则相抵触的，以非法手段取得的证据不能作为诉讼的合法根据。因此，警察圈套作为合法辩护的理由，主要是对司法官员可能滥用侦查权的一种限制；揭露犯罪、同犯罪作斗争，是司法官员的义务，但是他们没有挑起或诱使犯罪的权力。

3. 在警察圈套合法辩护的场合，警察或者司法人员的责任问题，英美国家的做法略有差异：在美国，警察也没有刑事责任；在英国，则采取严格限制政策。只有同时具备下列三个条件，警察才不负刑事责任：一是犯罪行为实行者没有造成不可挽回的显著损害；二是警察并没有实际去参与犯罪活动；三是警察圈套的整个行动事先得到了警察局局长的同意；否则，警察至少要负"教唆"责任。

（二）日本对诱惑侦查的立场

日本对诱惑侦查的立场，主要体现在《麻醉药品管理法》第58条的规定："麻醉药品管理官在侦查有关麻醉药品的犯罪过程中，经厚生大臣许可，可以从任何人那里接受麻醉药品。"学者一般认为，尽管日本的这一规定没有明确说明是否可以使用"陷阱"来诱导他人犯罪，但是这一规定在事实上已经授权侦查机关在侦查毒品犯罪时使用诱导方法。日本最高法院则认为，侦查机关使用"陷阱"侦查犯罪，并不阻却犯罪行为人犯罪构成的该当性、责任性和违法性，既不违反提起公诉的程序，也不足以导致公诉的消灭，因而从实体法和程序法两方面都肯定了诱导型侦查的合法性。因此，就诱导型侦查而言，日本的侦查机关比其他国家侦查机关的权力要大得多；但其前提仍然是：这种诱导型侦查必须是仅仅限于"机会提供型"的，而非"犯意诱导型"的。②

---

① 参见孙长永著：《侦查程序与人权——比较法考察》，中国方正出版社2000年版，第42~44页。

② 参见孙长永著：《侦查程序与人权——比较法考察》，中国方正出版社2000年版，第44页。

日本学者认为,诱惑侦查的典型形式是,侦查人员装扮成吸毒者或者利用其他吸毒者接触贩毒者,经过讨价还价后,在贩毒者将要交货之时,以现行犯的形式拘留贩毒者。因此,日本理论界认为,诱惑侦查这种手法本身并不新颖,只是随着毒品犯罪的增多才再次引起了人们的注意,尤其是以下几个方面的问题值得关注:[①]

1. 诱惑侦查的特点是国家作为诱饵者诱使被诱饵者实施犯罪。因此,首先产生的问题是这种侦查方法是否得当。因为,这种侦查方法一方面国家本来应该防止犯罪却又促使他人实施犯罪,另一方面给不知真情的第三者设下了圈套,可能使人们对侦查方法的公正性失去信赖,还可能侵害国民的隐私权和人格权(即《日本宪法》第13条所规定的、不受公共权力干涉的人格自立权)。侦查必须符合正当的程序,同时也要求协调侦查的必要性和保障人权之间的适度关系。因此,《日本刑事诉讼法》明确规定了"任意侦查原则",即没有特殊必要采用强制侦查方法时,就应当使用任意侦查的方法;法律同时又规定了"强制处分法定主义",即强制处分必须有明确的法律规定,原则上,进行强制处分必须有法官在事前签发的票证,实行"票证主义"。因此,一种侦查方法是属于任意侦查还是属于强制侦查,取决于法律的规定。对于如何区分任意侦查与强制侦查的问题,现在的通说和判例都认为,两者的区别并不在于是否使用了有形的物理力,而在于是否违反受处分一方的意思而侵害其重要的权利。那么,诱惑侦查是否超过了任意侦查的界限?对此,一般认为,诱发犯意型超过了任意侦查的"必要限度";并且,在基本的意义上,诱发犯意型是危害个人的人格权利的,属于强制处分,而且在法律上没有规定,因此是不允许使用的。《麻醉药品管理法》第58条规定,经过厚生大臣许可,侦查人员可以从任何人那里查收上述法律规定的违禁品(但《兴奋剂取缔法》没有这种规定)。这一规定也至少说明,法律不允许诱发犯意型的诱惑侦查;对此,人们期待在立法上明确规定提供机会型这种诱惑侦查的侦查对象、允许的条件等程序。最高法院有关诱惑侦查的判例认为,"在他人的诱饵下产生犯意或者在他人的诱饵下强化了犯意的人实施犯罪的情况下","不能以诱饵者不是个人而是侦查机关这一事实,阻却该犯罪实行者的犯罪构成要件该当性和责任,也不能违反提起公诉程序的规定放弃公诉权"。因此,这个判例全面承认了诱惑侦查,但它仅限于提供机会型的诱惑侦查,而不是犯意诱发型的诱惑侦查。

20世纪70年代后期有关排除违法收集证据原则和公诉权滥用论的判例,由

---

① 见[日]加藤克佳:《毒品犯罪的侦查》,载[日]西原春夫主编,金光旭等译:《日本刑事法的重要问题》(第二卷),中国法律出版社、日本成文堂2000年联合出版,第147~151页。

于特别强调正当程序，因而认为诱惑侦查是违法的。比如，日本最高法院对一起携带冰毒案件的判决，虽然没有提及诱惑侦查是否合法的问题，但是，该判决所附加的两名法官的反对意见却十分引人注目。"反对意见"认为：侦查协助人员根据警察的要求让被告人定购和携带冰毒，这显然是诱惑侦查，而且该案件并不存在使用诱惑侦查的必要性，因此是违法的。

2. 由于在实际执行时对诱发犯意型与机会提供型两种诱惑侦查很难区分，因此有必要探讨具体的认定方法。日本学说认为，可以使用诱饵侦查的要件应当包括两个方面：一是使用这种侦查方法的必要性；二是没有其他有效的侦查方法可以替代。因此，日本诱饵侦查的对象仅仅限于严重的犯罪，而且是侦查上有困难的、受政治左右的可能性很小的犯罪，如极少数毒品犯罪等。

3. 日本对违法的诱饵侦查的法律后果之立场。对此主要有以下五种观点：（1）诱饵侦查获得的证据适用排除违法收集证据原则，即否定通过违法程序所收集的证据的证据能力。（2）驳回公诉说。（3）免诉说。（4）对于诱发犯意型适用驳回公诉说，而对于提供机会型适用排除违法收集证据原则。（5）无罪说。在日本，多数人支持第二种观点，主张应当以违反正当程序为理由驳回公诉；但是，第三种观点"免诉说"也是有力的学说，这种观点主张终结诉讼程序，即违反程序达到了国家行使刑罚权所不允许的程度时，应当以一事不再理中的免诉来终结程序。

（三）德国对诱惑侦查的立场

《德国刑事诉讼法》对诱惑侦查有明确规定，该法第110条A至E对派遣秘密侦查员进行诱惑侦查的实质条件和程序要求所作的规定如下：①

1. 派遣秘密侦查员的实质条件有三个：第一，必须有"足够的事实依据"表明存在重大犯罪行为。第二，只限于毒品、武器交易、伪造货币或有价证券、有关国家安全方面的犯罪，或者是职业性的、持续性的犯罪，或者是有组织地实施的重大犯罪。秘密侦查员所获得的个人情况信息，也只能在这些特定的案件中用作证据。第三，只限于采用其他方式将使得侦查成效渺茫或者十分困难的情形。

2. 派遣秘密侦查员的程序要求（要件）也有三个：第一，必须经过检察院批准；但是，在延误就有危险并且不能及时得到检察院的决定时，警察机关也可以先派遣，然后提请检察院批准，但如果检察院在3日内未予批准的，警察机关必须取消派遣。第二，如果是针对特定的嫌疑人派遣的，或者是秘密侦查员在执

---

① 参见孙长永著：《侦查程序与人权——比较法考察》，中国方正出版社2000年版，第39~40页。

行任务时需要进入不允许公众出入的住所的,必须经过法官批准才能派遣秘密侦查员,但在紧急情况下可以由检察院批准,并且在不能及时得到检察院的决定时,警察机关也可以先派遣,然后提请法官批准。法官在3日内未予批准的,警察机关必须取消派遣。第三,检察院或者法官批准派遣秘密侦查员必须采用书面形式,并且附上期限,但只要派遣的实质条件继续存在,原来限定的期限可以延长。秘密侦查员利用虚构的传奇身份对案件进行侦查,一旦不会对侦查目的、公共安全、人的身体或者生命以及秘密侦查员的继续使用构成危险时,应当对于秘密侦查员曾经进入过的不允许公众出入的住房的居住人就派遣过秘密侦查员一事进行通知。

(四) 法国对诱惑侦查的立场

《法国刑事诉讼法》第十六编专门对毒品犯罪的侦查、起诉和审判作了特别的授权规定,即为了侦查毒品犯罪以及非法生产毒品替代品及原材料的犯罪,司法警察可以获取、持有、运输、交付、储藏或者保存毒品,"实际上也就是授权司法警察为了侦查而参与实施毒品犯罪";但是,这种侦查措施必须事先经过检察官或者预审法官的批准。[1]

(五) 瑞士对诱惑侦查的立场

根据《瑞士联邦禁毒法》及有关法律的规定,诱惑侦查仅仅适用于"有组织地贩毒的重大犯罪案件",而且只允许化装后的警察及其代理人对于犯罪本身"保持消极立场";如果警察及其代理人教唆犯罪,则警察及其代理人要负刑事责任。[2]

(六) 葡萄牙对诱惑侦查的立场

《葡萄牙关于预防毒品贩运的立法决定》第59条规定,"侦查官员在侦查过程中以秘密身份亲自或者通过第三者买入毒品或者其他麻醉物品的,不因此类行为而受到追诉",但必须在24小时之内提交关于这类侦查行为的报告附卷。在学理上,一般认为应将从事诱导型侦查的人员分为"地下代理人"与"代理教唆者"两种,前者的任务限于收集证据,后者则实际上教唆犯罪,因此,对于前者收集的材料可以作为证据予以采纳,而对于后者获得的证据多数情况下应当

---

[1] 参见孙长永著:《侦查程序与人权——比较法考察》,中国方正出版社2000年版,第40页。

[2] 参见孙长永著:《侦查程序与人权——比较法考察》,中国方正出版社2000年版,第41页。

排除。①

(七) 欧洲人权法院对诱惑侦查的态度立场

根据欧洲人权法院 1998 年 6 月 9 日关于"卡斯特罗诉葡萄牙"一案的判决，其对诱惑侦查的立场是：必须明确区分两种不同的情况，一种是秘密侦查员积极努力地向本来就在进行交易的人购买毒品，这种情况不构成对《欧洲人权公约》第 6 条"公正审判"权利的侵犯；另一种是秘密侦查员积极努力地向尚不知道其从事毒品交易的人购买毒品，这种情况则构成对"公正审判"权利的侵犯。区分二者的关键在于被侦查的行为人是否本来注定要实施犯罪。②

从上述介绍可以看出，主要西方国家和欧洲人权法院对诱惑侦查的立场大致是：既不绝对地禁止诱惑侦查，但又不是无限制地滥用诱惑侦查，而是对诱惑侦查的适用采取严格限制的"有限适用"。这些限制条件大致有以下几种情况：(1) 对于犯罪类型（适用范围）的限制。多数国家并不是笼统地允许对所谓"隐蔽性无被害人犯罪"或者"无被害人的犯罪"都可以进行诱惑侦查，而是将诱惑侦查的适用范围更加严格地限制在某一种或者几种特定的重大犯罪。比如，法国、日本、葡萄牙等国仅允许对"毒品犯罪"进行诱惑侦查；欧洲人权法院也坚持只允许对"毒品犯罪"进行诱惑侦查的立场；瑞士则更进一步进行限制，仅仅允许对"有组织地贩毒的重大犯罪案件"进行诱惑侦查；德国的诱惑侦查则"只限于毒品、武器交易、伪造货币或者有价证券、有关国家安全方面的犯罪，或者是职业性的、持续性的犯罪，或者是有组织地实施的重大犯罪"。英美国家的"警察圈套"没有严格限制其适用范围，但是，在其精神内核上是作为一种否定这种圈套行为本身的合法性的"（被告人）合法辩护理由"。因此，从这种意义上看，英美国家对警察圈套的"适用范围"的限制应当是更加严格而狭窄。(2) 对于启动诱惑侦查行为的事实依据的限制。比如，德国规定：适用诱惑侦查的前提条件是必须有足够的事实依据表明存在重大犯罪行为，如果没有这种依据就不能擅自发动诱惑侦查行为。再如，美国的司法实践对启动诱惑侦查（警察圈套）行为的事实依据就有明确要求，即只有在下列两种情形之下，才能为实施犯罪提供引诱：一是根据耳目或者其他方法获得的信息认为存在合理的迹象，侦查对象正在、已经或者很可能就要实施类型相似的犯罪活动的；二是基于对于非法活动机会的安排有理由相信被提供给这种机会的人注定要实施预谋的犯罪活动的。(3) 对于侦查对象的限制。欧洲人权法院明确将侦查对象限制为

---

① 参见孙长永著：《侦查程序与人权——比较法考察》，中国方正出版社 2000 年版，第 41 页。

② 参见孙长永著：《侦查程序与人权——比较法考察》，中国方正出版社 2000 年版，第 41 页。

"本来就在进行（毒品）交易的人"。英美国家则从反面意义上对侦查对象进行了限制，一旦警察圈套所针对的侦查对象"本来是无辜的，其犯罪念头是因司法人员的引诱而萌发的，并且不是原先就有的"，那么这时的警察圈套就成为"（被告人）合法辩护"的理由。因此，可以说，英美国家对警察圈套所针对的侦查对象是有限制的，即若要使警察圈套不至于成为被告人的合法辩护理由，则其侦查对象不能是"本来是无辜的，其犯罪念头是因司法人员的引诱而萌发的，并且不是原先就有的"公民。在美国的司法实践中，实际上就是要求诱惑侦查是"（根据耳目或者其他方法获得的信息认为存在合理的迹象）侦查对象正在、已经或者很可能就要实施类型相似的犯罪活动的"。在德国，从其规定适用诱惑侦查的前提条件是必须有足够的事实依据表明存在重大犯罪行为这一点来看，其诱惑侦查的侦查对象限制在"有犯罪嫌疑的人员"。欧洲人权法院认为，不构成对《欧洲人权公约》第6条"公正审判"权利的侵犯的诱惑侦查，其侦查对象仅限于"本来就在进行（毒品）交易的人"。但是，日本等国家并没有限制诱惑侦查的侦查对象，如日本明确规定"麻醉药品管理官可以从任何人那里接受麻醉药品"。（4）对于侦查主体的限制。各国基本上都将诱惑侦查的主体限制为"警察、司法人员及其代理人"。（5）对于程序上审批和报告的限制。在主要西方国家的诱惑侦查中几乎无一例外地都有这方面的限制：在日本，实施诱惑侦查必须"经厚生大臣许可"；法国要求，诱惑侦查必须事先经过检察官或者预审法官的批准；英国要求，警察圈套必须是整个行动事先得到了警察局局长的同意；葡萄牙规定，实施诱惑侦查必须在24小时之内提交关于这类侦查行为的报告附卷。特别是德国，对于诱惑侦查的审批程序有十分严格的硬性规定：第一，必须经过检察院批准，但是，在延误就有危险并且不能及时得到检察院的决定时，警察机关也可以先派遣，然后提请检察院批准，但如果检察院在3日内未予批准的，警察机关必须取消派遣；第二，如果是针对特定的嫌疑人派遣的，或者是秘密侦查员在执行任务时需要进入不允许公众出入的住所的，必须经过法官批准才能派遣秘密侦查员，但在紧急情况下可以由检察院批准，并且在不能及时得到检察院的决定时，警察机关也可以先派遣，然后提请法官批准，但法官在3日内未予批准的，警察机关必须取消派遣；第三，检察院或者法官批准派遣秘密侦查员必须采用书面形式，并且附上期限，但只要派遣的实质条件继续存在，原来限定的期限可以延长。（6）对于侦查行为的限制。这种限制在主要西方国家的诱惑侦查中也基本上是无一例外的，总的要求是诱惑侦查的侦查行为只能局限于"机会提供型"，即只能是为犯罪提供了一种机会而已。不过，各国具有自己不同的规定方式。在英美国家，是从否定非法的警察圈套的角度来规定的："诱使者的行为，不仅仅是提供了犯罪机会，还必须以积极行为去诱使被告人实施犯罪。"瑞士规定，只允许化装后的警察及其代理人对于犯罪本身"保持消极立场"。葡萄牙则从实施诱惑侦查的人员所扮演的角色上对侦查行为进行限制性规定：只能是限于收集证据的"地下代理人"，不能是教唆犯罪的"代理教唆者"。（7）对于"最后手段性"的限制。适用诱惑侦查的"最后手段性"的限制，是指实施诱惑侦查具有"不得已性"，即如德国的规定，实施诱惑侦查必须是"不得已而为之"，只限于采用其他方式将使得侦查成效渺茫或者十分困难的情形，如果能够使用其他合法方式进行有效侦查，就不允许使用诱惑侦查。

关于诱惑侦查的法律后果问题，大致包括对于诱惑侦查中被告人的法律后果与对于诱惑侦查中侦查人员的法律后果两个方面。（1）对于诱惑侦查中被告人的法律后果。对此，应分为合法的诱惑侦查与非法的诱惑侦查两种情况而定：对于合法的、"机会提供型"的诱惑侦查而言，被告人对于因诱惑侦查所取得的证据而提出的抗辩不能成立；但对于非法的、"犯意诱发型"的诱惑侦查而言，被告人针对因诱惑侦查所取得的证据而提出的抗辩成立，不能因此而被认定有罪。（2）对于诱惑侦查中侦查人员的法律后果。如果是合法的、"机会提供型"的诱惑侦查，侦查人员当然不负任何法律责任。因此，问题是对于非法的、"犯意诱发型"的诱惑侦查，侦查人员是否需要负刑事责任？对此，英国、瑞士等国明确规定，警察及其代理人如果教唆犯罪就要负"教唆"的刑事责任；美国则规定警察仍然不负刑事责任，而其他许多国家对此并没有作出明确规定。

三、我国学者的讨论与笔者的见解

我国《刑法》和《刑事诉讼法》并没有规定诱惑侦查或者警察圈套问题，但在学术界对此有所探讨。目前，我国学者对诱惑侦查的讨论，主要涉及诱惑侦查的概念、诱惑侦查的性质、诱惑侦查的合法条件以及在诱惑侦查的场合中诱惑者与被诱惑人的责任等内容。从总体上看，我国学者对诱惑侦查的探讨与研究还不够全面深入，但为了叙述的方便，笔者拟分六个方面来探讨诱惑侦查问题。

（一）研究诱惑侦查的前提：侦查权的界定

1. 侦查权的法律根据

所谓侦查权的法律根据，是指侦查权作为国家的重要权力之一，必须有我国宪法和专门法的明确授权，即侦查权必须在法律所规定的范围内行使，不得超越法律的规定和授权。在具体内容上，侦查权的法律根据包括侦查权的宪法基础与专门法规定。

（1）侦查权的宪法基础问题。所谓侦查权的宪法基础，是指关于侦查权的宪法授权或者说宪法依据。对此，我国《宪法》并没有明确规定侦查权的行使机关、侦查权的具体内容等问题，这些问题是由有关程序性法律或者单行性法律来具体规定的；《宪法》只是对于与侦查权相关的一些宏观问题进行了粗线条的规定。《宪法》的这种规定大致上包括了以下几个方面：

其一，明确规定了国家维护社会秩序和打击各种犯罪活动的权力。这种国家权力当然就包括了揭露和证实犯罪的侦查权。有关这方面的最集中、最直接、最典型的规定是《宪法》第28条，该条规定："国家维护社会秩序，镇压叛国和其他危害国家安全的犯罪活动，制裁危害社会治安、破坏社会主义经济和其他犯罪的活动，惩办和改造犯罪分子。"可见，作为国家权力的重要有机组成部分的对各种刑事犯罪的侦查权，当然是《宪法》第28条所规定的实质内容之一。

其二，明确规定了检察权问题。《宪法》第129条规定："中华人民共和国人民检察院是国家的法律监督机关。"第131条规定："人民检察院依照法律规定独立行使检察权，不受行政机关、社会团体和个人的干涉。"但是，什么是"检察权"在《宪法》中并没有明确，而是留待《检察官法》和《刑事诉讼法》具体规定的。

其三，通过规定公民的平等权、人身自由权等内容，明确规定了对侦查权的限制。《宪法》第33条规定，"中华人民共和国公民在法律面前一律平等。国家尊重和保障人权。任何公民享有宪法和法律规定的权利，同时必须履行宪法和法律规定的义务"。第37条规定："中华人民共和国公民的人身自由不受侵犯。任何公民，非经人民检察院批准或者决定或者人民法院决定，并由公安机关执行，不受逮捕。禁止非法拘禁和以其他方法非法剥夺或者限制公民的人身自由，禁止非法搜查公民的身体。"第41条第3款规定："由于国家机关和国家工作人员侵犯公民权利而受到损失的人，有依照法律规定取得赔偿的权利。"因此，凡是非经法律明确授权的侦查行为，特别是一些非法的限制公民人身自由行为、非法的搜查行为、非法的诱惑与欺骗行为等，都是违反《宪法》规定的严重违法行为。

其四，明确规定了对侦查权的制约。《宪法》第135条规定："人民法院、人民检察院和公安机关办理刑事案件，应当分工负责，互相配合，互相制约，以保证准确有效地执行法律。"其中，可以直接行使侦查权的有人民检察院、公安机关等国家机关；但是，《宪法》明确规定，人民法院、人民检察院和公安机关必须分工负责、互相配合、互相制约，从而体现了对侦查权的制约精神。

（2）侦查权的专门法规定问题。所谓侦查权的专门法规定，是指《刑事诉讼法》等程序性法律以及《人民警察法》、《检察官法》、《国家安全法》、《监狱法》等单行性法律对侦查权的具体规定。这些单行性法律的规定，仍然必须以《宪法》的有关规定为基础，但是在内容上对侦查权进行了全面、具体的规定。专门法的规定，主要有以下内容：

其一，明确规定了我国拥有侦查权的国家机关。根据《刑事诉讼法》等专门法的规定，我国行使侦查权的机关只有公安机关、人民检察院、国家安全机关、军队保卫部门和监狱；除此之外，其他任何机关都没有合法的侦查权。《刑事诉讼法》第18条明确规定了公安机关和人民检察院拥有侦查权，"刑事案件的侦查由公安机关进行,法律另有规定的除外。贪污贿赂犯罪,国家工作人员的渎职犯罪,国家机关工作人员利用职权实施的非法拘禁、刑讯逼供、报复陷害、非法搜查的侵犯公民人身权利的犯罪以及侵犯公民民主权利的犯罪,由人民检察院立案侦查。对于国家机关工作人员利用职权实施的其他重大的犯罪案件,需要由人民检察院直接受理的时候,经省级以上人民检察院决定,可以由人民检察院立案侦查"。该法第4条明确规定了国家安全机关拥有侦查权:"国家安全机关依照法律规定,办理危害国家安全的刑事案件,行使与公安机关相同的职权。"(另外,1983年9月2日第六届全国人民代表大会常务委员会第二次会议通过的《关于国家安全机关行使公安机关的侦查、拘留、预审和执行逮捕的职权的决定》也明确规定:"第六届全国人民代表大会第一次会议决定设立的国家安全机关,承担原由公安机关主管的间谍、特务案件的侦查工作,是国家公安机关的性质,因而国家安全机关可以行使宪法和法律规定的公安机关的侦查、拘留、预审和执行逮捕的职权。")该法第290条则明确规定了军队保卫部门和监狱所拥有的侦查权:"军队保卫部门对军队内部发生的刑事案件行使侦查权。对罪犯在监狱内犯罪的案件由监狱进行侦查。军队保卫部门、监狱办理刑事案件,适用本法的有关规定。"

其二,明确界定了"侦查"的程序性内涵。一是明确规定了"侦查"的含义。《刑事诉讼法》第106条规定,"侦查"是指公安机关、人民检察院在办理案件过程中,依照法律进行的专门调查工作和有关的强制性措施。再结合该法第4条、第290条的规定,国家安全机关、军队保卫部门和监狱在办理刑事案件时也适用该法的有关规定。因此,可以认为,侦查是指公安机关、人民检察院、国家安全机关、军队保卫部门和监狱在办理刑事案件过程中,依照法律进行的专门调查工作和有关的强制性措施。二是明确规定了"立案"是侦查的基础和前提。《刑事诉讼法》第107条规定:"公安机关或者人民检察院发现犯罪事实或者犯罪嫌疑人,应当按照管辖范围,立案侦查。"该法第113条进一步规定,"公安机关对已经立案的刑事案件,应当进行侦查,收集、调取犯罪嫌疑人有罪或者无罪、罪轻或者罪重的证据材料"。该法第162条规定:"人民检察院对直接受理的案件的侦查适用本章(即该法第二编第二章"侦查"——引者注)规定。"再结合该法第4条、第290条的规定,国家安全机关、军队保卫部门和监狱在办理刑事案件时也适用该法的有关规定。另外,我国公安部、最高人民检察院制定颁布的有关规范性文件中也明确规定了"立案"是侦查的程序性基础。《公安机关办理刑事案件程序规定》第162条规定:"公安机关受理案件后,经过审查,认为有犯罪事实需要追究刑事责任,且属于自己管辖的,由接受单位制作《刑事案件立案报告书》,经县级以上公安机关负责人批准,予以立案。认为没有犯罪事实,或者犯罪情节显著轻微不需要追究刑事责任,或者具有其他依法不追究刑事责任情形的,接受单位应当制作《呈请不予立案报告书》,经县级以上公安机关负责人批准,不予立案。"第165条规定:"对疑难、复杂、重大、特别重大案件决定立案侦查的,应当拟定侦查工作方案。"第170条规定:"公安机关对已经立案的刑事案件,应当进行侦查,全面、客观地收集、调取犯罪嫌疑人有罪或者无罪、罪轻或者罪重的证据材料,并予以审查、核实。"《人民检察院刑事诉讼规则》第129条规定:"侦查部门对举报线索初查后,应当制作审查结论报告,提出处理意见,报检察长决定:(一)认为有犯罪事实需要追究刑事责任的,提请批准立案侦查……"第133条规定:"人民检察院决定对案件立案侦查的,应当制作立案决定书。"因此,应当认为,"立案"是进行侦查的程序性基础,没有立案就谈不上侦查。三是明确并重申了侦查必须严格依法进行的原则。《刑事诉讼法》第3条第2款规定:"人民法院、人民检察院和公安机关进行刑事诉讼,必须严格遵守本法和其他法律的有关规定。"《公安机关办理刑事案件程序规定》第172条规定:"公安机关侦查犯罪过程中,根据需要采用各种侦查手段和措施,应当严格依照法律规定的条件和程序进行。"

从上述规定可以看出,我国宪法和有关法律对侦查权有比较明确的规定,如对于行使侦查权的主体、程序性要求等问题都有明确规定,并且强调了依法侦查的法治精神。但是,我国法律对侦查权的规定还比较粗疏概括,没有严格限制和制约侦查权,特别是对于一些特殊的、对公民权利可能造成直接侵害和威胁的侦查措施,如技术侦查手段、诱惑侦查等,或者没有明确授权,或者缺乏明确规制。

2. 侦查权的理论支撑

(1) 侦查权的性质界说。关于侦查权的性质,在理论上从来就有"行政权"与"司法权"之争;相应地,关于侦查程序的性质,也有"行政程序说"与"司法程序说"的分歧。现代一般认为,从侦查权的主动行使特征来看,它属于行政权;而从其刑事诉讼特征来看,侦查权又属于司法权。因此,侦查权兼有行政权与司法权二者的部分特征。① 在西方大陆法系理论上,"行政程序说"认为,侦查程序是作为行政官署的侦查机关主宰的、以发现犯罪嫌疑人和犯罪事实为中心任务的程序,作为侦查对象的"事实"不像作为审判对象的"公诉事实"那样确定,而具有相当的易变性,侦查措施也不可能完全按照事先规定的那样进

---

① 参见陈真:《侦查程序的基础理论》,载《四川警官高等专科学校学报》2001年第4期。但该论者主张侦查权只具有行政性,认为如果把侦查权确定为司法权,则会丧失对侦查权的司法审查行为,从而无法对侦查程序施以实质性审查,导致侦查监督严重不力,还会导致把刑事侦查活动明确排除于行政诉讼范围之外,造成刑事侦查领域的侵权问题具有不可诉性,使得侦查问题成为"法外之法"。

行,常常会因具体情况的变化而变化,因此,侦查程序在相当大的程度上具有不同于司法程序的特点,它不容易受到法律的约束,在侦查行为的效果上,首先注重的是合目的性,而不是合法性,所以侦查程序在本质上是行政程序。而"司法程序说"则认为,侦查程序固然必须强调国家机关的权力,并且具有相当的隐蔽性,但它仍然必须遵守法定的程序,即使从查明事实真相的角度出发,也有必要对侦查程序进行法律约束,而不能任凭侦查机关"自由裁量",特别是考虑到侦查过程中必然需要采取一定的强制措施,对市民社会的基本人权构成重大威胁,必须要求侦查权的行使针对特定的案件进行,每一项强制措施的采用必须以存在合理的根据为前提,侦查程序虽然不能与审判程序同等看待,但可以视为一种类似的司法过程,即它是受"侦查法"调整的、对于侦查相对人的权利给予保障和救济的司法程序。可见,对侦查程序性质的不同理解必然导致对于侦查目的、侦查机关与相对人的关系、侦查权的约束与法官的参与等问题的不同认识。

实际上,西方法治国家的侦查程序都不是单纯的行政程序或司法程序,其共同特点是建立在自由主义的民主宪政基础之上,都要求对政府的侦查权加以限制,侦查手段必须保持在必要限度内。

我国学者一般都认为,由属于行政权系统的侦查机关进行的官方侦查就其实质内容来说,可以视为一种行政程序,但它同纯粹的行政程序不同,因为它必须遵循大体上相当于司法程序的行为准则,并且接受司法审查和抑制,因而侦查程序兼有行政程序和司法程序的双重特征。侦查程序的行政性主要表现为侦查程序的职权性和裁量性,即侦查机关有权在法律规定的限度内依职权主动进行侦查,并享有广泛的自由裁量权,但绝不因此而否认侦查程序的自治性和侦查机关行使侦查权时的独立性;侦查程序的司法性主要表现为官方的侦查行为必须尽可能地做到客观公正,并且受到法律的严格约束,但绝不因此而否认侦查行为本身还应当受到诉讼内或诉讼外的事后审查。[1] 因此,大致可以说,侦查程序同时兼具行政程序与司法程序的双重性质。

(2)侦查权的配置方式与程序规制。侦查权的配置方式,是指在行使侦查权的主体之间如何分配侦查权、如何界定侦查权的具体内容、如何协调相互关系的具体方式。这种侦查权的配置方式,在外在形式上主要表现为检(检察机关)警(警察机关)关系的协调模式。从宏观上考察,检警关系的基本模式可以概括为两种:一种是独立合作型的检警关系,另一种是有限控制型的检警关系。前者是指警察与检察官分别承担各自的职责,并对于需要起诉的案件进行合作,共同完成追究犯罪的任务,如英美法系国家的检警关系就是如此。后者是指警察虽

---

[1] 参见孙长永著:《侦查程序与人权——比较法考察》,中国方正出版社2000年版,第1~9页。

然也能够独立决定开始侦查并承担绝大部分侦查工作，但是，检察官出于履行公诉职能的需要，有权对警察的侦查施加一定的影响，甚至给予具体的指示或指挥，有权要求警察进行特定的侦查行为，如大陆法系国家的检警关系基本上如此。针对侦查权的上述两种配置方式，一般都要进行相应的程序规制，这种程序规制主要体现在"侦查构造论"与"侦查程序的法治原则"。

所谓侦查构造论，是指借用诉讼构造论的原理把侦查置于整个刑事程序中、对侦查程序中的主体之间的相互关系加以系统考察的理论。这种理论不但触及侦查程序的构造，而且还涉及侦查的目的、侦查在整个刑事诉讼中的地位、强制措施的性质等侦查程序的一系列基本问题。从理论上分析，侦查构造论主要有三种学说，即纠问式侦查观、弹劾式侦查观、诉讼式侦查观。但在实践中，多数国家都不是采用纯粹的纠问式或者弹劾式侦查观，而是采取一种在相当程度上属于混合的模式，兼顾考虑了侦查机关查明实体真实和人权保障（特别是嫌疑人的权利保障）的双重要求。一般说来，大陆法系传统的侦查构造带有明显的纠问色彩，其基本特征是预备裁判性、权力集中性和单向的职权调查性。但在后来特别是在 20 世纪中期以来，随着国际人权法的不断发展，大陆法系各国都不同程度地对传统的侦查构造进行了改革，其中最重要的措施就是预审司法化或者废除预审，同时相应地加强了对嫌疑人和被告人的程序保护。而英美法系的侦查构造则带有明显的弹劾色彩，其基本特征是审判准备性、权力分散性和当事人主义的双向调查性。但总的说来，两大法系的侦查构造有相互借鉴、彼此融合的趋势，如大陆法系国家加强了对嫌疑人沉默权、律师帮助权和程序参与权的保障，同时英美法系国家也在一定程度上加强了侦查机关的权力；不过，仍然以大陆法系的侦查构造借鉴英美法系的成分较为明显。

所谓侦查程序的法治原则，是指从维持法治秩序的角度考察，侦查程序所应当遵循的基本原则。这些原则通常在法律上有明确规定，它侧重于宪法和法律对于侦查权的限制与约束，与个人的基本人权有密切的联系，如有违反，就可能直接侵犯有关个人的法定权利，因而利害关系人可以要求法院审查并给予必要的救济。"侦查程序的法治原则"的主要内容有任意侦查原则、强制侦查法定原则、必要限度原则、秘密原则和被动型侦查为主、主动型侦查为辅的原则等五项。[①]其中最后一项原则与我们要讨论的诱惑侦查具有直接的联系，因为诱惑侦查在本质上就是一种"主动型侦查"。

就我国而言，《刑事诉讼法》也明确规定了侦查权的配置方式问题。例如，《刑事诉讼法》第 3 条规定，"对刑事案件的侦查、拘留、执行逮捕、预审，由

---

① 参见孙长永著：《侦查程序与人权——比较法考察》，中国方正出版社 2000 年版，第 10~44 页、第 66~67 页。

公安机关负责。检察、批准逮捕、检察机关直接受理的案件的侦查、提起公诉,由人民检察院负责"。该法第18条第1款和第2款规定:"刑事案件的侦查由公安机关进行,法律另有规定的除外。贪污贿赂犯罪,国家工作人员的渎职犯罪,国家机关工作人员利用职权实施的非法拘禁、刑讯逼供、报复陷害、非法搜查的侵犯公民人身权利的犯罪以及侵犯公民民主权利的犯罪,由人民检察院立案侦查。对于国家机关工作人员利用职权实施的其他重大的犯罪案件,需要由人民检察院直接受理的时候,经省级以上人民检察院决定,可以由人民检察院立案侦查。"从这些规定可以看出,我国《刑事诉讼法》根据刑事案件的性质以及公安机关和人民检察院的性质和侦查能力,对侦查权进行了明确的分配,其特点是:公安机关在侦查中不受人民检察院的领导、指挥和指导,公安机关和检察院基本上都是各自独立、相互平行而不存在任何隶属关系的侦查机关,都有权决定侦查中的具体事项,形成了检警分离、双轨并存的格局;并且,人民法院在侦查阶段无从介入,这一点既不同于大陆法系国家的侦查体制,更与英美法系国家的侦查体制格格不入。对于我国现行的侦查权的配置方式,学术界普遍认为存在着以下严重的弊端:公安机关的侦查行为得不到有效控制,程序公正难以保证,刑讯逼供、超期羁押、非法取证等现象在所难免,在保障人权方面不尽如人意;尽管这种配置方式在惩治犯罪方面总的来说功不可没,并促使我国多年来一直保持着较低的犯罪率和较高的破案率,但近些年来侦查的效率也有所降低,有案不立、不破不立、先破后立等现象仍未消除,并且最终影响到起诉的质量不高。[①] 因此可以说,我国关于侦查权的配置与程序规制现状并不理想,尤其是与西方发达国家在此问题上相对完善的规定相比还存在很大的差距。

3. 侦查权的界定

根据以上分析可以看出,所谓侦查权,是指在刑事诉讼中,警察机关、检察机关等特定国家机关依法享有的对刑事案件进行立案、调查、勘查、取证等行为,从而侦破案件并确定犯罪事实、证据和嫌疑人的一种国家权力。这种国家权力具有严格法定的性质,即它必须有国家宪法以及刑事诉讼法、警察法、检察官法、刑事证据法等法律的明确而严格的授权,否则即为非法;同时,这种国家权力不同于纯粹的行政权或者纯粹的司法权,而是兼具行政权与司法权两者的部分特征,属于一种"准司法权",由此所决定的侦查程序就兼具行政程序与司法程序的双重性质;最后,上述两方面的性质特点,决定了侦查权的配置方式与程序规制等制度性设计,必须要兼顾好公正与效率两项诉讼价值,并且兼顾好惩治犯罪与保护人权两大功能。

[①] 参见樊崇义、范培根:《我国侦查程序改革略探——以侦查权为中心》,载《金陵法律评论》2001年第2期。

（二）诱惑侦查的基本性质

1. 观点概揽

关于诱惑侦查的基本性质，我国学界主要有以下三种主张：

第一种观点认为，诱惑侦查在本质上具有非法性，因此应当绝对禁止警察圈套似的诱饵侦破。其理由是：（1）从《宪法》规定来看，我国《宪法》第37条明确规定，中华人民共和国公民的人身自由不受侵犯；任何公民，非经人民检察院批准或者决定或者人民法院决定，并由公安机关执行，不受逮捕；禁止非法拘禁和以其他方法非法剥夺或者限制公民的人身自由。可见，《宪法》对于公民人身自由的保护极为注重，司法机关要逮捕、拘禁公民，必须按照法定程序，否则任何公民都有权拒绝。反过来说，司法人员不依照法定程序执行职务，其行为就属违法。因此，如果承认司法人员诱饵侦破的合法性，就是在鼓励侦查人员藐视《宪法》，支持其先制造现行犯，而后加以逮捕，直接危害到公民人身自由的保障，从而使《宪法》的规定徒具其文。所以，诱饵侦破应加以禁止为宜。（2）从《刑法》规定看，我国《刑法》第397条禁止国家机关工作人员滥用职权。这意味着没有侦查权的国家机关工作人员不得滥用职权，非法逮捕、拘禁公民，即使有侦查权的司法人员滥用侦查权也要受到法律禁止。而根据我国《刑事诉讼法》的规定，除现行犯任何公民可以立即扭送外，必须由有逮捕、拘留权限的司法人员依照法定程序方可采取相应的强制措施。如果有逮捕、拘留权限的司法人员不依照法定程序，却使用诱饵侦破的手段，制造现行犯后立即采取强制措施，这显然是滥用职权或明知是无罪的人而使他受追诉的行为，这都是我国《刑法》所明确规定为犯罪的行为。（3）从《刑事诉讼法》的规定看，我国严禁以非法的方法收集证据。侦查机关、侦查人员侦破案件时，不积极收集有罪证据，反而布置圈套，制造犯罪，引人上钩，借此来证明犯罪嫌疑人有罪，明显是与《刑事诉讼法》的规定精神相违背。因而，诱饵侦破不值得提倡。①

第二种观点认为，诱惑侦查在本质上基本上属于违法性质，即从实体法上看它违反了罪责自负的原则，从程序法上看它违反了侦查手段法定原则以及《刑事诉讼法》所规定的追究犯罪的程序和步骤，特别是采用主动性的诱导式的诱惑犯罪、收集证据等形式的诱惑侦查，无论如何都应当认为属于非法；但是，对于诱惑侦查又不能一概予以简单的否定，在一定的条件下应当承认诱惑侦查的合法性，如为寻找犯罪事实已经存在的犯罪人，或者为破获职业犯罪团伙（如贩毒集团）等的"被动式"的印证性诱惑，可以认为合法，但应通过立法进行严

---

① 参见余向阳、柳立子、钟再根：《陷害教唆理论初探》，载《河北法学》1999年第6期。

格规制。①

第三种观点认为,诱惑侦查本身在性质上就有合法与非法之分。这种观点一般认为,如果被诱惑者已有犯罪意图或倾向,诱惑侦查行为只是使这种主观意图及倾向暴露出来,或者只是促使其具体的犯罪行为,被称为"机会提供型诱惑侦查",属于合法的侦查行为;反之,对原无犯罪倾向的人实施诱惑,则是引诱其实行犯意,并促使其付诸实施,被称为"犯罪诱发型诱惑侦查",属于非法的侦查行为。②还有的学者认为,当警察圈套符合下列几个条件时可以认为是合法的:一是诱使者的身份必须是执行公务的警察及司法人员或其有关"耳目";二是所针对的对象必须是有合理怀疑的违法者或者犯罪嫌疑人,而且不能是积极引诱;三是必须经过严格的法定程序,即必须经过县级以上侦查机关首长批准(紧急情况下可事后及时补报)。③

2. 笔者立场

笔者认为,诱惑侦查在本质上逾越了侦查权的界限,具有违法的性质。因为,侦查权这种国家权力具有严格法定的性质,即它必须有国家宪法以及刑事诉讼法、警察法、检察官法、刑事证据法等法律的明确而严格的授权,否则即为非法。就诱惑侦查而言,我国法律对之没有规定,更谈不上对之有明确授权,因而,诱惑侦查在本质上就具有违法的性质。但是,在诱惑侦查问题上,法律也是处于一种两难的境地:侦查权兼具有行政权与司法权的双重性质,必须兼顾好公正和效率两方面的价值,从效率价值上看以及考虑到有效打击部分具有严重危害性的"隐蔽性无被害人犯罪"本身所具有的十分有限的正义性质这一特点,我们又不能不承认诱惑侦查在一定范围内和一定程度上具有相对的合理性和正义性,从而也就使得诱惑侦查具有取得合法性质的价值基础,具备合法存在的法理根据。可见,在诱惑侦查问题上,法律也必须做到在公正与效率之间、保障人权与有效惩治犯罪之间进行一种十分微妙的"中道的权衡",尽量兼顾好两者的价值和利益。有鉴于此,笔者在基本立场上赞成上述第二种观点。笔者认为,诱惑侦查在本质上因缺乏法律上的明确授权而基本上属于违法性质,即从根本意义上看,诱惑侦查具有侵犯人权的严重威胁,并且缺乏宪法基础;从实体法上看,诱惑侦查违反了罪责自负的基本原则;从程序法上看,诱惑侦查违反了侦查手段法定原则以及刑事诉讼法所规定的追究犯罪的程序和步骤;同时,诱惑侦查还可能

---

① 参见马滔:《诱惑侦查之合法性分析》,载《中国刑事法杂志》2000年第5期。
② 参见龙宗智:《诱惑侦查合法性问题探析》,载《人民司法》2000年第5期。
③ 参见黄罡:《论警察圈套》,载《四川高等警官专科学校学报》2000年第3期。

对国民道德观念造成不良影响,并具有危及政治的机能。① 但是,鉴于诱惑侦查本身所具有的相对合理性和正义性(尽管这种合理性和正义性是极其有限的),我们对于诱惑侦查又不能一概予以简单的否定,而是应当在一定的条件下承认诱惑侦查的合法性,并通过立法对诱惑侦查进行严格规制,尽最大努力防止诱惑侦查本身所具有的侵犯人权和破坏法治秩序等"副作用"的发生。

我国刑法应对诱惑侦查问题作出明确规定,具体办法应借鉴英美国家和部分大陆法系国家的有关规定,特别严格地限定诱惑侦查的合法条件。国外在法律上对诱惑侦查所作的合法性限制主要包括:一是诱惑侦查只能针对毒品犯罪、走私犯罪、假币犯罪、有组织犯罪等重大犯罪而实施;二是诱惑侦查的执行者只能是警察、其他司法人员或者他们所委派的人员;三是诱惑侦查只能是消极的、"机会提供型的"诱惑,而不能是积极的引诱;四是要有合理的依据怀疑被告人已经具有犯罪意图或者犯罪嫌疑,等等。只有在这样几种条件同时具备的情况下才能承认诱惑侦查的合法性并对被告人的行为定罪;如果不符合上述诸条件,就不能承认诱惑侦查的合法性,不能对被告人因非法的诱惑侦查而实施的犯罪行为定罪,并应追究实施非法的诱惑侦查的相关人员的法律责任。

---

① 如日本部分学者认为,诱惑侦查往往伴生如下种种弊端:第一,诱惑侦查所采取的诱使他人犯罪并追究刑事责任的手段与国家侦查机关所承担的镇压、防止犯罪的义务相悖,为主权在民的民主制度所不容;第二,鉴于异性、亲友关系也可能被作为诱惑侦查的诱饵,诱惑侦查将对国民道德观念造成不良影响;第三,如果侦查机关滥用诱惑侦查,可能会造成使大批政治家因受诱惑而坠入侦查机关所设"陷阱"的严重后果,危及政治机能,侵犯国民基本人权。

我国有学者认为,即使单单作为一种侦查手段来考察,诱饵侦查(即诱惑侦查)也存在着诸多局限和致命的缺陷。首先,诱饵侦查在应用范围上具有无法克服的局限性。由于侦查手段存在的根本意义在于侦查已经发生的犯罪案件,而不是为了查明自己"制造出来"的犯罪案件,所以诱饵侦查作为一种侦查手段具有实质上的局限性。诱饵侦查只有针对侦查机关自己诱发的犯罪案件才有侦破犯罪的能力,而对于除此之外的其他任何犯罪案件(而此类犯罪案件才是日常刑事侦查工作的主要任务),诱饵侦查基本上不能发挥作用。其次,在发现、惩罚真正的犯罪人方面,诱饵侦查也存在着无法克服的局限性。在诱饵侦查中,侦查人员往往人为地设置一定的诱惑性情境,因此,诱惑侦查很容易沦为对特定公民抵抗犯罪诱惑能力的检验。同时,由于诱饵侦查的侦破对象具有很大的随机性,所以特定公民是否实施犯罪在很大程度上不再单纯地取决于自己抵抗犯罪诱惑的自制力的高低,还取决于自己碰巧成为诱饵侦查的被侦查对象,以及诱饵侦查所采取的诱惑性程度。因此,诱饵侦查同时存在着两种困难:一方面,难以准确地查获真正的犯罪人;另一方面,如果适用不当,还会导致一些原本不会犯罪的普通公民(甚至官员)落入陷阱。最后,在现代社会,诱饵侦查和现代法治观念之间存在着尖锐的冲突。参见吴宏耀:《论我国诱饵侦查制度的立法建构》,载《人民检察》2001年第2期。

根据以上分析，笔者认为诱惑侦查在基本性质上（或者说在一般意义上、在绝大多数情况下）具有违法的性质，但是出于对诱惑侦查本身所具有的矛盾性质的考虑，我们又应当在一定的条件下承认诱惑侦查的相对合理性与合法性。笔者认为，应当对诱惑侦查的合法条件作出以下界定：

（1）诱惑侦查只能是侦查主体的行为。在我国现行侦查体制下，侦查主体只能是公安机关、人民检察院以及国家安全机关（办理危害国家安全的刑事案件）、军队保卫部门（对军队内部发生的刑事案件）、监狱（对罪犯在监狱内犯罪的案件），除此以外的其他任何机关和个人，都不具备侦查主体资格。由于国家安全机关、军队保卫部门和监狱本身所承担的刑事案件的性质所决定，其侦查一般不涉及诱惑侦查；从而，诱惑侦查一般只能是公安机关和人民检察院所实施的行为。

（2）诱惑侦查只能是侦查主体的有组织行为。即诱惑侦查必须是经过一定法律程序并经合法批准的行为，它反映的是作为一级侦查机关的组织的意志，而不是该侦查机关的某一个人的肆意所为。因此，如果某一个人（即使该人是某侦查机关的侦查人员）未经合法批准而擅自决定并进行的所谓"诱惑侦查"，不管他是出于怎样的"好意"或者"公心"，都不能作为诱惑侦查。

（3）诱惑侦查只能是侦查主体出于正当动机所进行的合乎侦查目的的行为。即诱惑侦查必须是基于保护重大法益、在更大程度上维护法秩序的动机，其目的是揭露犯罪、证实犯罪并获取对某人提起刑事诉讼的有罪证据。因此，如果纯粹出于"整治、教训甚至报复"某人的目的与动机所进行的所谓"诱惑侦查"，因其不具有正当动机性与合侦查目的性而应当予以排除。

（4）诱惑侦查只能适用于特定性质的严重犯罪，具有"侦查权紧急避险"的性质和"不得已"性。从德国、日本、法国等多数国家关于诱惑侦查的规定来看，可以进行诱惑侦查的犯罪在性质上一般具有以下"三维性"：其一，一般情况下它必是"隐蔽性的无被害人的犯罪"，但在少数情况下它也可以是强奸、抢劫等有被害人的犯罪；其二，它必须是极少数危害特别严重的犯罪；其三，它必须是特别难以用普通方法进行侦查的犯罪。一般而言，在性质上符合上述三维性的犯罪大致有走私犯罪、毒品犯罪、假币犯罪以及强奸、抢劫等犯罪。可见，诱惑侦查具有"侦查权紧急避险"的性质，只能是在"不得已"的情况下才能实施。

（5）诱惑侦查只能针对确有犯罪嫌疑的行为人实施，或者只能在确有犯罪事实发生并且能够相对确定行为人的活动范围时实施。如有学者提出，针对"已有犯罪意图正欲寻机作案的人"进行诱惑侦查，就"一般不存在违法问题"。① 退一步讲，即使"确有犯罪嫌疑的行为人"无法确定到某一个具体的行为人，但是，进行诱惑侦查的前提条件至少是"确有犯罪事实发生"并且能够相对确定行为人的活动范围，如针对系列强奸案件的侦破，就可以采取谨慎的诱惑侦查方法。《德国刑事诉讼法》也有类似规定，即必须是有"足够的事实依据"表明存在重大犯罪行为，才能对该行为人进行诱惑侦查。

（6）诱惑侦查只能使用"诱惑强度"极其轻微、"诱惑方式"极其被动的诱惑侦查行为。不少学者主张，在"犯意诱发型诱惑侦查"与"机会提供型诱惑侦查"之诱惑侦查的分类基础上，应当承认"机会提供型诱惑侦查"的合法性，并否定"犯意诱发型诱惑侦查"的合法性。但是，这种看法未免太绝对化。实际上，只要是诱惑侦查，都必定在一定程度上具有"犯意诱惑"的性质，即使所谓"机会提供型诱惑侦查"也是如此；甚至在特定的场合下，如贩毒时机的形成、假币兑换成真币的条件的成就、走私的安全通道的具备等，这种"提供机会"，其本身就是一种对极其脆弱的人的"犯意"极大的诱惑，它无异于一种实质上的"犯意诱发型"的诱惑侦查。基于上述分析，笔者认为，应当同时对诱惑侦查的"诱惑强度"与"诱惑方式"进行限制，只能进行极其轻微、极其被动的诱惑侦查行为。

（7）诱惑侦查只能是依照特定程序经过合法批准的特别侦查行为。这主要是从制约侦查权、防止滥用诱惑侦查的立场出发所作的限制，一般可以规定诱惑侦查必须经过人民检察院决定或者批准才能实施，公安机关无权单独决定进行诱惑侦查。

以上七个条件，是诱惑侦查具有合法性的基本条件，必须同时具备，缺一不可。如果缺少上述七个条件中的任何一个，则该诱惑侦查就不具有合法性。例如，如果诱惑侦查不是侦查主体的有组织行为而是个人行为，就肯定不具有合法性。又如，如果诱惑侦查没有经过特定程序合法批准，或者不是针对特定的严重性质的犯罪实施，或者诱惑强度过于强大等，也不具有合法性。

（三）诱惑侦查的概念

1. 观点总揽

对于如何界定诱惑侦查的概念的问题，理论界大致有以下几种观点：

第一种观点认为，所谓诱惑侦查，是指警察、司法人员或者他们的代理人，为了获得对某人提起刑事诉讼的证据而诱使其实施某种犯罪，而被告人则以他的犯罪行为是在警察、司法人员或者他们的代理人诱惑下产生的为理由提出免罪辩护。因此，诱惑侦查的构成条件有三个方面：一是主体条件。诱使者必须是警

---

① 王国民：《关于诱惑侦查诸问题之探讨》，载《公安大学学报》2002年第1期。

察、司法人员或者他们的代理人,而一般公民不能作为诱使者,即圈套的设计人。二是客观条件,即警察、司法人员或者他们的代理人,不仅仅是提供了犯罪机会,还必须是以积极的行为诱使被告人实施犯罪。三是主观条件,即被告人的犯罪念头并不是本来就有的,而是由司法人员的诱使而萌发的。① 这一表述基本上是借用美国的警察圈套概念,即仅仅是叙述了一种"(警察)违法的"、"(被告人)可以作为无罪辩护的"诱惑侦查。

第二种观点认为,所谓诱惑侦查,是指侦查机关设置圈套,引诱侦查对象实施犯罪,并将其及时拘捕的一种侦查手段。这种侦查手段的优势在于,整个犯罪过程在侦查机关严密监控之下,绝无犯罪嫌疑人脱逃、毁证、匿赃之虞,而且案件一经侦破,所有的调查取证工作也几乎同时结束,案子破得干脆利落,耗时短,也难以翻供翻证。因此,这种侦查手段越来越受到侦查机关的青睐,并在侦破毒品犯罪、假币犯罪中发挥了重要作用。根据广西桂林某城区检察院统计,该院在1998年至1999年6月受理这两类案件94件、130人,其中就有80.85%的案件运用了诱惑侦查手段。②

第三种观点认为,诱惑侦查,是指刑事侦查人员以实施某种行为有利可图为诱饵,暗示或诱使侦查对象暴露其犯罪意图并实施犯罪行为,待犯罪行为实施时或结果发生后,拘捕被诱惑者。近年来,我国刑事侦查中,使用诱惑侦查手段日益增多,尤其是在侦查毒品、伪造货币等所谓"无被害人的犯罪"中,由此而产生的合法性界限以及侦查对象刑事责任的判定问题十分突出。③

第四种观点认为,诱惑侦查,泛指国家侦查人员或者受雇于国家追诉机关的人员特意设计某种诱发犯罪的情境或者为实施犯罪提供条件或机会,鼓动、诱使他人实施犯罪并进而侦破案件、拘捕犯罪人的侦查手段。近年来,为了追诉毒品犯罪、走私犯罪等特殊的"隐蔽性无被害人犯罪",我国刑事侦查部门也逐渐开始运用诱惑侦查方式发现犯罪、追惩犯罪。因此,新的侦查方式是时代的要求。④

第五种观点认为,诱惑侦查,是指侦查人员或其协助者,为了侦破某些极具隐蔽性的特殊案件,特意设计某种诱发犯罪的情境,或者根据犯罪活动的倾向提供其实施犯罪的条件和机会,待犯罪嫌疑人进行犯罪或自我暴露时当场将其拘捕的一种特殊侦查手段。该论者认为,我国所使用的"诱惑侦查"一词是直接引

---

① 参见李富友:《陷害教唆与警察圈套》,载《中央政法管理干部学院学报》1998年第4期。
② 参见马滔:《诱惑侦查之合法性分析》,载《中国刑事法杂志》2000年第5期。
③ 参见龙宗智:《诱惑侦查合法性问题探析》,载《人民司法》2000年第5期。
④ 参见吴宏耀:《论我国诱饵侦查制度的立法建构》,载《人民检察》2001年第2期。

自日本的犯罪学术语,但是其本源是来自美国;我国许多学者认为我们所说的诱惑侦查即美国的"侦查陷阱"或"侦查圈套"(Entrapment),实乃误解,因为Entrapment 在美国是指"侦查机关在本来并无犯罪倾向的无罪者心里植入犯罪意图(Implant),诱使其实施犯罪行为,然后使之受到追诉"。美国司法部1981年《关于秘密侦查的基准》(Attorney General's Guidelines on FBI Undercover Operations)中也认为 Entrapment 乃"诱惑或鼓动他人实施违法行为的手段",并应尽可能避免。显然,美国对"圈套"或"陷阱"是持否定态度的。该论者说:我们在美国关于 Entrapment 的文献中还发现有一个重要的词——"Encouragement",可以直译为"刺激侦查",美国对它在一定程度上是承认的,实际上这才是我们所说的诱惑侦查。因此,诱惑侦查在含义上包括了侦查陷阱。①

第六种观点认为,诱惑侦查可以定义为:侦查人员及其他参与侦查活动的人员通过设置圈套等诱惑方式诱使某人实施犯罪行为或促使犯罪行为暴露的一种侦查手段。以这种方式界定诱惑侦查的概念,主要是考虑了以下几个方面的因素:(1)诱惑侦查的目的。这是界定诱惑侦查的概念应当明确的首要问题。在实际运用中,诱惑侦查的目的概括起来无非有两种:一是为了诱使原本并无犯罪意图的人实施犯罪以便指控其犯罪;二是为了诱使已有了犯罪意图正欲寻机作案的人暴露其犯罪活动以便揭露和证实其犯罪。因此,概括地说,诱惑侦查的目的是"为了诱使某人实施或暴露犯罪行为"。(2)诱惑侦查的主体,即哪些人有权实施诱惑侦查。诱惑侦查作为一种侦查行为,应当由负有侦查使命的人员以及其他协助侦查的人员进行,除此之外的其他人员无权进行。(3)诱惑侦查的对象,即诱惑侦查针对何种对象进行。诱惑侦查手段的运用有合法与非法之分,而区分是否合法的关键在于运用的对象不同。如果对原无犯罪意图的人使用,就是违法的;如果对已有犯罪意图正欲寻机作案的人使用,则一般不存在违法问题。因此,诱惑侦查的对象实际上包括了以上两种。(4)诱惑侦查的行为特征。这是诱惑侦查最核心的内容之一。诱惑侦查的行为特征应当是侦查人员及在其掌握、指挥下的其他参加侦查活动的人员通过诱惑的方式致使诱惑对象实施犯罪活动或暴露其犯罪行为,进而获得指控其犯罪的证据并将其拘捕。②

第七种观点认为,所谓诱惑侦查,即侦查主体为了查明某些具有隐蔽性的特殊案件,以实施某种有利可图的行为作为诱饵,暗示或诱使侦查对象暴露其犯罪意图或实施犯罪,待犯罪嫌疑人行为暴露或犯罪结果发生时,将其当场拘捕的一种特殊侦查行为。因此,诱惑侦查是一种侦查行为,而不仅仅是一种谋略;诱惑侦查有合法与非法之分,即"机会提供型"诱惑侦查是一种合法的侦查,而

---

① 参见吴丹红、孙孝福:《论诱惑侦查》,载《法商研究》2001年第4期。
② 王国民:《关于诱惑侦查诸问题之探讨》,载《公安大学学报》2002年第1期。

"犯意诱发型"诱惑侦查是一种非法的侦查；合法的诱惑侦查中所获取的证据具有证据能力（可采性）。①

2. 笔者见解

笔者认为，诱惑侦查就是指侦查人员设置一种圈套或者诱饵等诱惑方式诱使他人实施犯罪行为或促使他人犯罪行为暴露的一种侦查手段。诱惑侦查存在合法的诱惑侦查与非法的诱惑侦查之分。对合法的诱惑侦查进行概念上的界定，应当遵循前述对诱惑侦查的合法条件所作的限定，即合理合法的诱惑侦查在本质特征上应当包含以下几方面内容：一是诱惑侦查只能是侦查主体的行为。二是诱惑侦查只能是侦查主体的有组织行为。三是诱惑侦查只能是侦查主体出于正当动机所进行的合乎侦查目的的行为。四是诱惑侦查只能适用于特定性质的严重犯罪。五是诱惑侦查只能针对确有犯罪嫌疑的行为人实施，或者在确有犯罪事实发生并且能够相对确定行为人的活动范围时实施。六是诱惑侦查只能使用"诱惑强度"极其轻微、"诱惑方式"极其被动的诱惑侦查行为。七是诱惑侦查只能是依照特定程序经过合法批准的特别侦查行为。

根据以上所言，笔者认为可以对合法的诱惑侦查进行如下界定：

所谓合法的诱惑侦查，是指侦查机关（通常是警察机关与检察机关）针对走私犯罪、毒品犯罪、假币犯罪等特定犯罪及特定的具有犯罪嫌疑的侦查对象，出于正当目的而在迫不得已的情况下，依照特定程序设置一种圈套，以极其轻微而被动的方式诱惑侦查对象暴露其犯罪意图、实施犯罪，及时将侦查对象拘捕并获取犯罪证据的一种侦查行为。

（四）诱惑侦查的分类

关于诱惑侦查的分类，在理论上主要有三种分类法：（1）根据被诱惑者事前有无犯罪倾向以及诱惑侦查的不同行为特征为标准，将诱惑侦查分为"机会提供型诱惑侦查"和"犯意诱发型诱惑侦查"。所谓"机会提供型诱惑侦查"，是指犯罪嫌疑人本来就有犯罪的意图，侦查机关的诱导只是为其实施犯罪提供了一种机会的情形。所谓"犯意诱发型诱惑侦查"，是指由于侦查机关的诱导，行为人才产生犯罪的意图，并进而实施犯罪的情形。（2）根据诱惑侦查的目的不同，将诱惑侦查分为"诱人犯罪型诱惑侦查"和"促使暴露型诱惑侦查"。前者是指侦查人员以诱人犯罪为目的，采用诱惑手段诱使原无犯罪意图的人产生犯罪意图并实施犯罪的行为。后者是指侦查人员为了促使已有犯罪意图、正欲寻机实施犯罪的人暴露其犯罪行为而采用诱惑的方式进行的侦查活动。前者又称违法的

---

① 参见唐磊、赵爱华：《也谈"诱惑侦查"》，载《刑警纵横》2001年第4期。

诱惑侦查，后者又称合法的诱惑侦查。① （3）根据诱惑侦查的对象是否已经明确，将诱惑侦查分为"对既有对象的诱惑侦查"和"对潜在对象的诱惑侦查"。前者是指对已经发现的犯罪嫌疑对象实施的诱惑侦查，如对已发现的某一贩毒嫌疑人实施的诱惑侦查；后者是指在尚未发现具体的犯罪嫌疑人的情况下，为了诱使其从潜在状态暴露出来以便揭露和证实其犯罪而实施的诱惑侦查，如侦破系列性的强奸案件，在尚未发现犯罪嫌疑人而判断其有可能继续作案时，侦查人员化装诱使其再次作案从而抓获现行即属此类。②

笔者认为，关于诱惑侦查的上述三种分类，应当说只有第三种分类具有合理性。因为，就第一种分类而言，它将诱惑侦查分为"机会提供型诱惑侦查"与"犯意诱发型诱惑侦查"两种并不妥当。因为，只要是诱惑侦查，就肯定具有"犯意诱发"的性质和成分，即使是纯粹提供一种机会的诱惑侦查也同样具有"犯意诱发"的性质和成分。因此，在严格意义上，"机会提供型诱惑侦查"也是一种"犯意诱发型诱惑侦查"。笔者认为，将诱惑侦查分为"纯粹的机会提供型诱惑侦查"与"非纯粹的机会提供型诱惑侦查"应当是可以的；当然，"纯粹的机会提供型诱惑侦查"更符合"诱惑强度"极其轻微、"诱惑方式"极其被动的要求，而其他"非纯粹的机会提供型诱惑侦查"就基本上不符合"诱惑强度"极其轻微、"诱惑方式"极其被动的要求。根据前述关于诱惑侦查的合法性要求，笔者认为，"纯粹的机会提供型诱惑侦查"在具备其他的合法性条件的时候就具有存在的合理性，而"非纯粹的机会提供型诱惑侦查"一般不具有存在的合理性。

就第二种分类而言，它将诱惑侦查分为"诱人犯罪型诱惑侦查"和"促使暴露型诱惑侦查"两种也不妥当，因为诱惑侦查的本质特征就在于"诱人犯罪"和"促使暴露"，并且"诱人犯罪"和"促使暴露"二者是相辅相成的辩证统一关系，因此，这种分类方法主观臆断地取其一面而对另一面视而不见，并不科学。

就第三种分类而言，它将诱惑侦查分为"对既有对象的诱惑侦查"和"对潜在对象的诱惑侦查"，具有相当的合理性。根据对诱惑侦查合法性的前述分析，一般情况下，诱惑侦查只能针对确有犯罪嫌疑的行为人实施，即对"既有对象的诱惑侦查"才具有合法性；但在特殊情况下，如对于侦破系列强奸案件而言，对于确有犯罪事实发生并且能够相对确定行为人的活动范围时实施诱惑侦查，即在此种条件下"对潜在对象的诱惑侦查"也具有合法性。

因此，笔者认为，诱惑侦查大致可以进行以下几种分类：

---

① 王国民：《关于诱惑侦查诸问题之探讨》，载《公安大学学报》2002年第1期。
② 王国民：《关于诱惑侦查诸问题之探讨》，载《公安大学学报》2002年第1期。

一是根据诱惑侦查的性质为标准,将诱惑侦查分为合法的诱惑侦查与非法的诱惑侦查两种。所谓合法的诱惑侦查,是指具备上述七个方面合法条件的诱惑侦查。所谓非法的诱惑侦查,是指除合法的诱惑侦查以外的其他情形下的诱惑侦查。

二是根据诱惑侦查所针对的对象特征为标准,将诱惑侦查分为"对既有对象的诱惑侦查"和"对潜在对象的诱惑侦查"。

三是根据诱惑侦查所针对的犯罪类型为标准,将诱惑侦查分为"对毒品犯罪的诱惑侦查"、"对假币犯罪的诱惑侦查"、"对走私犯罪的诱惑侦查"、"对系列强奸(或者抢劫)案件的诱惑侦查"等类型。

(五) 诱惑侦查中被告人的责任问题

关于诱惑侦查中被告人应否承担刑事责任的问题,我国学术界对此主要有四种观点:第一种观点认为,应绝对禁止警察圈套似的诱饵侦破,凡是通过诱惑侦查所获得的证据都应当予以排除合法性,诱惑侦查中的被告人不得因为诱惑侦查而定罪,即完全否定被告人的犯罪性。第二种观点认为,即使警察圈套违法(更不用说合法警察圈套的情形),也应认定被告人构成犯罪,但不能简单地以犯罪既遂处理,而应以犯罪预备形态来定性。[①] 第三种观点认为,在确定违法的诱惑侦查中被告人的责任问题时(其言下之意是在合法的诱惑侦查中被告人应当承担刑事责任),应当兼顾法理上的合理性与我国司法实践的现实情况与需要,注意既要维护诉讼法制,又不能过分损害对犯罪的打击。在我国目前的情况下,考虑到侦查上的困难、尤其是对所谓无被害人犯罪侦查的困难,过分苛刻地要求侦查行为是不恰当的,虽然执法机关违法侦查应当承担责任,但因此而不加区分地免去侦查对象的刑事责任也是目前各方面难以接受的。因此认为,比较合适的做法是采用利益权衡方法,按照以下方案处理:如果诱惑侦查含有违法因素,但侦查对象也有一定的主观违法意愿,虽经怂恿诱导,但基本上是基于其自己的意志实施犯罪,对此仍可定罪处罚;但在量刑时应当考虑诱惑侦查的因素适当从轻处罚,如果是轻微犯罪,可以不作犯罪处理。如果诱惑侦查人员严重违法,如在被诱导者多次表示不愿意干违法勾当的情况下反复诱导、教唆、怂恿甚至编造虚假情况进行诱使,或者兼用威胁方法,侦查对象十分勉强地实施了某些不太严重的犯罪行为,在这种情况下,为规制执法违法,维护侦查法制,保护公民权利,应以侦查严重违法、证据应当排除为由,对侦查对象免予追究刑事责任。[②] 第四种观点认为,诱惑侦查在本

[①] 参见李富友:《陷害教唆与警察圈套》,载《中央政法管理干部学院学报》1998年第4期。

[②] 参见龙宗智:《诱惑侦查合法性问题探析》,载《人民司法》2000年第5期。

质上基本属于违法性质，但是，鉴于诱惑侦查本身还存在一定的积极功能，因此对于诱惑侦查又不能一概予以简单的否定，在一定的条件下应当承认诱惑侦查的合法性，如为寻找犯罪事实已经存在的犯罪人，或者为破获职业犯罪团伙（如贩毒集团）等"被动式"的印证性诱惑侦查，可以认为合法，被告人应当承担罪责。①

笔者认为，第一种观点和第二种观点分别走向两个极端，或者都否定，或者都肯定，都有失偏颇。第三种观点主张将违法的诱惑侦查分为"诱惑侦查含有违法因素"与"诱惑侦查人员严重违法"两种情况，并进而主张对前者中的侦查对象应定罪处罚，对后者中的侦查对象免予追究刑事责任。其问题在于，为什么对于同样是违法的诱惑侦查，却对前者中的侦查对象定罪，而对后者中的侦查对象免罪？在法理上讲不通。第四种观点基本上是可取的，但应当进一步予以明确。总的说来，对诱惑侦查中被告人的刑事责任应当分为以下两种情况来讨论：

1. 非法的诱惑侦查中被告人的责任问题

鉴于非法的诱惑侦查本身所固有的严重违法性和对法治秩序的极大破坏性，为了严肃法纪并彰显法治精神，应当借鉴英美国家针对警察圈套的有关规定，允许非法的诱惑侦查中的被告人进行"合法辩护"，宁可牺牲一定的实体上的正义，也要维护、促进程序上的公正，不承认非法的诱惑侦查所取得的证据的合法性，并宣告诱惑侦查违法、被告人无罪，以此坚决遏止非法的诱惑侦查。

2. 合法的诱惑侦查中被告人的责任问题

对于合法的诱惑侦查，一方面，由于侦查行为本身是合法的，不存在程序上尤其是在获取证据方法上的违法性，因此，不能排除有罪证据的合法性和证明力；另一方面，侦查对象基本上是在自己的意愿上独立自主地实施犯罪行为，不存在外界的诱惑或者胁迫，实施犯罪是其有意识的意志自由行为，应当承担刑事责任。

（六）**非法的诱惑侦查中侦查人员的责任问题**

合法的诱惑侦查中，侦查人员进行诱惑侦查属于依法履行职责，因而不存在讨论其责任的问题。但在非法的诱惑侦查中，作为直接责任人员的侦查人员应当根据具体情况承担相应的责任：或者是滥用职权；或者是教唆犯罪；或者是直接参与某种犯罪的实行行为而构成共同犯罪。即使非法的诱惑侦查中的侦查人员不构成犯罪，也应当追究其滥用职权的相应的行政责任，以有效杜绝此类违法行为的发生。

---

① 参见马滔：《诱惑侦查之合法性分析》，载《中国刑事法杂志》2000年第5期。

第五章 教唆犯的特殊形态

根据刑法理论中的犯罪形态理论，教唆犯的形态主要有教唆犯的停止形态、教唆犯的罪数形态、教唆犯的共犯形态三个方面的内容。由于教唆犯本身主要是共同犯罪中的问题（此外还有非共犯教唆犯问题），加上前面阐述了共同教唆问题，因此不再专门研究教唆犯的共犯形态，而主要研究教唆犯的停止形态和罪数形态问题。

第一节 教唆犯的犯罪未完成形态

犯罪的停止形态有犯罪的预备、中止、未遂、既遂四种。犯罪既遂，是指我国刑法所规定的具体犯罪的完成状态，即完全具备了刑法分则所规定的构成某一具体犯罪所必需的全部客观和主观要件的情形。根据教唆犯的二重性说和我国刑法的规定，教唆犯的既遂，是指教唆犯实施了教唆他人犯罪的行为，并且被教唆人接受教唆、实施被教唆的犯罪并达到既遂的情形。例如，某甲教唆某乙杀人，某乙接受教唆并将人杀死达到既遂，则教唆犯某甲构成教唆杀人的既遂。可见，教唆犯的既遂比较好理解，在理论上也没有分歧，因此，笔者在此不对此进行特别讨论。比较复杂的是教唆犯的未完成形态，如教唆犯的预备、中止与未遂，下面对此详作研究。

一、教唆犯的预备

（一）怎样看待教唆犯的预备行为

在西方，无论是大陆法系国家还是英美法系国家，一般原则是不处罚预备犯，但都不排除例外地由法律专门规定的犯罪预备行为构成犯罪并予以处罚。就大陆法系国家而言，刑法从罪刑法定原则出发，对危害严重的犯罪预备行为由法律明确规定予以处罚，主要有两种规定方式：一是将某些严重的犯罪预备行为规定为独立的犯罪。例如，《日本刑法典》第153条规定："以供伪造或变造货币、纸币或银行券之用为目的，而准备器械或原料的，处三个月以上五年以下惩役。"二是采取列举形式，在刑法分则中对某些重大犯罪明确规定处罚其预备犯。例如，《日本刑法典》第78条规定，"预备或阴谋内乱的，处一年以上十年以下监禁"。这些规定都将其他犯罪的预备行为排除在处罚之列，自然地对教唆犯的预备行为不予处罚。再看英美法系国家的情况，如英美法系国家三种典型的不完整罪中，旧有"犯罪教唆"与"犯罪共谋"，此两种情况在认识上多数主张是预备行为或者前预备行为，只是出于刑事政策上的考虑才有限地承认其可罚性。①但是此两种情况的预备犯，大致相当于预备行为的预备或前预备行为的预备，自然没有可罚性存在的余地。可见，就英美法系国家刑法而言，一般认为教唆犯的预备犯是没有可罚性的，所以一般也不讨论教唆犯的预备问题。

在我国，教唆犯的预备犯是否有可罚性？理论界有肯定说与否定说两种观点。肯定说认为，我国刑法规定了预备犯的处罚原则，在一般情况下，犯罪预备是应受处罚的，所以，教唆犯的预备行为也在可罚之列。教唆犯的预备犯，是指为进行教唆而制造条件的行为，一般表现为物色教唆对象、选择教唆时机、准备教唆工具以及其他为教唆犯最初制造条件的行为。同时，持肯定说者认为，教唆犯的预备行为往往比较隐蔽，有的是内心活动，无法取证；有的虽然表现为一定的外在活动，如试探被教唆的人等，但这种行为也往往难以认定其为教唆犯的预备。因此，只有在充足的证据情况下，才能认定为教唆犯的预备犯，在这个问题上一定要谨慎。但我们又不能以认定上的困难性否定教唆犯的预备犯的可罚性，否则就会放纵犯罪分子。②

否定说认为，所谓"教唆的预备"，可以理解为教唆者在实施教唆行为之前，为唆使他人犯罪而进行各种准备的一种行为。比如，某甲为了用金钱引诱他人犯罪而筹措钱款。在这种情况下，教唆者虽然已经具有教唆的故意，但尚未实施教唆行为。所以"教唆的预备"行为一般是不构成犯罪的，不能叫犯罪的预备。③

笔者认为，否定说比较妥当。理由是：（1）教唆犯本身有预备犯的性质，其预备行为在性质上是预备犯的预备行为或前预备行为，从限制思想的立场上讲不应予以犯罪化，不可罚。（2）教唆行为具有相对从属性，即相对于实际行为具有从属性，教唆的预备仅处于犯意阶段，充其量能够称得上"犯意流露"或"轻度的犯意表征"，处罚它无异于处罚思想犯，不争议。（3）教唆犯仅有总则规定而无分则规定，属于"纯修正的犯罪构成"，不宜再突破其成立要件再修

---

① 参见储槐植著：《美国刑法》（第二版），北京大学出版社1996年版，第146~151页。
② 参见陈兴良著：《共同犯罪论》，中国社会科学出版社1992年版，第393~394页。
③ 参见吴振兴著：《论教唆犯》，吉林人民出版社1986年版，第100页。

正。教唆犯的成立要件是，主观上具有教唆故意，客观上具有教唆行为，被教唆人处于正常适法状态。从教唆犯成立要件上分析，教唆犯不存在预备（因其尚未实施教唆行为），但可以存在教唆未遂、中止等形态。至于刑法分则特别规定的"煽动型犯罪"、"教唆型犯罪"、"引诱型犯罪"等，不是仅有总则规定而无分则规定的"纯修正构成"，而是由分则直接加以规定的，故属于基本的犯罪构成，所以它们可以有预备犯形态，如煽动分裂国家罪的预备犯等。（4）承认教唆犯的预备犯与罪刑法定原则的旨趣相悖。（5）承认教唆犯的预备犯，有刑法万能的思想，过分扩张刑罚事由之虞。

（二）预备犯的教唆犯问题

预备犯的教唆犯，是指被教唆的人接受教唆以后，实施了被教唆的罪的犯罪预备行为并构成犯罪预备的情形。这时被教唆的人构成预备犯，相应地，这时的教唆犯称为预备犯的教唆犯。

对此情形，有两个问题：

1. 预备犯的教唆犯是否具有可罚性

对此，理论界有以下几种看法：一是可罚说。共犯独立性说者都持这种观点；另有少数主张共犯从属性说的刑法学家也持此说，但各自论证的方式不同。其中，主张可罚说的共犯从属性说者认为，预备行为是一种实行行为，被教唆的人的预备行为应予处罚，教唆犯的行为也具有可罚性。二是不可罚说。极端的共犯从属性说者持这种看法，认为教唆犯是从属于实行犯的，教唆犯的成立应以实行犯的实行行为为前提（构成要件该当性、违法性、有责性都具备），因而在被教唆的人尚未着手实行犯罪、处于犯罪的预备不可罚的情况下，教唆犯不具有可罚性。三是折中说。此说认为，当有些犯罪的预备本身成立犯罪，则这些罪的预备犯的教唆犯是可罚的；当被教唆的人的预备行为不能成立犯罪，则教唆犯也不能认为具有可罚性。例如，为杀人而盗枪，盗枪既是杀人的预备，又是独立的犯罪，因此，如果教唆他人盗枪杀人，被教唆的人在盗得枪支以后，未及杀人而被发现，那么，被教唆的人是杀人的预备犯，同时该预备行为又成立独立的盗窃枪支罪，则教唆者可构成预备犯的教唆犯，并具有可罚性。① 根据我国刑法规定和教唆犯理论，显然我国是主张可罚说，因为此时的教唆犯已经完全具备教唆犯的成立要件。

2. 预备犯的教唆犯属于何种形态

对此有不同的看法。西方刑法学界中，持共犯独立性说者认为，预备犯的教

---

① 参见［日］福田平、大冢仁著，李乔等译：《日本刑法总论讲义》，辽宁人民出版社1986年版，第181~182页。

唆犯属于犯罪未遂；而持共犯从属性说者认为，此时的教唆犯属于犯罪预备。①我国对此问题一般有三种看法：一是预备论，认为在被教唆者属于犯罪预备的情况下，教唆犯应以犯罪预备论处。② 二是未遂论，认为被教唆的人接受教唆并实施犯罪预备行为的，属于教唆犯的未遂情形，构成教唆犯的未遂犯。③ 这是目前理论界多数人的观点。三是既遂论，认为我国刑法中规定的教唆犯只有独立性而无从属性，被教唆之人未犯被教唆之罪的，以是否产生犯意为标准可分为两类。产生犯意的，不论被教唆者是否实施犯罪，教唆犯均已构成教唆既遂，至于被教唆者犯罪未遂或犯罪中止、犯罪预备，对教唆犯来说，不影响其犯罪形态的确定，只从客观方面影响对其量刑。笔者认为，未遂论的看法是妥当的，这是坚持教唆犯二重性说以及正确理解教唆犯的犯罪形态的必然结论。

二、教唆犯的中止

犯罪中止，是指在犯罪过程中，自动放弃犯罪或者自动有效地防止犯罪结果发生的情形。因此，教唆犯的中止，就是指教唆犯在教唆他人犯罪的过程中，自动放弃教唆并且自动有效地防止犯罪结果的发生的情形。

关于教唆犯成立的犯罪中止的标准，理论界有两种争论：

第一种观点是以教唆人之行为为标准。主张教唆人教唆行为是否中止，应以原教唆人之教唆行为是否中止为断，教唆行为中止者为教唆中止，教唆行为如未中止者则不会发生中止问题。

第二种观点是以被教唆人之行为为标准。主张教唆人教唆行为是否中止，不以教唆人自己之教唆行为为标准，而应以被教唆人之犯罪行为为标准，当教唆人有效中止被教唆人之犯罪行为时为教唆中止犯，否则不成立教唆中止犯。④

笔者认为，在教唆犯的中止问题上，单纯以教唆人行为为标准或片面地以被教唆人之行为为标准都不妥。根据教唆犯二重性特点及犯罪中止理论，教唆犯中止的成立，要求教唆犯自动中止教唆，并且自动有效地防止被教唆人实施被教唆的犯罪之犯罪结果发生。二者必须同时具备，缺一不可。"自动中止"表明了教唆犯中止犯罪的主观意愿具有自动性，"有效地防止犯罪结果的发生"表明了教唆犯成立中止犯在结果上的程序要求，同时也表明了防止的范围——被教唆人实

---

① 参见[日]福田平、大冢仁著，李乔等译：《日本刑法总论讲义》，辽宁人民出版社1986年版，第181页。
② 参见吴振兴著：《论教唆犯》，吉林人民出版社1986年版，第148页。
③ 参见赵秉志著：《犯罪未遂的理论与实践》，中国人民大学出版社1987年版，第215页；陈兴良著：《共同犯罪论》，中国社会科学出版社1992年版，第395页。
④ 参见耿文田著：《教唆犯论》，商务印书馆1935年版，第59~61页。

施的被教唆的犯罪。刑事责任讲求人身专属性,表现在中止犯上同样如此,中止犯属于人身性的减免事由,刑的减免也仅限于中止人。① 所以,教唆犯的中止效力不及于其他共同犯罪人,其他共同犯罪人的中止效力也不及于教唆犯。就教唆犯的中止而言,要切实考察教唆犯的主观意愿,如不是出于教唆犯的主观意愿,而是由于教唆犯意志以外的原因,则显然不能成立教唆犯的中止。同时,被教唆人自动中止犯罪的场合,如果教唆人既没有自动中止的主观意愿也没有中止行为,则教唆犯不成立中止,而是构成教唆犯的未遂。

我国刑法界有种观点认为,应根据被教唆人所处的阶段来确定教唆犯的犯罪停止状态。在被教唆者犯了被教唆的罪的情况下,无论它是属于犯罪的预备、未遂、中止或既遂,都应当把他和教唆者的行为的社会危害性程度看做是他与教唆者共同造成的。例如,被教唆者成立中止犯,则教唆犯属于中止犯的教唆犯,可称中止的教唆。② 笔者认为,这种看法是不当的,不符合教唆犯二重性说基本观点,这种看法是从共犯从属性说出发所得出的错误结论。此外,还有两种观点也不妥当。一种观点认为,"教唆犯的犯罪中止行为如果有效地防止了犯罪结果的发生,就不构成犯罪,不受处罚"③。笔者认为,这种观点不符合《刑法》第24条关于犯罪中止的规定,该条第2款规定:"对于中止犯,没有造成损害的,应当免除处罚;造成损害的,应当减轻处罚。"另一种观点认为,"如果由于被害人或受告发机关的过失,或者由于实行犯坚持其犯意,致使教唆犯的中止行为没有免除危害后果发生的,教唆犯不应当负刑事责任"④。这种观点亦有不当,它不完全符合我国刑法关于刑事责任的原则,不符合我国刑法关于犯罪及其中止、教唆犯的处罚规定。

关于教唆犯的中止,西方国家刑法学原理中的共犯的脱离理论值得借鉴。所谓共犯的脱离,是指在犯罪既遂之前,部分共犯人停止自己的行为,若因此切断了与随后其他共犯人的行为及其结果的因果关系,则在其他共犯人承担既遂或者未遂责任的情况下,脱离人仅对脱离前的行为及其结果负责,而不对脱离后的行为及其结果负责,对脱离人在未遂的限度内承担共犯的罪责的情形(在基于自己的意思的场合,承担中止犯的责任)。但也应注意,"共犯的脱离与共犯的中止是不同的两个问题,有各自的'势力范围'"⑤。

---

① 参见[日]福田平、大冢仁著,李乔等译:《日本刑法总论讲义》,辽宁人民出版社1986年版,第187页。
② 参见吴振兴著:《论教唆犯》,吉林人民出版社1986年版,第148页。
③ 转引自林文肯:《关于教唆犯的几个问题》,载《现代法学》1987年第3期。
④ 转引自林文肯:《关于教唆犯的几个问题》,载《现代法学》1987年第3期。
⑤ 参见陈洪兵著:《共犯论思考》,人民法院出版社2009年版,第186~203页。

三、教唆犯的未遂

教唆犯的未遂是共同犯罪理论中最为复杂的问题之一，从来就有争论。从理论界争鸣情况来看，产生分歧的根本原因在于，人们对教唆犯的性质所坚持的不同立场导致了对教唆犯的未遂的不同理解，突出表现是对我国《刑法》第29条第2款规定的不同理解。

（一）讨论教唆犯的未遂之前提和基础：教唆犯的性质对于认定教唆犯的未遂的意义

教唆犯的未遂即是指教唆犯的犯罪未遂形态问题。它涉及教唆犯理论与犯罪未遂形态理论两个方面，是两个方面的交叉和综合。所谓犯罪未遂，是指我国《刑法》第23条第1款所规定的情形："已经着手实行犯罪，由于犯罪分子意志以外的原因而未得逞的，是犯罪未遂。"其基本特征有三：一是已经着手实行犯罪；二是犯罪未得逞；三是由于犯罪分子意志以外的原因。那么，教唆犯欲成立犯罪未遂，也必须符合犯罪未遂的一般特征。在此问题上，确定教唆犯的性质是前提和基础，它对于研究教唆犯的未遂有重大意义：

其一，确定教唆犯的性质，有助于解决教唆犯本身能否有犯罪未遂的问题。

教唆犯本身能否有犯罪未遂？对此问题，刑法理论上因持共犯从属性说或者共犯独立性说而有否定与肯定两种截然相反的回答。部分持共犯从属性说者主张否定说，即认为教唆犯不能成立犯罪未遂。例如，日本学者久礼田益喜认为，"承认加担犯（指教唆犯和从犯）的从属性者不承认加担犯自身的未遂。其理由谓没有主犯罪，从犯罪就没有理由可以成立。根据狭义地解释从属性，以正犯的成立为加担犯成立的要件，与通说同样，我也不承认加担犯本身的未遂"[①]。而多数持共犯独立性说者则主张肯定说，即认为教唆犯能够成立犯罪未遂。例如，日本的牧野英一即主张肯定说，"由于牧野博士承认共犯的独立性，否认间接正犯与共犯之间性质上的差异，因而认为教唆犯或者帮助行为本身的未遂，可以不待法律的明文规定而对它加以处罚"[②]。不过，对教唆犯的性质的不同观点，并不必然导致对教唆犯本身能否有犯罪未遂问题的肯定或否定回答。相当部分持共犯从属性说者都认为教唆犯能够成立犯罪未遂，如正犯者属于犯罪未遂这种情况，"如果出于教唆者、帮助者的意外，则无论正犯者是属于实行终了的未遂，还是属于未实行终了的未遂，抑或不能犯的未遂，教唆者和帮助者都分别构成未遂的教唆和未遂的帮助。这与共犯从属性理论基本上也是一致的"[③]。因此，严

---

① ［日］久礼田益喜著：《日本刑法总论》，俨松堂1925年版，第359~360页。
② ［日］久礼田益喜著：《日本刑法总论》，俨松堂1925年版，第360页。
③ 吴振兴著：《论教唆犯》，吉林人民出版社1986年版，第48页。

格说来，确定教唆犯的性质，对解决教唆犯本身能否有犯罪未遂的问题仅具有理论上的指导意义，而在实际断案过程中，应分析、研究各国刑法对教唆犯的具体规定，来具体解决教唆犯有无犯罪未遂的问题。

其二，确定教唆犯的性质，有助于科学界定教唆犯的"着手"。

依犯罪未遂理论，着手实行犯罪是成立犯罪未遂的第一个条件。因此，正确理解和认定"着手"实行犯罪，对于正确认定犯罪未遂具有重要意义。何谓"着手"？按照我国的刑事立法和刑法理论，"着手"是实行刑法分则具体犯罪构成客观方面行为的开始，是犯罪未遂与犯罪预备相区别的主要标志。主观上，行为人实行犯罪的意志已经通过客观实行行为的开始充分表现出来，而不同于在此之前预备实行犯罪的意志。客观上，行为人已开始直接实施具体犯罪客观方面的行为，这种行为已不再属于为犯罪的实行创造便利条件的预备犯罪的性质，而是实行犯罪的性质，这种行为已使刑法所保护的具体客体初步受到危害或面临实际存在的威胁。在有犯罪对象的场合，这种行为已直接指向犯罪对象。如果不出现行为人意志以外的原因的阻碍或行为人的自动中止犯罪，这种行为就会继续进行下去，直到犯罪的完成即既遂的达到；在既遂包含犯罪结果的犯罪中，还会有犯罪结果合乎规律的发生。①

就教唆犯而言，研究教唆犯的未遂，必须首先解决何谓教唆犯的"着手"问题。而解决这一问题的前提是必须正确认定教唆犯的性质，对教唆犯的性质的看法不同，得出的结论迥异。共犯独立性说认为，对教唆犯所处罚的是教唆行为而非被教唆的人的实行行为，应将教唆行为视同实行行为，因此，教唆犯着手于教唆行为即应视为教唆犯已经着手实行犯罪，不以被教唆的人着手实行犯罪行为为必要条件。共犯从属性说则不同，认为教唆犯的成立及可罚性皆以存在一定的实行行为为必要条件，因此只有当被教唆的人着手实施被教唆的犯罪时才视为教唆犯的着手，排除了将教唆犯的"着手教唆"视为犯罪着手的情况。二重性说从教唆犯是独立性与从属性的统一的观点出发，认为教唆犯的着手不以被教唆的人着手实施犯罪为转移，在认定教唆犯的"着手"问题上，独立性说与二重性说在结论上是一致的，从属性说的结论则相去甚远。笔者认为，二重性说的观点是正确的。

其三，确定教唆犯的性质，有助于正确认定教唆犯的犯罪"未得逞"。

依刑法理论，犯罪未得逞是犯罪未遂的基本特征之一，是犯罪未遂区别于犯罪既遂的显著标志。关于犯罪"未得逞"的含义，我国刑法学界有三种观点：一是"犯罪目的说"，认为犯罪未得逞是指犯罪目的没有达到；二是"犯罪结果

---

① 参见赵秉志著：《犯罪未遂的理论与实践》，中国人民大学出版社1987年版，第71～74页。

说",认为犯罪未得逞是指犯罪行为没有产生法律规定的犯罪结果;三是"犯罪构成要件说",认为犯罪未得逞是指犯罪行为没有齐备具体犯罪构成的全部要件。其中第三种观点是通说观点。笔者认为,通说观点是正确的。根据"犯罪构成要件说",我们可以界定出以下几类存在既遂、未遂之分的犯罪"未得逞"的含义:第一类是以犯罪结果的发生作为犯罪完成即既遂标志的犯罪,其犯罪未得逞是指犯罪结果没有出现;第二类是以犯罪行为的完成作为犯罪既遂标志的犯罪,其犯罪未得逞是指犯罪行为没有完成;第三类是以法定危险状态的具备作为犯罪既遂标志的犯罪,其犯罪未得逞是指客观上尚不具备危险状态,等等。[①] 如何认定教唆犯的犯罪未得逞?笔者认为,在正确理解和认定犯罪未得逞一般原理的基础上,确定教唆犯的性质,对于正确认定教唆犯的犯罪未得逞意义重大。日本学者阿部也认为,构成教唆犯的未遂的范围,因采用共犯从属性说或者共犯独立性说而有所不同。[②]

(1) 根据共犯从属性说,只限于被教唆的人着手实行犯罪而以未遂告终的情况,[③] 亦即排除了教唆者已着手实行教唆行为至被教唆的人着手实行犯罪前这一期间的任何情形构成犯罪未遂的可能。例如,教唆者已着手实行教唆,但被教唆的人尚未接受教唆并且尚未形成犯意,依共犯从属性说的观点,则此种情形的教唆者尚不成立犯罪,自然无从谈起教唆犯的未遂。但是,对于上述这种情形如果一律不予处罚,显然不妥。基于此,日本刑法理论界引入了"独立教唆"的概念,即就特殊的重罪而言,把这种教唆行为从正犯中独立出来作为区别于刑法总则的独立罪来处罚,这就叫做独立教唆。[④] 申言之,所谓"独立教唆犯",是指教唆者在实施教唆行为的当时,犯罪对象尚不存在,只是预想到其存在,并且只有在这种犯罪对象出现以后,被教唆者才能去实施被教唆的犯罪行为。例如,某甲教唆怀孕的妇女某乙,在分娩后杀害其婴儿,则某甲即构成教唆杀人的"独立教唆犯"。"独立教唆犯"超出了通常的从属性的教唆犯范围,它在被教唆者尚未实施被教唆的犯罪行为的情况下就构成了;而这种"独立教唆犯"并不是事实上的共同犯罪中的教唆犯,而是现实中独立存在的教唆犯,因而它具有独

---

① 参见赵秉志著:《犯罪未遂的理论与实践》,中国人民大学出版社1987年版,第106~107页。

② 参见[日]木村龟二主编,顾肖荣、郑树周译校:《刑法学词典》,上海翻译出版公司1991年版,第369页。

③ 参见[日]木村龟二主编,顾肖荣、郑树周译校:《刑法学词典》,上海翻译出版公司1991年版,第369页。

④ 参见[日]木村龟二主编,顾肖荣、郑树周译校:《刑法学词典》,上海翻译出版公司1991年版,第371页。

立性，没有从属性，这是日本"独立教唆犯"的一个显著特点。① 近年来，日本"独立教唆犯"问题有一些变化：一是在日本现行刑法中已经取消了关于"独立教唆犯"的规定，但在刑法理论中它仍占有一席之地；二是在存在论上，有人认为"独立教唆犯"存在的依据，是考虑到对人的生命这样重大的法益应当加以特殊的保护而作的例外规定，但"生命法益特殊保护说"并不能从理论上真正解决问题，至少在共犯从属性理论的旗帜下缺乏说服力；三是对于"独立教唆犯"的成立是否要求被教唆者产生犯意的问题，学者中间有见解上的分歧，有的认为"独立教唆犯"的成立应以被教唆者具有了实行犯罪的决意为必要条件，有的则认为无须作此要求。② 但有一点是明确的，这就是：日本"独立教唆犯"理论是为弥补共犯从属性说之不足而提出来的。在我国刑法学界，也有学者提出"独立的教唆犯或者非共犯的教唆犯"的概念，③ 它主要指以下三种情况，即教唆行为未能使被教唆的人产生犯罪的意图或决心，或者虽然引起了被教唆的人的犯罪决意但没有实施任何行为，或者被教唆者实行的不是被教唆者教唆的犯罪。将此三种情形称为独立的教唆犯，仅是一种比较形象的称谓而已，但并没有如日本"独立教唆犯"理论一样存在解释论和存在论上的争议，因为它的前提并不是共犯从属性说，而是二重性说。不难看出，我国刑法学者提出的独立的教唆犯的概念与日本"独立教唆犯"的概念是有差异的，各自所依据的法理不同。另外，我国刑法学界还有学者提出"特殊教唆犯"的概念，认为根据被教唆者是否实施了被教唆的行为以及教唆犯与被教唆者是否具有共犯关系，可以把教唆犯划分为一般教唆犯与特殊教唆犯，"所谓特殊教唆犯，是指独立存在的教唆犯"，具体指《刑法》第29条第2款规定的"被教唆的人没有犯被教唆的罪"情形下的教唆犯。但有学者认为，此种看法值得商榷，因为此种所谓"特殊教唆犯"，实质上主要是《刑法》第29条第2款规定的教唆未遂的情形，应在教唆犯的未遂中加以研究，根本没有必要作为教唆犯的基本种类予以特殊对待。④ 可见，"特殊教唆犯"在解释论和存在论上都与日本"独立教唆犯"有区别。

（2）根据共犯独立性说的观点，除上述共犯从属性说所规定的未遂情形以外，还有"教唆者想使被教唆者产生实行犯罪决意的企图，但以失败而告终，

---

① 参见吴振兴著：《论教唆犯》，吉林人民出版社1986年版，第55页。
② 参见［日］木村龟二主编，顾肖荣、郑树周译校：《刑法学词典》，上海翻译出版公司1991年版，第371～372页；吴振兴著：《论教唆犯》，吉林人民出版社1986年版，第54～57页。
③ 参见何秉松主编：《刑法教科书》，中国法制出版社1997年版，第305～306页。
④ 参见陈兴良著：《共同犯罪论》，中国社会科学出版社1992年版，第258～262页。

被教唆者没有作出任何行为或者实施了预备行为的情况（没有效果或结果的教唆）等，这些均构成教唆的未遂"①。但对于被教唆的人已着手实行被教唆的犯罪的情况，即使尚未实现具体的犯罪结果（如被教唆的人所实施的犯罪尚处于犯罪未遂或者犯罪中止的情形），依共犯独立性说教唆者仍构成教唆犯的既遂。

（3）而依我国刑法学界占主导地位的二重性说的观点，对于教唆犯的犯罪未得逞的问题，必须从教唆犯的构成特点进行分析：教唆犯属于结果犯，教唆他人犯罪，其目的不仅在于引起他人的犯意，而且在于通过被教唆的人的实行行为以引起具体的犯罪结果，因而，教唆犯以其教唆行为的完成为犯罪行为的实行终了，教唆犯的得逞，应以教唆的结果是否发生为标准；②亦即教唆犯既遂的构成依赖于被教唆的人（实行犯）犯罪的完成。③根据这一原理，凡是教唆行为没有引起被教唆的人的犯意以及被教唆的人没有完成犯罪或者没有实现具体的犯罪结果，都属于教唆犯的未得逞。可见，在教唆犯的"未得逞"这一问题的结论上，二重性说与共犯从属性说的差异悬殊。

其四，确定教唆犯的性质，有助于正确认定教唆犯的未遂中的"意志以外的原因"。

何谓行为人"意志以外的原因"？从犯罪未遂基本原理出发，首先它是指行为人本人的犯罪意志和不犯罪意志以外的原因；其次，它的性质是阻碍犯罪意志的原因，包括犯罪人本人以外的原因，行为人因自身能力、知识、技巧等缺乏或不佳对完成犯罪的不利影响，犯罪人主观上认识错误等；再次，它在量上是足以阻止犯罪意志的原因；最后，它作用的对象是犯罪意志及其支配下的犯罪活动。④就教唆犯的未遂而言，哪些情形下的原因可以认定为教唆犯的"意志以外的原因"呢？回答也因对教唆犯性质的看法不同而各有差异。

（1）根据共犯从属性说，教唆犯从属于实行犯，因此，教唆犯在共同犯罪中没有独立的人格或者意志，而是完全依附于实行犯的属性，教唆犯的犯罪停顿状态就完全决定于被教唆的人（实行犯）的犯罪活动进程。申言之，被教唆的人属于犯罪的未遂，则教唆犯即属于未遂犯的教唆犯；被教唆的人属于犯罪中止，则教唆犯即属于中止犯的教唆犯。⑤这也就是说，教唆犯的意志从属于实行

---

① 参见［日］木村龟二主编，顾肖荣、郑树周译校：《刑法学词典》，上海翻译出版公司1991年版，第369页。

② 参见陈兴良著：《共同犯罪论》，中国社会科学出版社1992年版，第403页。

③ 参见赵秉志著：《犯罪未遂的理论与实践》，中国人民大学出版社1987年版，第214页。

④ 参见赵秉志著：《犯罪未遂的理论与实践》，中国人民大学出版社1987年版，第115~123页。

⑤ 参见陈兴良著：《共同犯罪论》，中国社会科学出版社1992年版，第260页。

犯的意志，只要认定实行犯具有意志以外的原因，就可以认定教唆犯具有意志以外的原因；只要认定实行犯具有本人意志上的原因，就可以据此认定教唆犯具有本人意志上的原因。例如，被教唆的人在实行犯罪的过程中自动中止了犯罪，即使这种中止行为是违背教唆犯的意志的，但依共犯从属性说，该教唆犯不具有意志以外的原因，而是认定为教唆犯本人意志上的原因，亦即该教唆犯也成立犯罪中止，而不成立犯罪未遂。又如，在被教唆的人实行犯罪以后但危害结果发生之前，教唆犯自动（即基于其本人意志上的原因）防止了危害结果发生的情形，由于被教唆的人（实行犯）成立未遂犯，则依共犯从属性说的观点，该教唆犯也只能成立未遂犯，亦即认定教唆犯具有意志以外的原因。这两例所列举的情况，显然是具有深刻的内在矛盾性的，说明共犯从属性说是不科学的，不能用它来正确解决如何认定教唆犯"意志以外的原因"的问题。

（2）共犯独立性说认为，判断教唆犯是否具有"意志以外的原因"，只应以教唆犯本身的意志为参照物，而不从属于包括实行犯在内的任何其他人的意志。在这一点上，共犯独立性说具有科学性。

（3）教唆犯的二重性说，坚持以教唆犯本人的主观状态，而不是以被教唆者的主观状态为标准来判断教唆犯是否具有"意志以外的原因"，这种做法科学合理。根据二重性说的观点，笔者认为，教唆犯的未遂中的"意志以外的原因"主要存在以下几种情形：一是教唆行为因教唆者本人意志以外的原因而没有完成教唆的情形；二是教唆行为实行完毕后遭被教唆的人拒绝；三是被教唆的人接受教唆产生犯意后，又自动放弃犯意，也没有实施任何犯罪；四是被教唆的人产生犯意并进行犯罪预备，在预备阶段又自动中止犯罪或被制止构成犯罪预备；五是被教唆的人在着手实行犯罪后犯罪未遂或自动中止犯罪。①

（二）教唆犯的未遂的定义

以上论述说明，教唆犯的性质是一个不容回避的重大理论问题，对于正确认定教唆犯的未遂具有重大意义。我国教唆犯理论坚持主客观相统一的原则，揭示出教唆犯是相对独立性与从属性的有机统一，从而克服了其他学说的片面性，为科学地解决教唆犯的未遂问题奠定了基础。依据教唆犯二重性说，对于教唆犯的未遂问题可以得出以下基本结论：

我国刑法中教唆犯的未遂，是指教唆犯已经着手实施教唆他人犯罪的行为，但由于教唆犯意志以外的原因而未得逞的情形。其基本特征是：第一，教唆犯的"着手"，是指教唆犯开始以言辞或者其他方法进行教唆的情况；第二，教唆犯

---

① 参见赵秉志著：《犯罪未遂的理论与实践》，中国人民大学出版社1987年版，第214~215页。

的犯罪"未得逞",是指教唆犯的教唆行为没有引起被教唆的人的犯罪决意以及被教唆的人没有完成具体犯罪或者没有实现具体的犯罪结果的情况;第三,教唆犯的"意志以外的原因",是指以教唆犯本人的主观状态或其独立的"人格"为标准,确属其本人意志以外的原因,"既包括由被教唆人所引起的、仅对教唆犯来说是意志以外的原因的情况,也包括对教唆犯和被教唆的人来说都是意志以外的原因的情况"[1]。由于教唆犯是以教唆行为的完成为其犯罪行为的实行终了,以被教唆的人完成被教唆的罪为其犯罪既遂,因此教唆犯的未遂既可以表现为未实行终了的未遂,也可以表现为实行终了的未遂。例如,在教唆过程中被他人制止而未能将教唆行为实行完毕,以及教唆犯尚未完成教唆即遭被教唆人拒绝的情形等,即属于未实行终了的未遂。但一般来说,教唆犯的未遂更多地表现为实行终了的未遂,具体情形有以下几种:(1)教唆行为实行完毕后遭被教唆人拒绝;(2)被教唆人接受教唆产生犯意后,又自动放弃犯意,也未进行犯罪预备;(3)被教唆人产生犯意并进行犯罪预备,在预备阶段又自动中止犯罪或被制止构成犯罪预备;(4)被教唆人在着手实行犯罪后犯罪未遂或自动中止犯罪。[2]

(三) 对《刑法》第 29 条第 2 款的研析与立法建议

现行《刑法》第 29 条第 2 款规定:"如果被教唆的人没有犯被教唆的罪,对于教唆犯,可以从轻或者减轻处罚。"这一条款规定的情形,刑法理论上称为教唆未遂或者教唆未成未遂。与此相对应,还有教唆已成未遂的概念。教唆已成未遂,是指被教唆的人已基于教唆而进行犯罪活动但未完成犯罪情况下教唆犯构成的未遂。[3]

对于类似《刑法》第 29 条第 2 款规定的情况,到底如何认定教唆犯的停止形态,如何处罚教唆犯?从各国或地区立法看,主要有以下几种态度:(1)按犯罪未遂论处。例如,我国台湾地区现行"刑法"第 29 条第 3 款规定:"被教唆人虽未至犯罪,教唆犯仍以未遂犯论,但以所教唆之罪有处罚未遂犯之规定者为限。"(2)按阴谋或预备犯论处。例如,《韩国刑法典》第 31 条第 2 款规定:"被教唆人承诺实行犯罪,但未着手实行的,教唆者与被教唆人均以阴谋犯或者预备犯相应处罚。"该条第 3 款规定:"被教唆人未承诺实行犯罪的,对教唆者

---

[1] 参见张晓辉:《论教唆犯》,载赵秉志等主编:《全国刑法硕士论文荟萃(1981 届—1988 届)》,中国人民公安大学出版社 1989 年版,第 379 页。

[2] 参见赵秉志著:《犯罪未遂的理论与实践》,中国人民大学出版社 1987 年版,第 214~216 页。

[3] 参见赵秉志著:《犯罪未遂的理论与实践》,中国人民大学出版社 1987 年版,第 214~216 页。

的处罚也适用前项有关规定。"① （3）以独立教唆犯论处。例如,《泰国刑法典》第 84 条第 2 款规定:"受雇人实行其犯罪行为者,教唆犯依主犯之刑处罚之。受雇人未实行犯罪行为,无论系因未经同意,未及着手或其他原因,唆使犯依该罪法定刑三分之一处罚之。"②

而对于我国《刑法》第 29 条第 2 款规定的教唆犯到底处于犯罪的何种停止形态的问题,目前我国理论界分歧较大,主要有以下五种看法:③

一是预备说,认为从教唆犯罪的特性来看,教唆犯对被教唆人实施教唆行为同为了犯罪而寻找共同犯罪人没有本质的区别,而寻找共同犯罪人正是犯罪预备的一种表现形式。另有人从共犯从属性说观点出发,认为在被教唆的人没有犯被教唆的罪的情况下,犯罪尚未着手,故只能是处于犯罪预备阶段。还有人从《刑法》第 29 条第 2 款规定的处罚原则来分析,认定这不是对教唆未遂犯规定的处罚原则,而是对于教唆预备犯规定的处罚原则,因为《刑法》已统一规定了未遂犯的处罚原则,没有必要再对教唆未遂重复作同样的规定;而教唆犯罪预备比一般犯罪预备社会危害更大,因此有必要对它规定一个比一般预备犯处罚原则更为严厉的处罚方法。④ 而且,在外国刑法中,有明确规定在此情况下教唆犯属于犯罪预备的立法例,如《阿尔巴尼亚刑法典》第 14 条第 4 款的规定即是如此。⑤ 笔者认为,预备说的观点是不妥当的。因为,第一,它所坚持的实行犯着手犯罪前的教唆行为只能视为犯罪预备的观点,完全是外国刑法学中具有客观主义片面性的教唆犯从属性说的见解,而不符合我们所坚持的教唆犯二重性说的要求。笔者认为,按照二重性说的观点,教唆行为因刑法总则的修正性规定与具体犯罪的结合,也属于具体犯罪构成客观方面实行行为的有机组成部分,因此教唆行为已不能等同于非教唆犯罪情况下寻找共同犯罪人的预备行为,教唆行为的着手实行和完成,都不受实行犯是否实行犯罪的制约,但是教唆犯构成犯罪既遂却要以实行犯完成犯罪为标志,因此,在教唆犯实施教唆而被教唆人没有犯被教唆

---

① 参见［韩］金永哲译:《韩国刑法典及单行刑法》,中国人民大学出版社 1996 年版,第 5 页。

② 参见《各国刑法汇编》,台湾"司法行政部"1980 年印行,第 593 页。

③ 参见高铭暄主编:《新中国刑法学研究综述（1949—1985）》,河南人民出版社 1986 年版,第 368~370 页;赵秉志著:《犯罪未遂的理论与实践》,中国人民大学出版社 1987 年版,第 215~219 页;马克昌主编:《犯罪通论》,武汉大学出版社 1991 年版,第 570~571 页;陈兴良著:《共同犯罪论》,中国社会科学出版社 1992 年版,第 403~407 页。

④ 参见赵秉志著:《犯罪未遂的理论与实践》,中国人民大学出版社 1987 年版,第 218 页。

⑤ 参见全国人民代表大会常务委员会办公厅编译室译:《阿尔巴尼亚人民共和国刑法典》,法律出版社 1956 年版,第 7 页。

的罪的情况下，教唆犯构成的不可能是预备，而只能是未遂。第二，它对《刑法》第 29 条第 2 款规定的处罚原则的解释是错误的。教唆犯在共同犯罪中往往危害较严重，对此刑法在共同犯罪的有关规定中已作了充分考虑并有所体现，因此，对教唆犯罪的预备、未遂等，应该结合教唆犯罪的预备、未遂的有关规定来处罚（这里我们姑且撇开对教唆犯的预备是否可罚的争议），而不应认为在犯罪预备的一般规定之外，法律还有一个较重的对教唆犯罪预备的处罚原则。这说明，预备说在理论上是欠科学的，在我国法律上缺乏现实依据，不足取。①

二是既遂说，认为教唆犯的教唆行为仅止于教唆，一经教唆完毕，其犯罪就已终了，不论被教唆的人是否实行教唆犯所教唆的犯罪，均构成犯罪既遂。此说的论据欠缺说服力，它机械地将教唆行为与实行行为割裂开来，视教唆犯为举动犯，与教唆犯二重性说理论相左。更何况，一行为实行终了并不等于一犯罪既遂，还可能存在实行终了的未遂的情况。

三是成立说，认为在被教唆的人没有犯被教唆的罪的情况下，教唆犯不属于犯罪的任何一个阶段，可以笼而统之地称为犯罪成立，而没有必要再认定其属于犯罪的哪个阶段。笔者认为，任何犯罪都是客观存在的，都有一定的停止形态，教唆犯也不例外。此说将教唆犯的停止形态问题简单化，统称为"成立"，回避问题的实质，无助于问题的解决，故不可取。

四是特殊教唆犯说，认为在这种情况下，教唆犯不构成共同犯罪，是一种特殊教唆犯，应根据其本身的犯罪事实、犯罪性质、情节和社会危害程度，从轻或减轻处罚。理由是，在被教唆的人没有犯被教唆的罪时，我国《刑法》第 29 条第 2 款只规定如何处罚，并未规定"以未遂犯论"，因而对这种情况，只要依教唆犯定罪处罚就可以了，无须定为教唆犯的未遂与预备。② 笔者认为，特殊教唆犯说与前述"成立说"如出一辙，只谈定罪或犯罪成立，而对犯罪停止形态的问题避而不谈，不正面回答实质问题，也无助于问题的解决，不可取。

五是未遂说，认为在被教唆的人没有犯被教唆的罪的情况下，教唆犯由于其意志以外的原因而未得逞，应视为未遂，称为教唆犯的未遂，这种情形下的教唆未遂可以称为教唆未成未遂。③ 该说提出以下几点理由：第一，教唆犯具有独立性，教唆行为是教唆犯的犯罪构成客观要件。所以，教唆犯的着手实行犯罪是指教唆犯把教唆他人犯罪的目的付诸实施，而不是取决于实行犯是否着手教唆犯所

---

① 参见赵秉志著：《犯罪未遂的理论与实践》，中国人民大学出版社 1987 年版，第218～219 页。

② 参见马克昌主编：《犯罪通论》，武汉大学出版社 1991 年版，第 570～571 页。

③ 参见赵秉志著：《犯罪未遂的理论与实践》，中国人民大学出版社 1987 年版，第215～216 页。

教唆的犯罪。因此，不能把被教唆的人着手实行犯罪视为教唆犯的着手。第二，教唆犯具有从属性，实行犯的实行行为是教唆行为的结果，只有教唆行为和实行行为的有机结合才能成为教唆犯的犯罪构成的客观要件。在实行犯没有实行教唆犯所教唆的犯罪的情况下，教唆犯所预期的教唆结果没有发生，这也就是说，教唆没有得逞。第三，教唆犯之所以没有得逞，是由于实行犯违背教唆犯的意志而没有实行其所教唆的犯罪，这对教唆犯来说是意志以外的原因。所以，在实行犯没有实行教唆犯所教唆的犯罪的情况下，教唆犯完全符合我国刑法中的犯罪未遂的特征。①

笔者认为，未遂说的基本观点是正确的。笔者在基本赞同未遂说观点的基础上，特提出以下两点思考：

1. 《刑法》第29条第2款规定的情形尚没有穷尽教唆犯的未遂的所有情形。具体说，根据前述第一部分的分析，至少有以下两种情形的教唆犯的未遂尚未包括在该条款内：一是被教唆的人的犯罪行为停止于犯罪预备形态或者预备阶段的中止形态；二是被教唆的人在着手实行犯罪后犯罪未遂或者自动中止犯罪。这两种情形都是被教唆的人已经犯了被教唆的罪，但尚未达到犯罪既遂，因而都构成教唆犯的未遂。对于此两种情形下的教唆犯的未遂是否"可以从轻或者减轻处罚"呢？答案显然应该是肯定的。理由是，我国《刑法》第23条第2款明确规定："对于未遂犯，可以比照既遂犯从轻或者减轻处罚。"但由于对教唆犯的处罚规定比较特殊，对教唆犯的未遂的认定也比对一般犯罪未遂的认定更复杂，因此如果在《刑法》第29条第2款关于教唆犯的未遂"可以从轻或者减轻处罚"的规定中只列举"被教唆的人没有犯被教唆的罪"的情形，而不明确规定包括此处提出的另两种情形，则易于引起歧义和误解，并且使得立法规定显得不严密、不协调。所以笔者认为，《刑法》第29条第2款关于教唆犯的未遂"可以从轻或者减轻处罚"的规定，应当尽量涵括属于教唆犯的未遂的所有情形。具体可作如下概括："如果被教唆的人没有犯被教唆的罪，或者没有完成被教唆的罪，对于教唆犯，可以从轻或者减轻处罚。"

2. 《刑法》第29条第2款所规定的情形并非都宜于适用"可以从轻或者减轻处罚"的规定。《刑法》第29条第2款规定的基本精神，是考虑到教唆犯的教唆行为在客观上所造成的社会危害相对较轻，属于犯罪未遂，因而"可以"从轻或者减轻处罚。我们知道，立法上"可以"一词是带有明显倾向性的，即在通常情况下都要从轻或者减轻处罚；另一方面，当出现立法上所没有明示、但依通念可以判断是不宜从宽情形的，则"可以不"从轻或者减轻处罚。就教唆

---

① 高铭暄主编：《新中国刑法学研究综述（1949—1985）》，河南人民出版社1986年版，第369~370页。

犯而言，其社会危害主要表现在两个方面：一是挑起被教唆的人的犯意；二是造成被教唆的罪的犯罪对象的被侵害（在实质上是法益侵害）。当教唆犯的教唆行为实行完毕之后，依教唆犯的二重性说，其社会危害大小一般取决于被教唆的人的行为。如果被教唆的人因教唆而起特定的犯意，只是在后来因有犯意上的变化（但有犯意上的联系），而针对同一犯罪对象或与同一犯罪对象密切相关的其他人或者物实施相对较重的犯罪，从而在法律特征上教唆犯仍构成未遂，但实际上其社会危害并不比既遂小，因此，尽管此时不能要求教唆犯负既遂之责，但亦不宜对其从宽处罚。可见，不宜从宽处罚的教唆犯的未遂，突出表现为这样一种"特殊情形"：被教唆的人接受了教唆（即产生了犯意），虽没有实施被教唆的罪，但实施了与被教唆的罪的犯罪对象密切相关的相对较重的罪。例如，被教唆的人接受了伤害某乙的教唆，但实际上并没有实施故意伤害某乙的犯罪，而是实施了故意放火烧毁某乙的房屋（触犯放火罪）或者故意杀死某乙的近亲属（触犯杀人罪）的犯罪，这两种犯罪，都与被教唆的罪的犯罪对象某乙有关，都是比被教唆的罪相对较重的犯罪。这种"特殊情形"，从法律特征上看，教唆犯仍然构成犯罪未遂；但由于被教唆的人接受了教唆犯的教唆，实施了与被教唆的罪的犯罪对象密切相关的相对较重的罪，因此，无论从教唆犯的主观恶性看，或者从被教唆的人由于接受其教唆或受其教唆的影响而实施的犯罪的实际危害结果看，都不比典型的教唆犯的既遂轻。因此，对此种"特殊情形"下的教唆犯，即使只构成未遂，也不宜从轻或者减轻处罚，亦即不宜包括在《刑法》第29条第2款的规定中，应从该条款中将该"特殊情形"剔除出去或者作"除外"规定。

最后，尚需说明何谓与被教唆的罪的犯罪对象"密切相关"的"相对较重的罪"的问题。一是如何判断"密切相关"的问题。笔者认为，凡教唆犯所教唆的罪与被教唆的人所实施的罪两者的犯罪对象之间，具有所有或占有关系、近亲属关系等关系的情形，即可视为"密切相关"。二是如何认定"相对较重的罪"的问题。笔者认为，可以采取以下两种方法来判断：第一种方法是与被教唆的罪在性质、事实、情节及其危害程度上进行比较，看被教唆的人所实施的犯罪是否为"相对较重的罪"；第二种方法是与被教唆的罪在法定刑轻重上进行比较，看被教唆的人所实施的犯罪在法定刑上是否比被教唆的罪重，从而据此判定其是否为"相对较重的罪"。

综上所述，笔者认为，依《刑法》第29条第2款的立法本旨和有关法理，该条款宜作适当修改和限制。建议将该条款修改为："如果被教唆的人没有犯被教唆的罪，或者没有完成被教唆的罪，对于教唆犯，可以从轻或者减轻处罚；但是，被教唆的人实施了与被教唆的罪的犯罪对象密切相关的相对较重的犯罪的除外。"

第二节 教唆犯的罪数形态

所谓罪数,是指犯罪的单复或个数。① 关于教唆犯的罪数形态,主要涉及以下五个问题,即教唆犯的连续犯、教唆犯的想象竞合犯、教唆犯的牵连犯、教唆犯的转化犯、教唆犯的结果加重犯。②

一、教唆犯的连续犯

(一)连续犯与教唆犯的连续犯的概念

所谓连续犯,是指行为人基于数个同一的或者概括的犯罪故意,连续多次实施数个性质相同的独立的犯罪行为,触犯同一罪名的犯罪形态。关于连续犯的基本特征,主要有四特征说与三特征说。四特征说认为,连续犯具有以下四个特征:一是数行为必须基于连续意图支配下的数个同一或者概括的犯罪故意,这是构成连续犯的主观要件;二是行为人必须实施数个足以单独构成犯罪的危害行为,即数行为相互之间必须具有独立性,这是连续犯成立的客观要件;三是行为人的行为所构成的数个独立犯罪之间必须具有连续性,这是成立连续犯的主观要件与客观要件相互统一而形成的综合性构成标准;四是连续犯所实施的数个犯罪行为必须触犯同一罪名,这是连续犯的法律特征。③ 三特征说认为,连续犯具有如下三个特征:一是数行为必须基于同一或者概括的犯意,这是连续犯的主观特征;二是数行为之间必须具有独立性和连续性,这是连续犯的行为特征;三是数行为必须触犯同一罪名,这是连续犯的罪名特征。④ 笔者认为四特征说与三特征说在本质上是一致的,区别只是在表述与归纳方式上的差异。相对来说,笔者认为三特征说更为妥当。

基于对连续犯的上述理解,笔者认为,教唆犯的连续犯,是指教唆犯基于同一或者概括的教唆故意,连续实施数个独立的、内容基本相同的教唆行为,触犯同一罪名的犯罪形态。因此,简单说,教唆犯的连续犯就是指连续教唆他人犯同一罪的情形。这实际上是同罪名的连续教唆,而不可能是异罪名的连续教唆,因为连续犯是以触犯同种罪名为前提的。例如,某甲出于仇视某金融机构而"报

---

① 吴振兴著:《罪数形态论》,中国检察出版社1996年版,第1页。
② 参见陈兴良著:《共同犯罪论》,中国社会科学出版社1992年版,第420~427页;吴振兴著:《论教唆犯》,吉林人民出版社1986年版,第131~141页。
③ 参见高铭暄主编:《刑法学原理》(第二卷),中国人民大学出版社1993年版,第570~588页。
④ 参见吴振兴著:《罪数形态论》,中国检察出版社1996年版,第222页。

复"的动机，教唆某乙诈骗某金融机构，第二天又教唆某丙诈骗该金融机构，第三天再教唆某丁对该金融机构进行诈骗，对此，某甲构成诈骗（金融机构）犯罪的教唆犯的连续犯。可见，构成教唆犯的连续犯也必须具备三个要件：一是在主观上，教唆犯必须具有连续教唆他人犯罪的同一或者概括的教唆故意；二是在客观上，教唆犯必须实施了数个彼此之间具有独立性和连续性的教唆行为；三是在罪名上，教唆犯所实施的数个教唆行为必须是触犯同一罪名。

在教唆犯与连续犯的关系问题上，一般认为有教唆犯的连续犯与连续犯的教唆犯之分。① 连续犯的教唆犯，在刑法理论上又称教唆连续，是指教唆犯一次性地教唆他人连续犯罪的情形。② 由于教唆犯仅有一个教唆行为，且教唆他人实施同种犯罪，所以不能成立连续犯或想象竞合犯，而应直接以一罪论处。我国台湾学者也认为，教唆连续在本质上是以一个教唆行为，唆使他人连续实施数行为，而犯同一罪名，因为行为人只有一个教唆行为，仍负一个教唆罪，不发生连续犯问题。③ 例如，某甲一次性教唆某乙连续三次盗窃某银行的情形，被教唆者某乙构成盗窃罪的连续犯，教唆犯某甲即是连续犯的教唆犯。此时由于教唆犯某甲只实施了一个教唆行为，因而某甲不能成立连续犯；又由于某甲教唆他人实施的是同种性质的犯罪，也不能成立教唆犯的想象竞合犯，应直接以一罪论处。

（二）教唆犯的连续犯与反复教唆的区别

教唆犯的连续犯与反复教唆有所不同。所谓反复教唆，在我国有学者又称为连续教唆、连续性教唆等，是指先后反复数次教唆他人犯罪的情形。④ 但笔者认为，对这种情形的教唆犯称为反复教唆比较妥当，因为：一是可以与教唆犯的连续犯区别开；二是"反复"主要强调次数多、反复多，而"连续"主要强调前后衔接、前后具有内在连续性，显然在与教唆犯的连续犯相区别的场合使用"反复"比使用"连续"更为贴切。

理论上，可以对反复教唆进行不同的分类。根据所教唆之罪的异同，可以将反复教唆分为同罪名的反复教唆与异罪名的反复教唆。所谓同罪名的反复教唆，是指教唆犯向同一被教唆者反复进行的教唆在犯罪性质上是相同的。所谓异罪名的反复教唆，是指教唆犯向同一被教唆者反复进行的教唆在犯罪性质上是相异

---

① 参见陈兴良著：《共同犯罪论》，中国社会科学出版社1992年版，第423页。
② 参见梁恒昌著：《刑法总论》，台湾三民书局1984年版，第152页。
③ 参见黄村力著：《刑法总则比较研究（欧陆法比较）》，台湾三民书局1995年版，第225页。
④ 但我国台湾有学者认为，连续教唆，是指以连续犯意先后教唆他人犯罪而成立连续犯的情形。参见黄村力著：《刑法总则比较研究（欧陆法比较）》，台湾三民书局1995年版，第224页。

的。对于同罪名的反复教唆，根据教唆的效果，又可以将其分为成功的同罪名反复教唆、最终成功的同罪名反复教唆、失败的同罪名反复教唆、最终失败的同罪名反复教唆等四种。所谓成功的同罪名反复教唆，是指教唆犯二次以上教唆同一被教唆者去实行性质相同的犯罪，被教唆者二次以上犯了被教唆的罪，教唆犯完全达到了预期的目的的情形。所谓最终成功的同罪名反复教唆，是指教唆犯二次以上教唆同一被教唆者去实行性质相同的犯罪，但起初没有达到预期的目的，直到最后被教唆者才最终接受了教唆，并实施了被教唆的犯罪行为的情形。所谓失败的同罪名反复教唆，是指教唆犯二次以上教唆同一被教唆者去实施性质相同的罪，但被教唆者始终没有犯被教唆的罪的情形。所谓最终失败的同罪名反复教唆，是指教唆犯二次以上教唆同一被教唆者去实施性质相同的罪，被教唆者起初犯了被教唆的罪，但最终则没有犯被教唆的罪的情形。

可见，只有同罪名反复教唆可能成立教唆犯的连续犯，即当教唆犯出于同一或者概括的教唆故意，在一定时间内连续实施了数个独立的、连续的教唆行为，并且数个教唆行为触犯同一罪名的情况下，同罪名反复教唆才构成教唆犯的连续犯。其他情况下，如教唆犯并不是出于同一或者概括的教唆故意，或者并不是连续实施教唆行为等情况下，同罪名反复教唆都不能成立教唆犯的连续犯。

对于教唆犯的连续犯，不实行数罪并罚，而应按一个罪名从重处罚；如果危害严重的，可按该罪名中的情节加重犯论处。

二、教唆犯的想象竞合犯

所谓想象竞合犯，即想象数罪，是指行为人基于一个罪过，实施一个危害行为，而触犯两个以上异种罪名的犯罪形态。想象竞合犯是一个危害行为触犯了数个罪名，但由于基于一个罪过的该危害行为所犯数罪的犯罪构成要件有部分交叉和重叠（指罪过和危害行为），故其为形式上的而并非完整的数罪；另一方面，由于该危害行为触犯数个罪名是观念上的竞合所致，而非实际和完整地构成数罪，所以其实质上是一罪。通常主张想象竞合犯的形式只有一种，即仅指异种类想象竞合犯。[①]

根据想象竞合犯的上述原理，所谓教唆犯的想象竞合，是指一个教唆行为教唆一人触犯数个罪名，或者一个教唆行为教唆数人触犯数个罪名的情形，即应按想象竞合犯从一重罪处罚原则处理。因此，教唆犯的想象竞合犯可以分为两种情况：一个教唆行为教唆一人触犯数个罪名的想象竞合犯与一个教唆行为教唆数人触犯数个罪名的想象竞合犯。如果一个教唆行为教唆一人触犯同种罪名，或者一

[①] 参见高铭暄主编：《刑法学原理》（第二卷），中国人民大学出版社1993年版，第521~528页。

个教唆行为教唆数人触犯同种罪名的，不宜作为教唆犯的想象竞合犯，应直接按一个罪名从重处罚。

一般认为，在教唆犯与想象竞合犯问题上，一般可分为教唆犯的想象竞合犯与想象竞合犯的教唆犯两个问题。①

所谓想象竞合犯的教唆犯，是指被教唆人接受教唆并实施所教唆的罪，同时被教唆人的犯罪行为构成想象竞合犯的情形。在想象竞合犯的教唆犯的场合，对构成想象竞合犯的被教唆者应按其中较重的罪论处。问题是，这时的教唆犯是否也按重罪论处？对此，理论界有两种观点：其一，认为在想象竞合犯的教唆犯的情况下，教唆犯应在其教唆范围内承担刑事责任，不能以重罪论处。② 其二，认为应区别对待：如果教唆犯只是概括地教唆他人犯某罪，并没有指明特定的犯罪手段，那么对教唆犯就应以想象竞合犯中的重罪论处；如果教唆犯在实施教唆行为时已经指明了特定的犯罪手段，并且利用这种手段犯罪不可能构成想象竞合犯，而被教唆人却用另外的手段去实施犯罪，结果构成想象竞合犯，则此时的教唆犯不能以想象竞合犯中的重罪处罚。③ 显然第二种观点是妥当的。

三、教唆犯的牵连犯

所谓牵连犯，是指行为人实施某种犯罪即本罪，而方法行为或结果行为又触犯其他罪名的犯罪形态。牵连犯的构成特征是：必须是基于一个最终犯罪目的，这是构成牵连犯的主观要件；必须是具有两个以上的、相对独立的危害行为，这是牵连犯的客观外部特征；牵连犯所包含的数个危害行为之间必须具有牵连关系，即具有手段与目的或原因与结果之间的内在联系，相互形成一个有机整体。④ 一般认为，在我国现行刑法规定的背景下，对于牵连犯的处断原则应当是：凡刑法分则条款对特定犯罪的牵连犯明确规定了相应处断原则的，无论其所规定的是何种处断原则，均应严格按照分则条款的规定来对特定犯罪的牵连犯适用相应的原则予以处断；除此之外，对于其他牵连犯，即刑法分则条款没有明确规定处断原则的牵连犯，应当适用从一重处断原则定罪处罚。⑤

根据上述牵连犯的基本原理，所谓教唆犯的牵连犯，是指教唆犯教唆他人实施两种犯罪行为，由于这两种行为之间具有牵连关系，因而教唆犯与被教唆人都

---

① 参见陈兴良著：《共同犯罪论》，中国社会科学出版社1992年版，第421页。
② 参见吴振兴著：《论教唆犯》，吉林人民出版社1986年版，第136页。
③ 参见李希慧：《论教唆犯的定罪处罚》，载《青年法学》1986年第2期。
④ 参见高铭暄主编：《刑法学原理》（第二卷），中国人民大学出版社1993年版，第600～612页。
⑤ 参见高铭暄、马克昌主编：《刑法学》（上编），中国法制出版社1999年版，第344页。

成立牵连犯。例如，某甲教唆某乙盗窃某机关的枪支来杀害某丙，则某甲和某乙都构成牵连犯，对某甲和某乙都应按牵连犯的处罚原则进行处理。

在教唆犯与牵连犯的问题上，不但存在教唆犯的牵连犯的情形，还存在牵连犯的教唆犯的情形。① 所谓牵连犯的教唆犯，是指被教唆人接受教唆并且被教唆人的犯罪行为构成牵连犯的情形。对此，在一般情况下，教唆犯不对被教唆人所牵连触犯的罪名负刑事责任；但是，如果教唆犯明确教唆他人犯两个具有牵连关系的犯罪，或者教唆犯教唆他人犯罪内容比较概括，有的甚至暗示可以采取构成犯罪的方法去实施某一犯罪，则教唆犯应对所牵连触犯的罪名负刑事责任。

四、教唆犯的转化犯

在被教唆人接受教唆并实施所教唆的罪的过程中，由于犯罪的特别情节而导致犯罪行为性质的转化而触犯另一性质更为严重的犯罪的场合，教唆犯该负哪个罪的刑事责任？例如，被教唆人接受教唆并实施盗窃，在盗窃过程中因遇事主反抗而使用暴力，构成（转化型）抢劫的场合，对教唆犯该如何定性处理？一般原则应该是：如果被教唆人的行为没有超出教唆犯教唆故意范围或者教唆犯是概括故意，则教唆犯对此应承担刑事责任；如果被教唆人的行为违背教唆犯的教唆故意范围或者是教唆犯无法预见的，则教唆犯对此不负刑事责任。

五、教唆犯的结果加重犯

在被教唆人接受教唆并实施所教唆的罪，因而发生了超出本罪基本结果的重结果的场合，教唆犯是否构成结果加重犯？例如，被教唆人接受伤害教唆，但在实施伤害过程中发生了被害人死亡的加重结果，被教唆人构成结果加重犯，即应负伤害致人死亡的责任，那么教唆犯是否也应负伤害致人死亡的责任？对此理论界有两种观点：第一种观点认为，教唆犯仅对被教唆人所实施的基本犯罪行为负责，而对其加重结果不承担刑事责任。② 第二种观点认为，应区别对待，如果教唆犯对加重结果是有预见的，应对加重结果负刑事责任；否则，不对加重结果负责。③ 笔者认为，第二种观点要妥当些。因为在一般情况下，教唆犯在教唆他人实施犯罪的行为当时，应当预见到可能发生加重结果，但仍然教唆他人实行犯罪，最终导致加重结果的发生，因而教唆犯对加重结果的发生具有主观上的罪过，教唆犯就应当对此负责。

---

① 参见陈兴良著：《共同犯罪论》，中国社会科学出版社1992年版，第425页。
② 参见吴振兴著：《论教唆犯》，吉林人民出版社1986年版，第126页。
③ 参见陈兴良著：《共同犯罪论》，中国社会科学出版社1992年版，第427页。

第六章 教唆犯认识错误问题

第一节 教唆犯认识错误的含义

在日本，教唆犯的错误与从犯（帮助犯）的错误统称为狭义的共犯的错误或者参与犯（加担犯）的错误。所谓教唆犯、从犯的错误，是指教唆犯、从犯所认识的犯罪事实与正犯实行的犯罪事实之间不一致。日本的通说认为，教唆犯、从犯的错误，与单独犯的错误在本质上相同，因而应该适用同样的错误理论，法院的判例也采取此种主张。但也有少数学者认为，教唆犯、从犯的错误与单独犯的错误有本质的区别，即认为，教唆犯、从犯的错误是共犯论本身的问题，适用共犯理论就足以解决，而不必适用错误理论。①

关于教唆犯的认识错误的定义，目前我国理论界主要有三种表述方式：（1）直接给出教唆犯的认识错误的定义方式。例如，所谓教唆犯的错误，是指教唆犯对其自身的教唆行为以及被教唆人对其实行行为的法律意义和事实情况在认识上所发生的错误。②（2）分别给出教唆犯法律认识上的错误与教唆犯事实上的认识错误的定义方式。例如，教唆犯法律认识上的错误，是指教唆犯对自己的教唆行为以及被教唆人的行为的法律性质的认识错误；除此以外，还包括被教唆人对自己的行为的法律性质的认识错误对教唆犯的刑事责任的影响。教唆犯事实上的认识错误，是指教唆犯对自己的教唆行为以及教唆对象的事实情况的认识错误；除此以外，还包括被教唆人对自己的行为的事实情况的认识错误对教唆犯的刑事责任的影响。③（3）将教唆犯的认识错误同帮助犯的认识错误（统称为狭义的共犯的认识错误）放在一起进行界定。例如，教唆犯、帮助犯的法律错误，是指教唆犯、帮助犯对自己的教唆行为、帮助行为以及被教唆人、被帮助人对教

---

① 参见刘明祥著：《错误论》，中国法律出版社、日本成文堂1996年联合出版，第272～273页。
② 参见吴振兴著：《论教唆犯》，吉林人民出版社1986年版，第121页。
③ 参见陈兴良著：《共同犯罪论》，中国社会科学出版社1992年版，第372、376页。

唆行为、帮助行为所作的法律评价与现实不符，或者是被教唆人、被帮助人对教唆行为、帮助行为以及自己所实施的行为的法律评价与现实不符。教唆犯、帮助犯的事实错误，是指教唆犯、帮助犯所认识的犯罪与实行犯所实行的犯罪在行为的事实情况上不相一致。①

笔者认为，可以直接给出教唆犯的认识错误的定义，同时应该坚持周全、科学、严谨的原则。刑法中的认识错误，是指行为人对决定其行为的社会危害性及其刑事责任的有关事实和法律评价的歪曲反映，包括法律错误与事实错误两种。② 教唆犯的认识错误属于刑法中的认识错误中的一种，但教唆犯的认识错误又有自己的特殊性。而教唆犯的认识错误，确实既包括教唆犯本人的认识错误，还包括被教唆人的认识错误，它们都可能对教唆犯的刑事责任产生影响。因此，教唆犯的认识错误，是指教唆犯和被教唆人对教唆犯的教唆行为、被教唆人的实行行为的法律评价和事实情况所发生的认识错误。

第二节 教唆犯认识错误的分类

在日本刑法理论上，共犯的错误中一般不包括共犯的法律错误或违法性的错误，因此，日本刑法理论界对教唆犯的认识错误的分类是仅就共犯的事实错误进行的。③ 日本学者一般从两方面对教唆犯、从犯的认识错误加以分类：（1）以事实的错误是否发生在同一构成要件内，将其分为同一构成要件内的教唆犯、从犯的错误（教唆犯、从犯中的具体的事实错误）和不同构成要件间的教唆犯、从犯的错误（教唆犯、从犯中的抽象的事实错误）两类。（2）以事实的错误的基本表现形式为标准，将其分为教唆犯、从犯的客体的错误、方法的错误和因果关系的错误三种。但对后一种分类，个别学者有不同的意见，如西村认为，在存在共犯关系的场合，严格意义的"客体的错误"、"方法的错误"是不存在的。换句话说，对狭义的共犯的错误，都可以纳入因果关系的错误的范畴。④

我国刑法学界对教唆犯的认识错误的分类，主要有以下几种：（1）按产生错误认识的主体划分，将教唆犯的认识错误分为以下两类：一是教唆犯对其自身

---

① 参见刘明祥著：《刑法中错误论》，中国检察出版社1996年版，第248～250页。
② 参见高铭暄主编：《刑法学原理》（第二卷），中国人民大学出版社1993年版，第124～128页。
③ 参见刘明祥著：《错误论》，中国法律出版社、日本成文堂1996年联合出版，第258页。
④ 参见刘明祥著：《错误论》，中国法律出版社、日本成文堂1996年联合出版，第272～273页。

的教唆行为和被教唆人的实行行为的认识错误；二是被教唆人对教唆犯的教唆行为和其本人的实行行为的认识错误。（2）按认识错误的性质划分，将教唆犯的认识错误分为教唆犯法律认识上的错误和教唆犯事实认识上的错误。（3）按认识错误是否超出同一犯罪的构成要件划分，将教唆犯的认识错误分为两类：一是同一构成要件范围内的认识错误；二是不同构成要件范围内的认识错误。[①]

笔者认为，从我国刑法关于教唆犯的规定和研究教唆犯的认识错误的体系上的完整性要求出发，应当周全地、多角度地对教唆犯的认识错误进行分类，而不能够仅限于对教唆犯的事实上的认识错误的分类。因此，我国学者对教唆犯的多种分类是有意义的。为了研究上的便利，笔者采用以教唆犯的认识错误的性质为标准的分类方法，即将教唆犯的认识错误分为两类：一是教唆犯法律上的认识错误；二是教唆犯事实上的认识错误。

一、教唆犯法律认识上的错误

所谓教唆犯法律认识上的错误，是指教唆犯和被教唆人对教唆犯的教唆行为、被教唆人的实行行为的法律意义所发生的认识错误。具体分以下几种情况：

（一）教唆犯对本人的教唆行为的法律性质的认识错误

这并不影响教唆犯的刑事责任。例如，某甲以为只要自己不亲自动手去实施犯罪，即使教唆别人去犯罪，自己也不会负刑事责任，但实际上这是对法律的误解，教唆犯仍然要负刑事责任。

（二）教唆犯对被教唆人的行为的法律性质的认识错误

这也不影响教唆犯的刑事责任。例如，某甲认为抓到小偷就可以对其进行伤害并不负法律责任，于是就教唆他人将小偷打伤致残，但实际上，如果不符合正当防卫条件，被教唆人的伤害行为要负伤害罪的刑事责任。

（三）被教唆人对本人的实行行为的法律性质的认识错误

这也不影响教唆犯的刑事责任。例如，某甲教唆某乙盗窃正在使用中的电话线，某乙以为是已被废弃的电线而予以盗窃，某乙只构成盗窃罪，但这并不影响某甲构成破坏广播电视设施、公用电信设施罪的教唆犯。

（四）被教唆人对教唆行为的法律性质的认识错误

这也不影响教唆犯的刑事责任。教唆犯应按照其所教唆的行为内容定罪，而不以被教唆人的行为为转移。例如，某甲教唆某乙伤害某丙，而某乙以为要杀害

[①] 参见吴振兴著：《论教唆犯》，吉林人民出版社1986年版，第119～131页；陈兴良著：《共同犯罪论》，中国社会科学出版社1992年版，第372、376、385页；刘明祥著：《刑法中错误论》，中国检察出版社1996年版，第248页。

某丙，结果某乙将某丙杀死，但某甲仍只负伤害罪的教唆犯的刑事责任。

二、教唆犯事实认识上的错误

所谓教唆犯事实上的认识错误，是指教唆犯和被教唆人对教唆行为、被教唆人的犯罪行为的事实情况所发生的认识错误。主要有以下几种：

（一）教唆犯对本人教唆行为的事实情况的认识错误

例如，某甲教唆某乙服用少量安眠药、用诅咒等迷信方法杀人的情形，前者属于相对的手段不能犯的未遂，某甲构成教唆杀人未遂；后者属于绝对的手段不能犯，某甲不负刑事责任。

（二）教唆犯对教唆对象的认识错误

这里的认识错误可分为两种情况：

第一种情况是，教唆犯把没有刑事责任能力的人误认为具有刑事责任能力的人进行教唆。此时对教唆行为人应该如何定性处理？对此问题，大致有三种观点：一是从其所知的主观说，认为行为人主观上具有教唆的故意，应以教唆犯论处；① 二是从其所为的客观说，认为行为人客观上具有间接实行行为，应以间接实行犯论处；三是过失说，认为在这种行为人发生认识上的错误的情况下，既非间接实行犯，也非教唆犯，而是过失犯。② 目前，我国刑法学界主要有两种对立的观点：一种观点认为，此时行为人所起的实际作用，乃是利用他人作为犯罪工具的作用，应按间接实行犯处罚；③ 另一种观点认为，应采取主观说，此时行为人在主观上是教唆的故意，对行为人应以教唆犯论处。④ 笔者认为，教唆犯的此种错误认识并不影响教唆犯的主观故意内容，但从前述教唆犯的成立条件来看，此时的行为人不构成教唆犯，行为人应成立间接实行犯。

第二种情况是，教唆犯把具有犯罪故意的人误认为没有犯意的人而进行教唆。此时，对教唆行为人应如何定性处理？目前我国刑法学界有两种观点：一种观点认为，解决这个问题，可以行为人在共同犯罪中的实际地位和作用为准，当行为人意在教唆实则帮助时，应将其看做从犯，但在量刑上可以把意在教唆作为一个情节考虑进去，基于此，行为人的错误应当属于从犯的错误。⑤ 另一种观点认为，应采取从其所知的主观说视为教唆犯，但考虑到这种教唆犯在共同犯罪中

---

① 参见陈兴良著：《共同犯罪论》，中国社会科学出版社1992年版，第378~379页。
② 参见耿文田著：《教唆犯论》，商务印书馆1935年版，第23~24页。
③ 参见吴振兴著：《论教唆犯》，吉林人民出版社1986年版，第130页。
④ 参见陈兴良著：《共同犯罪论》，中国社会科学出版社1992年版，第377~379页。
⑤ 参见吴振兴著：《论教唆犯》，吉林人民出版社1986年版，第131页。

的实际作用，以从犯论处为妥。① 笔者认为，教唆犯的此种认识错误并不影响教唆犯的主观故意内容，但从教唆犯的成立条件上看，此时的行为人不构成教唆犯，而应成立帮助犯。

（三）被教唆人的事实上的认识错误

这里的认识错误分为三种情况：

第一种情况是被教唆人的对象错误，即被教唆人对实行行为侵害的对象在主观上的认识与客观实际不符，但其意欲侵害的对象与实际侵害的对象体现了相同的法益。此种错误不影响教唆犯的刑事责任。例如，某甲教唆某乙杀丙，而某乙却将某丁误以为某丙加以杀害，这不影响某甲和某乙的刑事责任。对此，资产阶级刑法理论中，无论是具体符合说还是法定符合说，也都认为不阻却共同犯罪故意，主张教唆犯和实行犯都应对现实发生的危害结果承担故意犯罪既遂的责任。② 如日本学者福田平认为，同一构成要件范围内的具体事实的错误不阻却共犯的故意。例如，甲教唆乙窃取金钱，乙窃取的不是金钱而是衣物，则甲仍然成立盗窃罪的教唆犯。

第二种情况是被教唆人的打击错误，即被教唆人在实行所教唆的行为时，由于失误而发生打击错误，导致其实际侵害的对象与意欲侵害的对象不一致，但两个对象体现了相同的法益。例如，某甲教唆某乙杀某丙，某乙在射杀某丙时发生误差，结果未打中某丙，而打中某丁。对此，应该如何来确定教唆犯某甲的刑事责任？在西方刑法理论中，因具体符合说与法定符合说的立场不同而有不同的解释。在具体符合说者看来，打击错误能够阻却共同犯罪故意，教唆犯并不对实行犯因打击错误而造成的危害结果负责。但在此前提下，学者们仍然对教唆犯应负的责任有不同的看法。以前述某甲教唆某乙杀某丙而实际上某乙因打击错误将某丁杀死的案例为例，一种观点认为，教唆犯某甲应对某丙负杀人的教唆未遂之责，应对某丁负杀人的过失教唆之责；另一种观点认为，教唆犯某甲构成杀人预备的教唆与过失致死的正犯；而德国通说的观点认为，对教唆犯某甲只能按杀人罪的教唆未遂来定罪处罚。而在法定符合说者看来，同一构成要件内的打击错误，不阻却共同犯罪故意的成立，因此，教唆犯和实行犯都应对实际发生的危害结果负故意犯罪既遂的责任。③ 笔者认为，在被教唆人发生打击错误的情况下，如果是同一构成要件内的错误，应当要求教唆犯对被教唆人实行犯罪所造成的实际危害结果负责，如前例中的某甲，就应当承担教唆杀人既遂的责任。

第三种情况是被教唆人的手段错误，即被教唆人对实行犯罪的手段的性质或

---

① 参见陈兴良著：《共同犯罪论》，中国社会科学出版社1992年版，第379页。
② 参见刘明祥著：《刑法中错误论》，中国检察出版社1996年版，第251页。
③ 参见刘明祥著：《刑法中错误论》，中国检察出版社1996年版，第251~252页。

作用发生认识错误,从而未能发生预期的危害结果的情形。手段错误,只能影响对教唆犯的量刑,而不能影响对教唆犯的定罪。例如,某甲教唆某乙杀某丙,结果某乙误将白糖作为砒霜毒杀某丙,结果无法致死某丙。对此,某乙的手段错误属于相对的手段不能犯,则教唆犯某甲和被教唆人某乙都应负故意杀人罪未遂的责任。上例中,假若某乙采取诅咒等愚昧方法谋杀某丙,则某乙的手段错误属于绝对的手段不能犯,对此,某乙不负刑事责任,但某甲仍应负教唆杀人(未遂)的刑事责任。

第三节 教唆犯与实行过限、实行减少

实行过限及实行减少的问题,都与教唆犯的错误问题有密切联系,所以在此加以讨论。

一、实行过限

所谓实行过限,是指被教唆人所实行的犯罪超过了教唆犯所教唆的犯罪。我国刑法理论界一般认为,在教唆犯罪的场合,实行过限主要有重合性过限与非重合性过限。所谓重合性过限,是指被教唆人所实行的犯罪与教唆犯所教唆的罪之间具有某种重合性的情况下而发生的实行过限。例如,某甲教唆某乙伤害某丙,结果某乙却杀害了某丙,即属于重合性实行过限。其中,杀人有部分是与伤害相重合的,另外还有部分则属于过限。而所谓非重合性过限,是指被教唆人除了实行教唆犯所教唆的犯罪以外,还实施了其他犯罪。例如,某甲教唆某乙盗窃,某乙在盗窃过程中又强奸了女受害人。其中,某乙所实施的盗窃罪是教唆犯所教唆的罪,因此,在盗窃罪上某甲和某乙成立教唆犯与实行犯的共同犯罪关系;而某乙所实施的强奸罪并不是教唆犯所教唆的罪,纯粹属于被教唆人擅自增加的行为,所以构成的独立的罪,应由被教唆人单独负责。[①] 日本学者福田平在讨论共犯的错误问题时也提出了实行过限的重合问题,认为,共犯者认识的正犯的实行行为的内容与正犯实现的事实属于不同的构成要件时,阻却共犯的故意,但是,当两个构成要件相重合时,在重合的限度内成立故意。例如,教唆某人盗窃,该人却实施了强盗,窃盗和强盗在窃盗的限度内相重合,教唆者只能成立窃盗罪的

---

① 参见吴振兴著:《论教唆犯》,吉林人民出版社1986年版,第183~185页。

教唆。①

笔者认为，对实行过限的这种分类基本上是可以的，但并不周全，也不十分妥当。在笔者看来，实行过限可以包括行为质的加重与行为量的增加所导致的实行过限两种情况：前者称行为质加重的实行过限，后者称行为量增加的实行过限。因此，应将实行过限分为行为质加重的实行过限与行为量增加的实行过限。

所谓行为质加重的实行过限，是指被教唆人所实施的犯罪不但可以基本上包含教唆犯所教唆的罪，而且在性质上有所加重。行为质的加重，既包括重合性过限的情况，也包括部分非重合性过限的情况。例如，被教唆人接受了教唆犯的教唆，但在后来的实际犯罪过程中，其犯罪行为又有所改变，表面上看似乎没有实施被教唆的犯罪，但实际上实施了与被教唆的罪的犯罪对象密切相关的在罪质上相对较重的罪，对此应当认为构成实行过限。例如，被教唆人接受了伤害某乙的教唆，但实际上被教唆人并没有实施故意伤害某乙的犯罪，而是实施了故意放火烧毁某乙的房屋（触犯放火罪）或者故意实施杀死某乙的近亲属（触犯杀人罪）的犯罪，由于这两种犯罪，都与被教唆的罪的犯罪对象某乙有关，都是在性质上比被教唆的罪更重的犯罪，因此应当确认其构成实行过限。再如，在教唆他人伤害时而被教唆人却实施了杀害行为，杀害相对于伤害明显属于过限。重合性过限的性质是：前者是后者质的加重，即属于行为质的加重。例如，某甲教唆某乙杀害某丙，结果某乙采用放火的方式将某丙等3人活活烧死。被教唆人某乙接受了某甲的教唆，但在杀害某丙的行为方式上却采用了放火的方法，因而某乙的行为触犯了杀人罪、放火罪，但实际上某乙只实施了一个行为即放火杀人，构成想象竞合犯，应以放火罪定罪处刑，此时放火罪（放火杀人）基本上可以包含教唆犯所教唆的罪（杀人罪），并且在行为性质上有所加重，因而属于行为质加重的实行过限。

所谓行为量增加的实行过限，是指被教唆人在实施了教唆犯所教唆的罪的基础上，增加实施了另外一个或者数个行为并构成数罪的情形。例如，某甲教唆某乙杀某丙，结果某乙不但杀害了某丙，还分别杀害了某丙的两个同学。显然，某乙的行为属于实行过限，某乙分别杀害了某丙的两个同学的行为属于行为量的增加。再如，在教唆他人盗窃而被教唆人在盗窃的过程中又将女受害人强奸的场

---

① 对此种情形的错误，福田平进一步指出，在同一共犯形式范围内的事实错误不会发生什么问题。例如，以教唆的意思产生了教唆的这种结果，不阻却作为教唆的故意。相反，在不同的共犯形式之间存在错误时，多少会发生一些问题。例如，教唆者实施了教唆行为，但是，被教唆者已经具有了犯罪的决意，教唆行为只不过强化了其犯罪的决意，这时只不过是以教唆的意思产生了帮助的结果，因为教唆、帮助的方法没有被类型化，可以认为成立较轻的共犯形式。参见李海东主编：《日本刑事法学者》（上），法律出版社1995年版，第365页。

合，在盗窃罪的范围内没有过限，过限的是被教唆人擅自增加的另外的一个行为即强奸行为，由于教唆犯所教唆的罪只有一个，而被教唆人却实施了两个（其中一个是教唆犯所教唆的罪），因而这种情况属于行为量的增加。对于实行过限的部分，由于它超出了教唆犯所教唆的罪的范围，所以教唆犯对过限的部分不负责任。

但在概然性教唆与选择性教唆的场合，应注意正确认定被教唆人的实行过限问题。由于概然性教唆的内容比较概括而不具体，因此，在被教唆人接受教唆，进而实施教唆犯所教唆的罪的场合，在所教唆的罪所能概括的范围内，一般不存在实行过限的问题；但如果被教唆人所实施的犯罪超出了教唆犯所教唆的罪所能概括的范围，则应属于实行过限，教唆犯对过限部分不负责任。例如，某甲教唆某乙"搞"点钱来花，结果某乙抢劫了1万元现金，同时又强奸一人。对此案，教唆犯某甲的教唆属于概然性教唆，可以认为所有与"搞钱"有关的犯罪，如抢劫、盗窃、诈骗，甚至贩卖毒品、枪支以"搞钱"的行为，都属于教唆犯所概括教唆的罪的范围内，因此，某甲应对某乙的抢劫负共同犯罪之责；但被教唆人某乙所实施的强奸，显然不属于教唆犯某甲所概括教唆的罪的范围，而应属于实行过限，其类型是行为量增加的实行过限。在选择性教唆的场合，教唆犯所教唆的可供选择的犯罪是明确的，因此，被教唆人所实施的犯罪只要是教唆犯所教唆的可供选择的犯罪范围内的一罪或数罪，都不存在实行过限的问题。只有在被教唆人在实施了可供选择的犯罪范围内的一罪或数罪的同时，又实施了其他犯罪，才发生实行过限，其类型属于行为量增加的实行过限；对于其他犯罪，应由被教唆人独自负责，教唆犯不负刑事责任。

二、实行减少

所谓实行减少，是指被教唆人所实行的犯罪比教唆犯所教唆的犯罪有所减少或者减轻的情形。例如，被教唆的人因犯罪中止或者自主决定实施了性质更轻的犯罪，这种情形相对于教唆犯而言，即属于实行减少。

实行减少时，教唆犯的刑事责任相应地可以有所减轻，可以依法对教唆犯予以从轻或者减轻处罚。

第七章 教唆犯的刑事责任

正确解决教唆犯的刑事责任，是我们研究教唆犯理论的目的之一。为此，必须在理论上明确教唆犯的处罚原则。另外，教唆犯的身份犯问题、教唆自害问题等具有一定特殊性，因而也将在本章中进行讨论。

第一节 教唆犯的处罚原则

根据我国《刑法》第 29 条的规定，教唆犯的处罚原则主要有两个：一是教唆犯的一般处罚原则；二是教唆犯的特别处罚原则。

一、教唆犯的一般处罚原则

教唆犯的一般处罚原则是，对于教唆犯，应当按照他在共同犯罪中所起的作用处罚。适用这一原则，关键是要正确判断教唆犯在共同犯罪中所起的作用。如果教唆犯在共同犯罪中起主要作用，对教唆犯就应按主犯的处罚原则予以从重处罚；如果教唆犯在共同犯罪中起次要作用，就应按从犯的处罚原则予以从轻、减轻处罚或者免除处罚；如果教唆犯因受到胁迫而教唆，并且在共同犯罪中起次要作用，就应按胁从犯的处罚原则予以减轻处罚或者免除处罚。那么，如何判断教唆犯在共同犯罪中所起的作用？学术界一般认为，在分析判断教唆犯在共同犯罪中的作用，对教唆犯决定刑罚时，应当从教唆犯的犯罪事实、性质、情节和对于社会的危害程度入手。[①]

1. 教唆犯的犯罪事实。所谓教唆犯的犯罪事实，是指教唆犯的教唆方法和手段、教唆强度、教唆对象等内容。有学者认为，教唆犯的犯罪事实，主要指教唆犯所采取的教唆方法。[②] 笔者认为这种看法不全面，它忽略了教唆强度和教唆对象等重要内容。

[①] 参见陈兴良著：《共同犯罪论》，中国社会科学出版社 1992 年版，第 276~277 页。
[②] 参见陈兴良著：《共同犯罪论》，中国社会科学出版社 1992 年版，第 277 页。

2. 教唆犯的性质。所谓教唆犯的性质，是指教唆犯所教唆的罪的性质，即到底所教唆的罪属于什么性质的犯罪，是危害国家安全的犯罪，还是危害公共安全的犯罪，抑或是侵犯人身权利的犯罪等。这是决定教唆犯的罪行轻重的重要方面。

3. 教唆犯的情节。所谓教唆犯的情节，是指除教唆方法、教唆强度、教唆对象等内容以外的教唆犯的其他情况，如教唆的次数、教唆的时间和地点等可以影响教唆犯的作用的其他情况。

4. 教唆犯的危害程度。所谓教唆犯的危害程度，是指教唆犯及被教唆人所共同实施的犯罪对社会实际造成的社会危害大小，如教唆犯所实际造成的危害后果等。

通过综合分析上述四个方面的情况，可以比较准确、合理地认定教唆犯的作用。学术界有人认为，教唆犯根据其在共同犯罪中所起的作用来看，可以是主犯、从犯，但绝不会是胁从犯；[1] 另有人认为，教唆犯既可以是主犯、从犯，还可以完全符合胁从犯的成立条件而成为胁从犯，这时应按胁从犯处罚。[2] 笔者认为，教唆犯在共同犯罪中的作用，一般而言，可能是起主要作用，这时教唆犯就应按主犯的处罚原则处理；也可能起次要作用，这时应按从犯的处罚原则处理；少数情况下还可能是被胁迫而进行教唆，并且在共同犯罪中起次要作用，这时应按胁从犯的处罚原则进行处理。

二、教唆犯的特别处罚原则

教唆犯的特别处罚原则是，教唆不满 18 周岁的人犯罪的，应当从重处罚。对教唆犯的这一处罚原则，是我国特别保护未成年人的刑事政策的需要。因为未成年人的生理、心理都处于发展成熟的关键时期，在这个年龄阶段极易受到引诱而走上犯罪的歧途，同时，未成年人的意识和判断能力不如成年人那样清楚明确，意志能力更不如成年人顽强，自控能力较差，极容易成为教唆犯的牺牲品。所以，我国《刑法》第 29 条明确规定，教唆不满 18 周岁的人犯罪的，应当从重处罚。

如何理解和适用这一从重处罚原则？学术界有两种观点：一种观点认为，只要教唆不满 18 周岁的人犯罪，这种行为本身就表明教唆犯在共同犯罪中起主要

---

[1] 参见罗建平、王元主编：《刑法基本知识》，教育科学出版社 1986 年版，第 10 页。
[2] 参见李希慧：《论教唆犯的定罪处罚》，载《青年法学》1986 年第 2 期；陈兴良著：《共同犯罪论》，中国社会科学出版社 1992 年版，第 280 页。

作用，教唆犯就当然是主犯，因而应当从重处罚。① 另一种观点认为，教唆未成年人犯罪的教唆犯并不一定当然就是主犯，这种教唆犯有时也可能在共同犯罪中起次要作用，但这并不排斥对这种教唆犯的从重处罚原则，只不过二者之间发生了竞合而已。② 笔者认为，一般情况下，在教唆不满18周岁的人犯罪的场合，教唆犯基本上都是起主要作用，是主犯，同时要适用从重处罚原则；只有在极个别的情况下，如教唆犯本人也是未成年人，这时的教唆犯在共同犯罪中的作用需要全面考察判断，如果教唆犯确实在共同犯罪中起次要作用，可以作为从犯处理。在未成年人教唆未成年人犯罪的场合，对作为教唆犯的未成年人是否也要适用从重处罚原则？笔者认为，一般应该适用从重处罚原则，但同时要适用《刑法》第17条关于未成年人犯罪应当从轻或者减轻处罚的规定。

如何划定"不满十八周岁的人"的范围？对此，刑法理论界有两种意见：一种意见认为，我国《刑法》这一规定中的"不满十八周岁的人"应当包括14周岁以下的所有未成年人，教唆未满14周岁的无刑事责任能力者的，可以从过去所说的间接正犯中分离出来，作为一种例外，按教唆犯从重处罚。③ 另一种意见认为，我国《刑法》这一规定中的"不满十八周岁的人"，不包括不满14周岁的无刑事责任能力者。④ 笔者认为，第二种观点是妥当的。因为，如果被教唆人是14周岁以下无刑事责任能力者，教唆犯的身份角色和地位作用就发生了变化，属于典型的利用无能力或者无意识的人的间接正犯，当然不成立教唆犯。

第二节 教唆犯的身份犯问题

我国刑法理论界一般认为，所谓身份，是指作为构成犯罪或者影响行为人刑罚轻重的、行为人所必须具备的特定资格与条件。因此，身份有真正的身份犯与不真正的身份犯之分。真正的身份犯，是指以一定的身份作为犯罪构成要件的犯罪；而不真正的身份犯，是指因一定的身份影响刑罚轻重的犯罪。关于教唆犯的身份犯问题，主要涉及以下两种情况：一是教唆犯无身份，而被教唆人有身

---

① 参见魏克家：《试论教唆犯的几个问题》，载《刑法学论集》，北京市法学会1983年编，第144页。
② 参见陈兴良著：《共同犯罪论》，中国社会科学出版社1992年版，第281~282页。
③ 参见吴振兴著：《论教唆犯》，吉林人民出版社1986年版，第76页。
④ 参见马克昌：《论教唆犯》，载《法律学习与研究》1987年第5期。

份；二是教唆犯有身份，而被教唆人无身份。①

一、教唆犯无身份而被教唆人有身份

这时存在的主要问题是：没有特定身份的人教唆具有特定身份的人，实施法律要求犯罪主体具有特定身份的犯罪，是否成立共同犯罪？对此，我国刑法没有专门予以规定。刑法理论界和司法实践部门一般都认为，在此情形下构成共同犯罪，没有特定身份的人应以法律要求犯罪主体具有特定身份的犯罪的教唆犯论处。例如，非国家工作人员教唆国家工作人员贪污的情形，则非国家工作人员同样构成贪污罪的共同犯罪。日本学者福田平认为，在真正身份犯中（如公务员收受贿赂），非身份者的行为因为缺乏作为实行行为的定型性，不可能存在共同实行，非身份者只能成为教唆犯或帮助犯；②而在不真正身份犯中，没有身份的人也能够共同实施实行行为，因此，非身份者在不真正身份犯中可以成立教唆犯、从犯或者共同正犯。

二、教唆犯有身份而被教唆人无身份

这种情况主要涉及两个问题：

（一）具有特定身份的人教唆没有特定身份的人，实施没有特定身份的人也可以构成的犯罪的，教唆犯如何处罚

例如，国家工作人员教唆他人盗窃，邮电工作人员教唆非邮电工作人员毁弃信件，在此情况下，教唆犯如何处罚？对此，主要有以下三种观点：

第一种观点认为，两者可以构成不同犯罪的情况下，具有特定身份的人只能构成没有特定身份的人的犯罪的教唆犯，而不能构成法律要求犯罪主体具有特定身份的犯罪的教唆犯。③

第二种观点认为，在两者可以构成不同犯罪的情况下，具有特定身份的人可以构成法律要求犯罪主体具有特定身份的犯罪的教唆犯，而不能构成没有特定身

---

① 参见吴振兴著：《论教唆犯》，吉林人民出版社1986年版，第162~169页；陈兴良著：《共同犯罪论》，中国社会科学出版社1992年版，第359~364页；马克昌：《共同犯罪与身份》，载《法学研究》1986年第5期。

② 福田平认为，此时的非身份者与身份犯只存在自然行为的共同，但不存在实行行为的共同。例如，非公务员与公务员一起接受了与公务员的职务有关的金钱，这一行为对公务员来说虽然具备"贿赂的收受"这种受贿罪的实行行为性，但是对非公务员来说，接受的金钱不是"贿赂"，接受金钱的行为不是"贿赂的收受"，即只存在自然行为的共同。

③ 参见马克昌：《共同犯罪与身份》，载《法学研究》1986年第5期。

份的犯罪的教唆犯。①

第三种观点认为，在两者可以构成不同犯罪的情况下，应分别依据有特定身份的人是否利用本人的身份的两种情形而分别处理：一是具有特定身份的人利用了本人身份，如教唆他人盗窃自己保管的公共财物，就可以认为教唆行为人是利用无身份有故意的人作为工具的间接实行犯（即贪污罪）与盗窃罪的教唆犯的想象竞合犯（即一行为触犯数罪名），对想象竞合犯应以重罪论处，即应以贪污罪论处。二是具有特定身份的人没有利用本人身份，如国家工作人员教唆他人去盗窃其他国家工作人员保管的公共财物，则此时具有特定身份的人应以没有特定身份的人的犯罪的教唆犯论，即应以盗窃罪的教唆犯论处。②

笔者认为，第三种观点比较妥当。因为，身份犯是以利用其身份及其身份上的便利和特性为特征的，如果行为人没有利用这样的一种身份上的便利或特性，就不成其为身份犯。因此，有身份者教唆无身份者犯罪，应该考察教唆人是否利用了自己的身份，并以此为出发点来决定教唆行为的犯罪性质。

（二）具有特定身份的人教唆没有特定身份的人实施没有特定身份的人不能构成的犯罪，教唆犯和被教唆人应如何处罚

例如，国家工作人员教唆非国家工作人员向有关公民索取贿赂的行为，教唆犯和被教唆人应如何处罚？对此，理论界有以下三种观点：

第一种观点认为，两者已结合为一体而取得该种身份，因而可以以共犯处理（就非特定身份者而言）。

第二种观点认为，此时行为人构成教唆犯，没有特定身份者构成帮助犯。

第三种观点认为，教唆行为人构成间接实行犯，而没有特定身份者构成间接实行犯的从犯或胁从犯。③

笔者认为，有特定身份者教唆没有特定身份者实施真正身份犯，应当构成身份犯上的共同犯罪。其中，教唆犯是主犯，被教唆人可以是主犯或者从犯、胁从犯。

第三节　教唆自害行为的定性处理

一、通常见解与一般考察

国外法律对教唆自害行为的规定有三种情况：一是明文将教唆他人自杀行为

---

① 参见吴振兴著：《论教唆犯》，吉林人民出版社1986年版，第167页。
② 参见陈兴良著：《共同犯罪论》，中国社会科学出版社1992年版，第360~363页。
③ 参见马克昌：《共同犯罪与身份》，载《法学研究》1986年第5期。

规定为独立的犯罪，如日本、瑞士、意大利、奥地利、西班牙、韩国、加拿大、保加利亚、英国和美国。旧中国 1935 年刑法也对此作了规定。二是规定只对教唆无责任能力者自杀的行为追究刑事责任，如泰国。三是刑法未明确规定，但根据罪刑法定原则，在解释论上认为不构成犯罪，如法国、德国等。不过，刑法理论仍将教唆无责任能力者自杀的行为解释为故意杀人罪的间接正犯，予以定罪判刑。①

尽管我国《刑法》没有明确规定教唆自杀行为，但在社会生活中却多有发生，而且对刑法理论和司法实务都提出了予以明确的要求，因此有加以研讨的必要。一般而言，我国学者也将教唆自杀行为分为两类情况：一是教唆无刑事责任能力和限制刑事责任能力的人自杀的行为。二是教唆有完全刑事责任能力者自杀的行为。对第一种情况的教唆犯应定故意杀人罪，学术界并没有什么分歧。但对第二种情况下的教唆犯如何定性处理？学术界存在分歧。因此，我们主要研究第二种情况。

我国学界对于教唆有完全刑事责任能力者自杀的行为的定性处理，主要有以下观点：第一种观点认为，在没有发生明显的危害后果时，即被教唆人没有去实行自杀行为时，一般可以不认为是犯罪；如果发生了危害后果，被教唆人实施了自杀行为，无论是否死亡，教唆人都应认定为犯罪。对于如何定性的问题，有的主张单独立一罪名，由《刑法》条文予以明确规定，在法定刑上应比照侮辱、毁谤罪设置为宜。② 第二种观点认为，对教唆自杀行为，一般不宜作为犯罪处理，必要时，可以按类推原则以故意杀人罪类推处理；但只有教唆自杀者又直接参与了杀人行为，构成故意杀人罪的，及教唆未成年人或无刑事责任能力人自杀的，才能定故意杀人罪。③ 第三种观点认为，教唆他人自杀的行为一律应负刑事责任，以故意杀人罪论处。因为教唆自杀行为的实质是借他人之手达到其杀人的目的；我国《刑法》规定的故意杀人罪包括教唆杀人行为。④ 第四种观点认为，在《刑法》没有明确规定的情况下，可类推、比照故意杀人罪处罚。因为无论在主观、客观构成条件方面还是在危害性方面教唆他人自杀的行为都不可与故意

---

① 参见张绍谦：《略论教唆、帮助他人自杀行为的定性及处理》，载《法学评论》1993 年第 6 期。

② 参见钟文彬：《教唆他人自杀定性初探》，载《现代法学》1988 年第 4 期。

③ 参见于志刚、许成磊：《再论教唆他人自害行为的定性》，载《湖南省政法管理干部学院学报》2000 年第 6 期。

④ 参见康均心：《教唆他人自杀的行为应负刑事责任》，载《江西法学》1997 年第 6 期；马克昌、杨春洗、吕继贵主编：《刑法学全书》，上海科学技术文献出版社 1993 年版，第 306 页。

杀人罪相提并论。① 第五种观点认为，对包括教唆他人自杀在内的教唆他人自害的行为，不能以故意杀人罪、故意伤害罪论处，对于这种行为应独立成罪而在立法上予以专门规定。②

二、笔者的观点

笔者认为，在教唆有完全刑事责任能力的人自杀的场合，在应然的层面，原则上应对教唆犯追究刑事责任，因为人的生命是人身权利最基本的内容，也是最珍贵的法益之一，国家应该予以特别保护，而教唆人恰恰是对这种法益的极大漠视，无论从其主观故意上考察，还是从其所产生的客观危害上考察，这种教唆自杀行为都有可谴责性。但应注意两点：一是在一些比较特殊的情况下，由于具有明显的可恕性，可以适当地排除可罚性。二是不能一律都按照教唆犯的处罚原则对实施教唆他人自害的行为人进行处罚。因此，从长远完善刑法立法的立场看，《刑法》分则应当对教唆自害行为设立单独的罪名，如教唆他人自害罪，其法定刑可以参照其他"教唆型犯罪"，如引诱、教唆他人吸毒罪等罪的法定刑来设置。

但是，在刑法解释论上，教唆自害行为的定性处理需要仔细考量。这里以教唆自杀行为为例来展开刑法解释论，研讨以下两种情况：

（一）单纯教唆他人自杀的行为，依法不宜认定为杀人行为

教唆自杀，是指唆使他人产生自杀念头的行为。从刑法解释论上分析，教唆他人自杀的行为依法不宜直接解释为杀人行为。但是，行为人在教唆他人自杀之后，当场不予以救助的行为则可以解释为杀人行为（不作为）。当然，行为人在实施了单纯教唆他人自杀的行为之后，当他人自杀时并不在现场，由于无法履行作为义务，因而应当解释为不属于剥夺他人生命之行为。

（二）在教唆他人自杀的行为中伴有胁迫、迷惑因素从而达到精神强制程度的，以及教唆未成年人和精神病人等无刑事责任能力者自杀的，依法应解释认定为杀人行为

【案例】民警邵某某教唆、帮助妻子自杀案③

被告人邵某某，男，29岁，原系某市公安局城区分局某街道派出所民警。

---

① 参见康均心：《教唆他人自杀的行为应负刑事责任》，载《江西法学》1997年第6期；马克昌、杨春洗、吕继贵主编：《刑法学全书》，上海科学技术文献出版社1993年版，第306页。

② 参见于志刚、许成磊：《再论教唆他人自害行为的定性》，载《湖南省政法管理干部学院学报》2000年第6期。

③ 参见最高人民法院中国应用法学研究所编：《人民法院案例选》（刑事卷），人民法院出版社1997年版，第279~283页。

1991年8月29日被逮捕。1990年4月30日,被告人邵某某与本所部分民警及联防队员沈某(女),应邀到苏某家喝酒。喝完酒后,几个人一起在返回派出所的途中与邵某某的妻子王某相遇。王某原来就怀疑邵某某与沈某关系暧昧,看到邵某某与沈某又在一起,更加怀疑邵某某、沈某的关系不正常,便负气回家。当晚7时许,邵某某与王某在家中为此事争吵不休。争吵中邵某某说:"我不愿见到你。"王某说:"你不愿见我,我也不想活了,我死就是你把我逼死的。"邵某某说:"你不想活了,我也不想活了,我们两个一起死。"邵某某把自己佩带的"五四"式手枪从枪套里取出,表示要与王某一起自杀。王某情绪激动地说:"要死就我死,你别死,我不想让儿子没爹没妈"。王某两次上前与邵某某夺枪没有夺到手,邵某某即持枪进入卧室。王某跟进去说:"要死我先死。"邵某某说:"我不会让你先死的,要死一块死,你有什么要说的,给你们家写个话。"王某便去写遗书,邵某某在王某快写完时自己也写了遗书。随后,王某对邵某某说:"你把枪给我,我先打,我死后你再打。"邵某某从枪套上取下一颗子弹上了膛,使手枪处于一触即发的状态。王某见此情景,便从邵某某手中夺枪。在谁也不肯松手的情况下,邵某某把枪放在地上用脚踩住。此时,王某提出和邵某某一起上床躺一会,邵某某表示同意,但没有把地上的枪拣起。邵某某躺在床里边,王某躺在床外边,两人又争执了一会。大约晚10时许,王某起身说要下床做饭,并说:"要死也不能当饿死鬼。"邵某某坐起来双手扳住王某的双肩,不让王某拣枪。王某说把枪拣起来交给邵某某,邵某某便放开双手让王某去拣枪。王某拣起枪后,即对准自己的胸部击发。邵某某见王某开枪自击后,发现王某胸前有一黑洞,立即喊后院邻居贾某等人前来查看,同时将枪中的弹壳退出,把枪装入身上的枪套。王某被送到医院,经检查已经死亡。经法医尸检、侦查实验和复核鉴定,王某系枪弹近距离射击胸部,穿破右心室,导致急性失血性休克死亡,属于自己持枪击发而死。某市人民检察院以被告人邵某某犯故意杀人罪向某市中级人民法院提起公诉,王某之父王某某提起附带民事诉讼,要求被告人邵某某赔偿其为王某办理丧葬等费用共计1100元。

某市中级人民法院经过公开审理认为,被告人邵某某身为公安人员,明知其妻王某有轻生念头而为王某提供枪支,并将子弹上膛,对王某的自杀在客观上起了诱发和帮助的作用,在主观上持放任的态度,其行为已构成故意杀人罪,应负刑事责任。由被告人邵某某的犯罪行为所造成的经济损失,邵某某确无赔偿能力。该院依照《刑法》第132条的规定,于1992年11月17日作出刑事附带民事判决,以故意杀人罪判处被告人邵某某有期徒刑7年。

宣判后,被告人邵某某和附带民事原告人王某某均不服,提出上诉。邵某某的上诉理由是:"主观上没有诱发王某自杀的故意,客观上没有帮助王某自杀的行为。"某高级人民法院对本案进行了二审审理,认为上诉人邵某某在与其妻王某争吵的过程中不是缓解夫妻纠纷,而是以"一起死"、"给家里写个话"、掏出手枪等言辞举动激怒对方,在王某具有明显轻生念头的情况下,邵某某又将子弹上膛,使手枪处于一触即发的状态,为王某的自杀起了诱发和帮助作用。邵某某明知自己的行为可能发生王某自杀的结果,但他对这种结果持放任态度,以致发生了王某持枪自杀的严重后果,从而认定邵某某诱发、帮助王某自杀的行为已构成故意杀人罪,并于1993年1月14日裁定驳回上诉、维持原判。

【刑法解释论】

在教唆他人自杀中伴有胁迫、迷惑因素的行为不同于单纯教唆他人自杀的行为,前者达到了对他人的精神强制和迷惑的程度,后者则没有达到这种精神强制和迷惑的程度,而仅仅是引起他人某种"精神上的意念"(但是仍有意志自由)。因此,对于一些特殊情形之下的教唆他人自杀行为,如果伴有胁迫、迷惑他人自杀的因素,如宗教人员利用宗教精神控制因素而教唆信徒自焚或者自杀的行为,由于其教唆他人自杀的行为达到了对自杀者的精神强制和迷惑的程度,不同于单纯教唆他人自杀的行为(仅仅是引起自杀者在精神上某种"精神上的意念"而非精神强制和迷惑),因而在刑法解释论上就可以将其解释为杀人行为。这种解释论的合理性,有三个方面的理由:

1. 法理依据。在法理上,因为胁迫者、迷惑者的行为导致他人受到精神强制与迷惑,再利用这种状况而胁迫、迷惑他人自杀的行为整体,可以解释为杀人行为。因为教唆行为仅仅是引起在精神上某种"精神上的意念"而非是导致"精神上的强制",而胁迫、迷惑他人自杀的行为在性质上并不同于一般意义上的教唆他人自杀行为,二者在精神受影响的程度上有质的差异。

2. 有关司法解释的明确规定。2001年6月4日,最高人民法院、最高人民检察院公布的《关于办理组织和利用邪教组织犯罪案件具体应用法律若干问题的解释(二)》第9条规定:"组织、策划、煽动、教唆、帮助邪教组织人员自杀、自残的,依照刑法第二百三十二条、第二百三十四条的规定,以故意杀人罪、故意伤害罪定罪处罚。"这个司法解释虽然是针对邪教组织而言的,但是它反映出最高司法机关对于教唆他人自杀的行为构成故意杀人罪是基本认可的,因为这种行为在实质上是胁迫与迷惑他人自杀的行为。

3. 有关司法判决案例。民警邵某某案应当说并非属于单纯的教唆、帮助自杀的行为,而是带有胁迫、迷惑他人自杀性质的行为,因而,有关司法机关认定其行为构成故意杀人罪(放任)并判处较轻刑罚(有期徒刑7年),具有刑法解释论上的合理性。

第八章 教唆犯的立法完善

理性审查已有教唆犯理论，借鉴中外历史上关于教唆犯的立法经验，完善教唆犯的立法，是我们研究教唆犯理论的目的所在。这里，笔者将在考察外国关于教唆犯的立法趋向，分析国内有关的立法建议的基础上，提出完善我国教唆犯立法的个人看法。

第一节 西方国家教唆犯的立法趋向考察

一、在共同犯罪中规定教唆犯，适当限制教唆入罪范围

西方国家刑法的共同犯罪立法实践，无论是采用区分制共犯体系，还是单一制正犯体系，基本上都坚持了两点：一是将教唆犯作为共同犯罪中的问题进行规定；二是适当限制教唆犯（以及帮助犯或者其他"共动者"）的处罚范围。例如，1810年《法国刑法典》将教唆犯归入从犯的范畴，称为教唆从犯；1871年《德国刑法典》和1998年《德国刑法典》都是将教唆犯作为独立的共犯人种类进行规定的，并且明确规定了教唆犯的定义；1995年《日本刑法典》也是在共同犯罪中对教唆犯进行规定的；1996年《俄罗斯联邦刑法典》明确将教唆犯规定为共同犯罪人种类中的一种，并明确规定了教唆犯的概念和处罚原则。日本学者对刑法规定的教唆犯的理论诠释，一般都认为，"为成立教唆犯，要求教唆行为的结果是，被教唆人决意实施该犯罪，并且该决意付诸实施。教唆行为和被教唆人的犯意的形成以及和实行行为之间必须具有因果关系。因此，虽然实施了教唆行为但被教唆人没有实施的场合，或即便实施，但该行为和教唆行为之间没有相当因果关系的场合，也不成立教唆犯（教唆犯的因果性）"[①]。

德日刑法学关于共犯处罚根据的学说发展，体现了试图合理限制共犯的处罚范围的倾向，其对于我国的刑法立法与刑法理论研究的启示在于"在讨论我国

[①] ［日］大谷实著，黎宏译：《刑法总论》，法律出版社2003年版，第328页。

刑法共犯的处罚根据时，也应当始终着眼于限定共犯的处罚范围的目的"①。

英美法系国家的规定有一定特殊性，如它们基本上是将教唆（煽动）作为一种与共谋、未遂等未完成犯罪相并列的独立的犯罪形态，但作为一种发展趋势，英美法系国家也有将教唆犯规定在共同犯罪中的情形。例如，在英国，广义的教唆包括两种情况：一是被教唆者未实施所教唆之罪的教唆，属于未完成之罪之一；二是被教唆者实施所教唆之罪，教唆者属于共犯之一。在美国，有些州把教唆犯罪规定为独立的不完整罪，少数州则把教唆犯罪作为共同犯罪处理。

二、在刑法规定和理论诠释中体现和兼顾教唆犯的二重性

1810 年《法国刑法典》采取严格的共犯从属性原则，1871 年《德国刑法典》则基本坚持了共犯独立性原则，1998 年《德国刑法典》对教唆犯的规定基本上采取了兼采共犯从属性与共犯独立性的双重性色彩。《日本刑法典》至今固守教唆犯的从属性原则，尽管其对教唆犯的处罚的规定也具有一定的灵活性。美国刑事立法从 19 世纪开始出现了教唆犯，"把教唆犯从原来的从犯中分出来，采取三分法形式（指正犯、从犯、教唆犯——引者注），以便加重对教唆犯的惩罚。不过承担责任的方式仍然是从属性原则，因为教唆犯的既遂或者未遂以被教唆者是否实行教唆的罪为转移"②。

相应地，在理论立场上，无论是否坚持区分制共犯体系或者单一制正犯体系，是否主张共犯独立性，西方刑法学者在刑法解释论上并非完全否认教唆犯（以及帮助犯）的从属性特征，有的学者不但主张"对于教唆犯、帮助犯而言，统一性正犯体系的方向是妥当的"，而且强调狭义共犯（教唆犯等）"要肯定实行从属性（从属性的有无）"和"要素从属性（从属性的程度）"。③

三、对教唆犯的刑事责任规定体现了缩小教唆犯处罚范围的倾向

西方国家刑法规定的主要趋势还体现了缩小教唆犯的刑事责任范围和轻刑化思想，但是并非将教唆犯的刑事责任规定为轻于实行犯的刑事责任。例如，《日本刑法典》明确规定对轻罪的教唆犯不予处罚，"法定刑仅为拘留或者罚金的罪的教唆犯，在法律没有特别规定的时候，不得予以处罚"。《日本刑法典》的这些规定体现了缩小教唆犯的刑事责任范围的特点，但是同时，《日本刑法典》规定，对教唆犯科处正犯之刑，"这并不意味着对教唆人的处罚从属于对正犯的处

---

① 参见杨金彪著：《共犯的处罚根据》，中国人民公安大学出版社 2008 年版，第 83 页。
② 储槐植著：《美国刑法》（第二版），北京大学出版社 1996 年版，第 106 页。
③ ［日］高桥则夫著，冯军、毛乃纯译：《共犯体系和共犯理论》，中国人民大学出版社 2010 年版，第 279、282 页。

罚","对教唆犯的量刑是独立于对正犯的量刑的。因此,对教唆犯可能判处比正犯更重的刑法"①。这又表明《日本刑法典》并非将教唆犯的刑事责任规定为轻于实行犯的刑事责任。

尽管有学者认为,美国当代关于处理教唆犯的刑事政策倾向是扩大教唆犯的刑事责任范围,即教唆他人实施任何犯罪都可以构成教唆罪,并加重教唆罪的处罚。但是,还是应当注意到,在美国,作为普通法上的教唆犯,必须是教唆重罪或者有限的几个特定的轻罪,否则,教唆他人去实施其他轻罪都不构成教唆罪;作为制定法上的犯罪的教唆犯,有的规定教唆他人实施任何犯罪都构成教唆罪,而有的却规定教唆实施重罪或法律明文规定的某些重罪才构成教唆罪。

四、对教唆犯的特殊问题的规定

有的国家刑法明确规定了间接教唆、陷害教唆、教唆自杀、教唆从犯、教唆犯的未遂以及教唆犯的身份犯问题。例如,《日本刑法典》明确规定了间接教唆犯、教唆犯的身份犯、教唆从犯等问题;《德国刑法典》规定了教唆犯的未遂问题;《希腊刑法典》、《美国模范刑法典》以及1932年《波兰刑法典》规定了陷害教唆问题;英美国家的判例上还确定了警察圈套问题的处理原则;意大利、韩国、瑞士、奥地利、西班牙、日本、保加利亚、泰国、加拿大、英国、美国等国家刑法规定了教唆自杀行为的刑事责任问题。

第二节　我国教唆犯的立法建议评析

一、关于教唆犯的定罪问题

关于教唆犯的定罪问题,主要有两种观点:一种观点认为,应当明确规定,"对于教唆犯,应当按照其所教唆的罪定罪"②。这种观点是多数学者的看法,也是目前司法实践部门的普遍做法。第二种观点认为,对教唆犯应由《刑法》分则单独设立教唆罪,而不宜将教唆犯作为一个共犯问题置于《刑法》总则中进行规定。③ 对第二种观点,笔者在前文关于教唆犯的性质问题的讨论中已经进行

---

① [日]大谷实著,黎宏译:《刑法总论》,法律出版社2003年版,第329页。
② 参见陈兴良著:《共同犯罪论》,中国社会科学出版社1992年版,第538页。
③ 卢勤忠:《论教唆罪的设立》,载《现代法学》1996年第6期;齐文远、刘代华:《论教唆犯应被规定为独立犯罪》,载高铭暄、赵秉志主编:《刑法论丛》(第2卷),法律出版社1999年版,第1~34页;吴情树、闫铁恒:《对教唆犯的反思与定位》,载《政法论丛》1999年第6期。

了分析论述，认为其弊多利少，不具有科学性。

笔者基本赞同第一种观点，即对于《刑法》总则直接规定的教唆犯（共犯教唆犯和非共犯教唆犯），应当直接规定"按照其所教唆的罪定罪"，当然，还是应当适当限制一下教唆犯的处罚范围。例如，可以考虑将一些轻罪的单纯教唆行为、被教唆人没有实施所教唆的罪的情形排除定罪；但不宜在《刑法》分则中单设一个"教唆罪"（当然并不排斥《刑法》分则设立的教唆类犯罪）。这种立法思路比较符合实际，也符合多数国家的立法实践，是一种有利于合理平衡人权保障和秩序保护的适中选择。

二、关于教唆犯的身份犯问题

有学者建议，我国《刑法》应明确规定，没有特定身份的人教唆有特定身份的人犯法律要求特定身份的罪的，没有特定身份的人应当以该罪的共犯论处；因特定身份而致刑有轻重或者免除的，其效力不及于没有这种身份的人。[①]

这种立法建议符合刑法原理和法治理性，也是我国多年来刑法实践的基本做法，对此作出明确规定也有利于实现立法体系的完善和司法统一，因此具有可行性。

三、关于陷害教唆问题

对这个问题，刑法学界有一些研究，但存在比较大的分歧。有的认为，应在立法上明确规定按诬告陷害罪的单独罪定罪处罚；[②] 有的认为，应按教唆犯的未遂予以处罚，[③] 急需《刑法》作出明确规定。

笔者认为，对陷害教唆不能简单地按照诬告陷害罪论处，因为，二者在犯罪概念、构成要件上都是不相同的，随意混淆此罪与彼罪的界限，有违罪刑法定的基本原则和现代法治的总体精神。如前所述，陷害教唆在实质上属于教唆犯的一种，应当依据教唆犯的处罚原则进行处罚。如果被教唆人接受教唆并完成了所教唆的犯罪，则对教唆行为人应按照教唆犯的既遂来处理；如果被教唆人没有接受教唆或者没有实施所教唆的犯罪，则对教唆行为人应按照教唆犯的未遂来处理；对于某些基于某种"情有可原或者其他良好动机"的陷害教唆行为，可以酌情予以更加从宽的处罚。

---

① 参见陈兴良著：《共同犯罪论》，中国社会科学出版社1992年版，第538页。

② 参见张晓辉：《论教唆犯》，载赵秉志等主编：《全国刑法硕士论文荟萃（1981届—1988届）》，中国人民公安大学出版社1989年版，第377~381页；李富友：《陷害教唆与警察圈套》，载《中央政法管理干部学院学报》1998年第4期。

③ 参见贾宇：《教唆犯理论的初步比较研究》，载《河北法学》1991年第2期。

四、关于教唆犯的未遂问题

笔者曾经思考过教唆犯的未遂问题,认为立法应该作出这样的规定:"如果被教唆的人没有犯被教唆的罪,或者没有完成被教唆的罪,对于教唆犯,可以从轻或者减轻处罚;但是,被教唆的人实施了与被教唆的罪的犯罪对象密切相关的相对较重的犯罪的除外。"① 这种思路应当说具有相当合理性。

五、关于教唆自害问题

对教唆自害行为如何处罚的问题,刑法学界争论较多,分歧也比较大。有的认为,应在《刑法》中单独设立"教唆自杀罪"或者"教唆自害罪"等罪名,其刑罚幅度比照侮辱罪、诽谤罪为宜。② 有学者甚至提出了法条设计:"教唆他人自杀的,处×年以上×年以下有期徒刑。教唆他人实施自我重伤的,处×年以下有期徒刑或者拘役。被教唆者因自我重伤而致死亡,处×年以下有期徒刑。如果被教唆者是不满14周岁的未成年人或者不具有意思决定能力的人,适用故意杀人罪、故意伤害罪的规定。"③ 还有的认为,应将教唆他人自杀的行为规定为以故意杀人罪论处。④

这些立法建议,应当说具有很大的合理性,因为教唆自害行为本身在客观上具有比较严重的社会危害性,行为人的主观恶性通常情况下也比较严重,因而从应然的立场看应当将其入罪。但是从现有刑法规范来审查,应当说还无法将单纯的教唆自害行为作入罪解释与认定,从而形成了比较严重的刑法漏洞,因而急需刑事立法予以填补完善。

第三节 我国教唆犯立法的完善意见

一、我国教唆犯立法的不足

我国现行《刑法》关于教唆犯(以及整个共同犯罪)的规定,总的来说比较适合我国的国情,基本适应现实生活的需要,应当予以充分肯定。但是,在此

---

① 参见赵秉志、魏东:《论教唆犯的未遂》,载《法学家》1999年第3期。
② 参见钟文彬:《教唆他人自杀定性新探》,载《现代法学》1988年第4期。
③ 参见于志刚、许成磊:《再论教唆他人自害行为的定性》,载《湖南省政法管理干部学院学报》2000年第6期。
④ 参见康均心:《教唆他人自杀的行为应负刑事责任》,载《江西法学》1997年第6期。

基础上也应当看到其还存在一些不足，主要有以下几点：

第一，对教唆犯的性质和概念规定还不够明确。对教唆犯的性质，现行《刑法》没有作出明确的规定，导致在理论上的极大争议，也给司法实践带来很多麻烦。对教唆犯的概念的规定在事实上也比较模糊，界定得并不细致具体。

第二，对教唆犯的处罚范围限制不足，尤其是非共犯教唆犯的处罚范围存在缺少限制的突出问题，客观上造成了相同行为在司法实践中定罪与不定罪的模棱两可，损害了司法的公正性、统一性和严肃性。

第三，对教唆犯的定罪不明确，尤其是没有明确规定教唆犯的身份犯的定罪问题，造成理论和实践中的困惑。

第四，对一些传统的问题没有作出明确、具体的规定。例如，对陷害教唆、教唆自害与诱惑侦查问题，概然性教唆与选择性教唆、间接教唆、教唆犯的未遂和中止等问题，均没有作出明确具体的规定。

第五，对一些新型教唆犯问题没有及时作出反映和规定。例如，悬赏教唆、网络教唆等问题，均需要《刑法》作出明确规定。

二、我国教唆犯立法的完善建议

（一）明确规定我国《刑法》坚持教唆犯的二重性原则

二重性原则既是对教唆犯性质的科学反映，也是我国《刑法》关于教唆犯立法的一大特色。如前所述，教唆犯的性质问题是教唆犯最基础性的理论问题，是解决教唆犯其他所有问题的前提和基础，任何一个国家的刑法都无法回避这个问题，都必须在这个问题上明确表明态度。根据马克思主义的基本原理和我国《刑法》所坚持的主客观相统一的基本原则，笔者认为，有必要在《刑法》中明确规定教唆犯的二重性原则，体现我国《刑法》对教唆犯问题的科学态度，表明我国《刑法》的科学性，也能避免理论上的分歧，科学指导刑事司法实践。

（二）进一步细化教唆犯的概念

细化的具体方式，可以沿用我国现行《刑法》第 29 条对教唆犯的规定，同时采用多种形式对教唆犯的内涵进一步进行补充性的解释说明或者限定。比如，可以在明确给出教唆犯定义的基础上，进一步规定一些特殊情况下的教唆行为，如被教唆人为无刑事责任能力者或者不知情者的情况下之教唆行为，对教唆者不以教唆犯论处，而以间接实行犯（间接正犯）论处。这样规定即可表明，教唆犯的教唆对象只能是具有刑事责任能力者和有认识者（能够具有共同犯意者），而不可以是无刑事责任能力者与无认识者。

（三）明确规定教唆犯的身份犯问题

对有身份者教唆无身份者与无身份者教唆有身份者的情形分别作出明确规

定。尤其是无身份者教唆有身份者实施法律要求行为人具有特定身份时才可以构成的犯罪（即犯罪主体要件是特殊主体的犯罪），对无身份者应该以该罪的共同犯罪论处，这是定性问题，必须在法律上予以明确。再者，因特定身份而导致行为人的刑事责任应当从轻、减轻或免除处罚时，或者因特定身份而导致行为人的刑事责任应当从重处罚时，这种从轻、减轻、免除或者从重处罚的事由只能及于有特定身份者，而不能及于无此特定身份者。

（四）明确规定教唆自害行为的刑事责任问题

教唆自害行为与教唆他害行为在性质上具有一致性，都是一种严重非法侵害他人人身权利的行为，都具有严重的社会危害性，应当予以犯罪化。但是，在一般情况下，教唆自害行为终究不是教唆他人犯罪的行为，因为他人自害本身一般不构成犯罪，所以教唆他人自害的行为不符合教唆犯的构成要件，因而不能对教唆自害行为按照教唆犯的处罚原则来处理，对此，《刑法》应在分则中规定单独的罪名和法定刑。当然，在教唆现役军人战时自伤身体以逃避军事义务的场合，由于此时军人的自害行为能够构成独立的犯罪，因而此时的教唆行为人应当构成教唆犯。所以，对于教唆自害行为，应当在教唆犯的法条作出原则上的除外规定。例如，可以规定："教唆他人自害的，除法律明确规定他人的自害行为本身构成犯罪的以外，不以教唆犯论处。"

（五）明确规定陷害教唆与诱惑侦查问题

对陷害教唆与非法的诱惑侦查中教唆行为人应按教唆犯论处。

就陷害教唆而言，由于陷害教唆具有严重的社会危害性，其行为本身反映了行为人严重的人身危险性，因而应当对其予以犯罪化。鉴于陷害教唆在本质上具有与纯粹教唆犯相当的可谴责性和可罚性，其客观行为与主观罪过都与纯粹教唆犯基本等质，因而应当以教唆犯理论来解决陷害教唆的刑事责任问题。同时，如前所述，对于那些具有比较善良的或者情有可原的复杂动机而实施陷害教唆的行为人，还是应当综合考量其主观恶性大小，同时应当承认其客观上并没有造成严重社会危害后果的具体情况，可以依法对此种情况下的陷害教唆犯予以更大的从宽处理。

就诱惑侦查而言，一是要严格限定诱惑侦查的合法性条件；对于非法的诱惑侦查行为，应当予以犯罪化，并对其直接责任人员依据教唆犯的处罚原则追究刑事责任。

（六）对概然性教唆与选择性教唆作出明确规定

一是要明确这两种教唆行为的可惩罚性，在教唆内容具有相对确定性的场合，如所教唆的犯罪行为的性质范围、对象范围等相对确定，就应当成立教唆犯，具有可罚性。

二是要明确这两种教唆行为的定性处罚问题。

三是要明确这两种教唆行为中的实行过限的刑事责任问题，实施教唆行为者应当在其所教唆的范围内负责。

（七）明确规定间接教唆犯的刑事责任问题

间接教唆犯在本质上仍然属于教唆犯，具有可罚性，如规定，"教唆教唆犯的，按照教唆犯处罚"。

（八）明确规定教唆犯的停止形态问题

鉴于教唆犯的预备犯的危害性不大，以及刑法的谦抑原则，可规定教唆犯的预备犯不予以刑事处罚（这个问题也与适当限缩教唆犯的处罚范围有关）；同时，教唆犯的中止犯比较容易判断，比较复杂的是教唆犯的犯罪未遂形态，因此应当科学规定教唆犯的未遂问题。例如，对教唆犯的未遂形态可以规定：如果被教唆的人没有犯被教唆的罪，或者没有完成被教唆的罪，对于教唆犯，可以从轻或者减轻处罚；但是，被教唆的人实施了与被教唆的罪的犯罪对象密切相关的相对较重的犯罪的除外。如果行为人还没有实际着手进行教唆，不处罚。

（九）对悬赏教唆与网络教唆作出明确规定

悬赏教唆采取公开设悬奖赏的手段对不特定的人进行教唆，影响面宽，诱惑力大，其社会危害性比普通方式的教唆更大，当然具有可罚性。网络教唆利用计算机网络教唆不特定的人犯罪，其影响面和社会危害性比悬赏教唆有过之而无不及，同样具有可罚性。因此，应当明确规定对这两种教唆行为从重处罚。

三、我国教唆犯立法的理论方案

根据以上分析和立法完善的建议，笔者特提出我国教唆犯立法的理论方案，以供立法机关和理论界同仁参考。

教唆他人犯罪的，是教唆犯。对于教唆犯，应当兼顾其相对从属性和相对独立性的特点，按照其所教唆的犯罪定罪，并根据其在共同犯罪中所起的作用处罚。

教唆教唆犯的，按照教唆犯处罚。教唆不满18周岁的人犯罪的，应当从重处罚。教唆无刑事责任能力者或不知情者犯罪的，由教唆者负所教唆的罪的全部刑事责任。没有特定身份的人教唆有特定身份的人实施法律要求特定身份的犯罪的，没有特定身份的人以该罪的共犯论处；因特定身份而致刑罚轻重或者免除的，其效力不及于没有这种身份的人。

出于陷害他人的动机教唆他人犯罪的，按照教唆犯处罚。但对于教唆他人自害的，除法律明确规定他人的自害行为本身构成犯罪的以外，不以教唆犯论处。行为人违法进行诱惑侦查，实施了教唆他人犯罪的行为的，按照教唆犯处罚。

行为人以概括的故意教唆他人实施一定范围内的相对明确的犯罪或者可选择的犯罪的，在其所教唆的范围内负责。

以悬赏的方法或者以网络为手段教唆他人犯罪的，除法律有特别规定的以外，按照教唆犯从重处罚。

如果被教唆的人没有犯被教唆的罪，或者没有完成被教唆的罪，对于教唆犯，可以从轻或者减轻处罚；如果教唆的罪仅为应当判处3年以下有期徒刑的犯罪，对于教唆犯可以免除处罚。但是，被教唆的人实施了与被教唆的罪的犯罪对象密切相关的、性质相当的犯罪的，不得对教唆犯从轻或者减轻处罚。如果行为人还没有实际着手进行教唆，不处罚。

参考文献

一、著 作 类

1. 耿文田著:《教唆犯论》,商务印书馆 1935 年版。
2. 高铭暄著:《中华人民共和国刑法的孕育与诞生》,法律出版社 1981 年版。
3. 吴振兴著:《论教唆犯》,吉林人民出版社 1986 年版。
4. 高铭暄主编:《新中国刑法学研究综述(1949—1985)》,河南人民出版社 1986 年版。
5. 顾肖荣著:《刑法中的一罪与数罪问题》,学林出版社 1986 年版。
6. 赵秉志著:《犯罪未遂的理论与实践》,中国人民大学出版社 1987 年版。
7. 林文肯、茅彭年著:《共同犯罪理论与司法实践》,中国政法大学出版社 1987 年版。
8. 李光灿、马克昌、罗平著:《论共同犯罪》,中国政法大学出版社 1987 年版。
9. 王作富著:《中国刑法研究》,中国人民大学出版社 1988 年版。
10. 高铭暄、王作富主编:《新中国刑法的理论与实践》,河北人民出版社 1988 年版。
11. 赵秉志等主编:《全国刑法硕士论文荟萃(1981 届—1988 届)》,中国人民公安大学出版社 1989 年版。
12. 叶高峰主编:《共同犯罪理论及其运用》,河南人民出版社 1990 年版。
13. 马克昌主编:《犯罪通论》,武汉大学出版社 1991 年版。
14. 陈兴良著:《共同犯罪论》,中国社会科学出版社 1992 年版。
15. 张晋藩、林中、王志刚著:《中国刑法史新论》,人民法院出版社 1992 年版。
16. 徐逸仁著:《故意犯罪阶段形态论》,复旦大学出版社 1992 年版。
17. 姜伟著:《犯罪故意与犯罪过失》,群众出版社 1992 年版。
18. 熊选国著:《刑法中行为论》,人民法院出版社 1992 年版。

19. 高铭暄主编：《刑法学原理》（第一、二卷），中国人民大学出版社1993年版。
20. 马克昌、杨春洗、吕继贵主编：《刑法学全书》，上海科学技术文献出版社1993年版。
21. 高铭暄主编：《新中国刑法科学简史》，中国人民公安大学出版社1993年版。
22. 陈光中、严端主编：《中华人民共和国刑事诉讼法修改建议稿与论证》，中国方正出版社1993年版。
23. 中国警察学会编：《二十一世纪世界警务发展战略》，中国人民公安大学出版社1994年版。
24. 青锋著：《犯罪本质研究》，中国人民公安大学出版社1994年版。
25. 鲍遂献主编：《刑法学研究新视野》，中国人民公安大学出版社1995年版。
26. 张智辉著：《刑事责任通论》，警官教育出版社1995年版。
27. 何家弘编著：《外国犯罪侦查制度》，中国人民大学出版社1995年版。
28. 李海东主编：《日本刑事法学者》（上），法律出版社1995年版。
29. 刘明祥著：《错误论》，中国法律出版社、日本成文堂1996年联合出版。
30. 赵秉志著：《刑法总论问题研究》，中国法制出版社1996年版。
31. 刘明祥著：《刑法中错误论》，中国检察出版社1996年版。
32. 储槐植著：《美国刑法》（第二版），北京大学出版社1996年版。
33. 马克昌主编：《近代西方刑法学说史略》，中国检察出版社1996年版。
34. 陈光中主编：《刑事诉讼法学》，中国政法大学出版社1996年版。
35. 吴振兴著：《罪数形态论》，中国检察出版社1996年版。
36. 冯军著：《刑事责任论》，法律出版社1996年版。
37. 赵永琛：《刑事侦查学》，法律出版社1996年版。
38. 何秉松主编：《刑法教科书》，中国法制出版社1997年版。
39. 储槐植著：《刑事一体化与关系刑法论》，北京大学出版社1997年版。
40. 陈兴良著：《刑法哲学》，中国政法大学出版社1997年版。
41. 宁汉林、魏克家著：《中国刑法简史》，中国检察出版社1997年版。
42. 黎宏著：《不作为犯研究》，武汉大学出版社1997年版。
43. 张文等著：《刑事责任要义》，北京大学出版社1997年版。
44. 萧榕主编：《世界著名法典选编》（刑法卷），中国民主法制出版社1998年版。
45. 陈兴良著：《刑法的价值构造》，中国人民大学出版社1998年版。
46. 张明楷著：《刑法学》（上、下），法律出版社1998年版。
47. 李海东著：《刑法原理入门（犯罪论基础）》，法律出版社1998年版。

48. 周密著：《中国刑法史纲》，北京大学出版社 1998 年版。
49. 张希坡编：《中华人民共和国刑法史》，中国人民公安大学出版社 1998 年版。
50. 张绍谦著：《刑法因果关系研究》，中国检察出版社 1998 年版。
51. 康大民著：《公安论》，群众出版社 1998 年版。
52. 中国警察学会公安学基础理论专业委员会编：《论中国特色的公安》，群众出版社 1998 年版。
53. 康树华主编：《当代有组织犯罪与防治对策》，中国方正出版社 1998 年版。
54. 鲜铁可著：《新刑法中的危险犯》，中国检察出版社 1998 年版。
55. 熊秋红著：《刑事辩护论》，法律出版社 1998 年版。
56. 张玉镶、文盛堂著：《当代侦查学》，中国检察出版社 1998 年版。
57. 鲁兰著：《牧野英———刑事法思想研究》，中国方正出版社 1999 年版。
58. 李洁著：《犯罪既遂形态研究》，吉林大学出版社 1999 年版。
59. 陈正云著：《刑法的精神》，中国方正出版社 1999 年版。
60. 冯亚东著：《理性主义与刑法模式》，中国政法大学出版社 1999 年版。
61. 杨春洗主编：《刑法基础论》，北京大学出版社 1999 年版。
62. 赵秉志主编：《海峡两岸刑法总论比较研究》，中国人民大学出版社 1999 年版。
63. 谢望原著：《刑罚价值论》，中国检察出版社 1999 年版。
64. 中国警察学会公安学基础理论专业委员会著：《论公安学基础理论体系》，群众出版社 1999 年版。
65. 张小虎著：《刑事法律关系的构造与价值》，中国方正出版社 1999 年版。
66. 宋庆德主编：《新刑法犯罪论研究》，中国政法大学出版社 1999 年版。
67. 龙宗智著：《相对合理主义》，中国政法大学出版社 1999 年版。
68. 周光权著：《法定刑研究》，中国方正出版社 2000 年版。
69. 邱兴隆著：《关于惩罚的哲学——刑罚根据论》，法律出版社 2000 年版。
70. 曲新久著：《刑法的精神与范畴》，中国政法大学出版社 2000 年版。
71. 薛瑞麟著：《俄罗斯刑法研究》，中国政法大学出版社 2000 年版。
72. 赵秉志主编：《外国刑法原理（大陆法系）》，中国人民大学出版社 2000 年版。
73. 孙长永著：《侦查程序与人权——比较法考察》，中国方正出版社 2000 年版。
74. 唐磊、魏东主编：《市场犯罪认定与侦查》，群众出版社 2000 年版。
75. 黄丁全著：《刑事责任能力研究》，中国方正出版社 2000 年版。

76. 罗树中著：《刑法制约论》，中国方正出版社 2000 年版。
77. 苗生明著：《定罪机制导论》，中国方正出版社 2000 年版。
78. 宗建文著：《刑法机制研究》，中国方正出版社 2000 年版。
79. 高一飞著：《有组织犯罪问题专论》，中国政法大学出版社 2000 年版。
80. 田宏杰著：《中国刑法现代化研究》，中国方正出版社 2000 年版。
81. 张明楷著：《法益初论》，中国政法大学出版社 2000 年版。
82. 林亚刚著：《犯罪过失研究》，武汉大学出版社 2000 年版。
83. 洪浩著：《检察权论》，武汉大学出版社 2001 年版。
84. 王鹰著：《政府公共警察研究》，四川大学出版社 2001 年版。
85. 康大民著：《广义公安论》，群众出版社 2001 年版。
86. 中华人民共和国最高人民法院刑事审判第一庭、第二庭：《刑事审判参考》（2001 年第 3 辑），法律出版社 2001 年版。
87. 夏良田编著：《监所政策法律实务》，四川大学出版社 2001 年版。
88. 魏东、唐磊主编：《走私犯罪认定与侦查》，群众出版社 2001 年版。
89. 黄河著：《行政刑法比较研究》，中国方正出版社 2001 年版。
90. 叶高峰、刘德法主编：《集团犯罪对策研究》，中国检察出版社 2001 年版。
91. 钟安惠著：《西方刑罚功能论》，中国方正出版社 2001 年版。
92. 许发民著：《刑法文化与刑法现代化研究》，中国方正出版社 2001 年版。
93. 杨焕宁著：《犯罪发生机理研究》，法律出版社 2001 年版。
94. 马克昌、莫洪宪主编：《中日共同犯罪比较研究》，武汉大学出版社 2003 年版。
95. 刘凌梅著：《帮助犯研究》，武汉大学出版社 2003 年版。
96. 田鹏辉著：《片面共犯研究》，中国检察出版社 2005 年版。
97. 阎二鹏著：《共犯与身份》，中国检察出版社 2007 年版。
98. 李成著：《共同犯罪与身份关系研究》，中国人民公安大学出版社 2007 年版。
99. 陈世伟著：《论共犯的二重性》，中国检察出版社 2008 年版。
100. 杨金彪著：《共犯的处罚根据》，中国人民公安大学出版社 2008 年版。
101. 陈洪兵著：《共犯论思考》，人民法院出版社 2009 年版。
102. 肖本山著：《共犯过限论》，中国人民公安大学出版社 2011 年版。
103. 刘雪梅著：《共犯中止研究》，中国人民公安大学出版社 2011 年版。
104. 魏东著：《保守的实质刑法观与现代刑事政策立场》，中国民主法制出版社 2011 年版。
105. 刘斯凡著：《共犯界限论》，中国人民公安大学出版社 2011 年版。

106. 王志远著：《共犯制度的根基与拓展——从"主体间"到"单方化"》，法律出版社 2011 年版。

107. 陈兴良著：《判例刑法学（教学版）》，中国人民大学出版社 2012 年版。

108. ［苏］斯皮里多诺夫著，陈明华等译：《刑法社会学》，群众出版社 1989 年版。

109. ［意］恩理科·菲利著，郭建安译：《犯罪社会学》，中国人民公安大学出版社 1990 年版。

110. ［日］木村龟二主编，顾肖荣、郑树周译校：《刑法学词典》，上海翻译出版公司 1991 年版。

111. ［日］日高义博著，王树平译：《不作为犯的理论》，中国人民公安大学出版社 1992 年版。

112. ［日］大冢仁著，冯军译：《犯罪论的基本问题》，中国政法大学出版社 1993 年版。

113. ［日］西原春夫主编，李海东等译：《日本刑事法的形成与特色》，中国法律出版社、日本成文堂 1997 年联合出版。

114. ［意］杜里奥·帕多瓦尼著，陈忠林译：《意大利刑法学原理》，法律出版社 1998 年版。

115. ［法］卡斯东·斯特法尼等著，罗结珍译：《法国刑法总论精义》，中国政法大学出版社 1998 年版。

116. ［美］E.博登海默著，邓正来译：《法理学法律哲学与法律方法》，中国政法大学出版社 1999 年版。

117. ［日］大谷实著，黎宏译：《刑事政策学》，法律出版社 2000 年版。

118. ［德］弗兰茨·冯·李斯特著，徐久生译：《德国刑法教科书》，法律出版社 2000 年版。

119. ［英］J.C.史密斯、B.霍根著，李贵方等译：《英国刑法》，法律出版社 2001 年版。

120. ［日］野村稔著，全理其、何力译：《刑法总论》，法律出版社 2001 年版。

121. ［德］汉斯·海因里希·耶赛克、托马斯·魏根特著，徐久生译：《德国刑法教科书（总论）》，中国法制出版社 2001 年版。

122. ［日］大谷实著，黎宏译：《刑法总论》，法律出版社 2003 年版。

123. ［日］高桥则夫著，冯军、毛乃纯译：《共犯体系和共犯理论》，中国人民大学出版社 2010 年版。

二、论文类

1. 李光灿：《论共犯》，载《法学》1957 年第 2~3 期。
2. 伍柳村：《试论教唆犯的二重性》，载《法学研究》1982 年第 1 期。
3. 余淦才：《试论教唆犯的刑事责任》，载《安徽大学学报》1983 年第 2 期。
4. 邱兴隆：《对教唆犯量刑问题管见》，载《现代法学》1983 年第 3 期。
5. 魏克家：《略论教唆犯》，载《中国政法大学学报》1983 年第 2 期。
6. 傅家绪：《谈谈传授犯罪方法罪与教唆犯罪的区别》，载《中国法制报》1984 年第 6 期。
7. 于志、陆全惠：《传授犯罪方法罪与教唆犯罪》，载《政治与法律》1984 年第 2 期。
8. 陈兴良：《论教唆犯的未遂》，载《法学研究》1984 年第 2 期。
9. 肖常纶、应新龙：《谋遣、教令、教唆、造意》，载《法学》1984 年第 3 期。
10. 石划：《刍议教唆犯成立共同犯罪的要件和单独论处》，载《法学与实践》1985 年第 6 期。
11. 邬名安：《论教唆犯罪的构成要件及处罚原则》，载《政法论坛》1985 年第 5 期。
12. 李希慧：《论教唆犯的概念及其成立要件》，载《中南政法学院学报》1986 年第 3 期。
13. 李夕思：《教唆犯都是共同犯罪吗？》，载《探索》1986 年第 2 期。
14. 张明楷：《教唆犯不是共犯人中的独立种类》，载《法学研究》1986 年第 3 期。
15. 郭兴隆：《对教唆未遂的再认识》，载《法制月刊》1986 年第 5 期。
16. 马克昌：《论教唆犯》，载《法律学习与研究》1987 年第 5 期。
17. 林文肯：《关于教唆犯的几个问题》，载《现代法学》1987 年第 3 期。
18. 李希慧：《试论教唆的处罚》，载《中南政法学院学报》1988 年第 4 期。
19. 钟文彬：《教唆他人自杀定性新探》，载《现代法学》1988 年第 4 期。
20. 高占清：《间接故意教唆犯罪新释》，载《中国人民警官大学学报（哲学社会科学版）》1988 年第 4 期。
21. 荒原：《如何追究教唆犯的民事责任》，载《现代法学》1988 年第 2 期。
22. 钟安惠：《教唆行为性质新论》，载《法学与实践》1990 年第 4 期。
23. 康均心：《教唆他人自杀的行为应负刑事责任》，载《江西法学》1991 年第 6 期。

24. 赵晓光：《教唆犯罪再探》，载《锦州师院学报（哲学社会科学版）》1991年第4期。

25. 夏华：《教唆犯新探》，载《政治与法律》1991年第4期。

26. 贾宇：《教唆犯理论的初步比较研究》，载《河北法学》1991年第2期。

27. 汪国献：《试论教唆侵权责任》，载《法学与实践》1992年第6期。

28. 方暇风：《论我国刑法中教唆犯的独立性》，载《法学与实践》1992年第5期。

29. 司明灯：《论我国刑法中教唆犯的性质》，载《法学与实践》1993年第4期。

30. 张绍谦：《略论教唆、帮助他人自杀行为的定性及处理》，载《法学评论》1993年第6期。

31. 陈子平：《论未遂教唆之可罚性》，载台湾《东吴大学法律学报》1993年第8卷第1期。

32. 陈剑：《唆使殴打同监犯该定何罪》，载《人民公安》1994年第2期。

33. 刘佳雁：《海峡两岸刑法中教唆犯理论之比较研讨》，载《台湾研究》1995年第2期。

34. 卢勤忠：《论教唆罪的设立》，载《现代法学》1996年第6期。

35. 魏东：《雇佣犯罪及其刑事责任》，载《犯罪与改造研究》1996年第11期。

36. 魏东：《当前未成年人犯罪突出的原因探析》，载《犯罪与改造研究》1997年第1期。

37. 章彦威：《"教唆未遂"不应构成犯罪》，载《淮阴师专学报（哲学社会科学版）》1997年第2期。

38. 马跃：《美、日有关诱惑侦查的法律及论争之概观》，载《法学》1998年第11期。

39. 董鑫：《关于教唆犯的几个问题》，载《四川省政法管理干部学院学报》1999年第1期。

40. 赵秉志、魏东：《论教唆犯的未遂》，载《法学家》1999年第3期。

41. 魏东、郭理蓉：《现代刑法中煽动型犯罪的司法认定》，载《犯罪与改造研究》1999年第4期。

42. 马克昌：《关于共犯的比较研究》，载高铭暄、赵秉志主编：《刑法论丛》（第3卷），法律出版社1999年版。

43. 李邦友：《结果加重犯理论的研究综述》，载《法学评论》1999年第2期。

44. 余向阳、柳立子、钟再根：《陷害教唆理论初探》，载《河北法学》1999年第6期。

45. 吴情树、闫铁恒：《对教唆犯的反思与定位》，载《政法论丛》1999年第6期。
46. 杨建勇、郭海容：《美国刑法中的警察圈套合法辩护》，载《法学杂志》1999年第2期。
47. 龙宗智：《诱惑侦查合法性问题探析》，载《人民司法》2000年第5期。
48. 马滔：《诱惑侦查之合法性分析》，载《中国刑事法杂志》2000年第5期。
49. 黄罡：《论警察圈套》，载《四川警官高等专科学校学报》2000年第3期。
50. 郝守才：《论未遂教唆与教唆未遂》，载《法商研究》2000年第1期。
51. 于志刚、许成磊：《再论教唆他人自害行为的定性》，载《湖南省政法管理干部学院学报》2000年第6期。
52. 游训龙、李志雄：《英美刑法和我国刑法教唆犯罪之比较》，载《社会科学家》2000年第5期。
53. 赵丰琳、史宝伦：《共犯过限的司法认定》，载《人民检察》2000年第8期。
54. 刘中发：《网络犯罪及其防范对策》，载《云南法学》2000年第4期。
55. 朱启军：《浅议教唆犯的犯罪未遂》，载《政法论坛》2000年第6期。
56. 谭德凡：《论刑事教唆与民事教唆之异同》，载《湘潭大学社会科学学报》2000年第6期。
57. 张睿：《论独立教唆犯》，载《河南省政法管理干部学院学报》2000年第3期。
58. 魏智彬（魏东）：《教唆犯的概念与成立要件问题研究》，载《社会科学研究》2000年第3期。
59. 王新环：《法律如何面对"警察圈套"——与三位法学家的对话》，载《检察新世纪》2000年第1期。
60. 刘鹏：《共犯异罪的立法研究——谈刑法中的独立从犯与独立教唆犯》，载《贵州大学学报（社会科学版）》2001年第4期。
61. 李艳秋：《教唆未遂的探析》，载《牡丹江师范学院学报（哲学社会科学版）》2001年第4期。
62. 吴丹红、孙孝福：《论诱惑侦查》，载《法商研究》2001年第4期。
63. 吴宏耀：《论我国诱饵侦查制度的立法建构》，载《人民检察》2001年第2期。
64. 张明楷：《部分犯罪共同说之提倡》，载《清华大学学报（哲学社会科学版）》2001年第1期。
65. 刘品新：《论侦查的相对性原理》，载《福建公安高等专科学校学报

（社会公共安全研究）》2001年第1期。

66. 唐磊、赵爱华：《也谈"诱惑侦查"》，载《刑警纵横》2001年第4期。

67. 陈真：《侦查程序的基础理论》，载《四川警官高等专科学校学报》2001年第4期。

68. 樊崇义、范培根：《我国侦查程序改革略探——以侦查权为中心》，载《金陵法律评论》2001年第2期。

69. 魏东：《论教唆犯的根据与性质》，载左为民主编：《四川大学法律评论》（2001卷），四川大学出版社2001年版。

70. 王国民：《关于诱惑侦查诸问题之探讨》，载《公安大学学报》2002年第1期。

71. 何承斌：《共同犯罪与身份问题的比较研究——以贪污犯为线索评析我国共同犯罪与身份问题立法》，载《安徽大学学报（哲学社会科学版）》2005年第3期。

72. 肖吕宝：《教唆犯形式新释》，载《政治与法律》2006年第5期。

73. 张永江：《论教唆犯未遂的范围——刑法第29条第2款的检讨与完善》，载《甘肃政法学院学报》2007年第3期。

74. 李英伟：《教唆犯理论中两个问题的研究》，载《黑龙江省政法管理干部学院学报》2007年第3期。

75. 赵秉志、许成磊：《不作为共犯问题研究》，载《中国刑事法杂志》2008年第5期。

76. 叶良芳：《实行过限之构成及其判定标准》，载《法律科学（西北政法学院学报）》2008年第1期。

77. 郝晓玲、王拓：《教唆未遂的可罚性论争——以我国台湾刑法规定的流变为基点展开》，载《中国刑事杂志》2009年第10期。

78. 阴建峰：《实行过限之本体探究》，载《中国刑事法杂志》2010年第11期。

79. 王志远：《英美刑法共犯制度研究》，载《甘肃政法学院学报》2010年第5期。

80. 郑延谱：《共同犯罪成立要件解析》，载《法学杂志》2010年第3期。

81. 陈山：《比较法视野下的"共犯与消极身份"》，载《政治与法律》2010年第2期。

82. 段启俊、彭伶俐：《共同犯罪中止的博弈分析》，载《中国刑事法杂志》2010年第7期。

83. 张明楷：《共同犯罪是违法形态》，载《人民检察》2010年第13期。

84. 张明楷：《共犯对正犯故意的从属性之否定》，载《政法论坛》2010年第 5 期。

85. 任海涛：《统一正犯体系之评估》，载《国家检察官学院学报》2010 年第 3 期。

86. 王志远：《论我国共犯制度存在的逻辑矛盾——以教唆、帮助自杀的实践处理方案为切入点》，载《法学评论》2011 年第 5 期。

87. 杨开江、袁建伟：《论共犯罪数的判断基准》，载《当代法学》2011 年第 4 期。

88. 柏浪涛：《犯罪构成体系在共犯领域之检验——从"共犯与身份"视角展开》，载《河南省政法管理干部学院学报》2011 年第 6 期。

89. 江溯：《区分制共犯体系的整体性批判》，载《法学论坛》2011 年第 6 期。

90. 刘明祥：《"被教唆的人没有犯被教唆的罪"之解释》，载《法学研究》2011 年第 1 期。

91. 江溯：《关于单一正犯体系的若干辩驳》，载《当代法学》2011 年第 5 期。

92. 杨阳：《论相异构成要件的共犯认识错误》，载《甘肃政法学院学报》2011 年第 5 期。

93. 吴振兴、林铤：《试论共同犯罪与想象竞合犯的交叉形态》，载《甘肃政法学院学报》2011 年第 5 期。

94. 钱叶六：《双层区分制下正犯与共犯的区分》，载《法学研究》2012 年第 1 期。

95. 王远声：《如何识别教唆犯：关于共同犯罪话题之四》，载《检察日报》1997 年 7 月 5 日。

96. 樊崇义、储槐植、陈兴良等：《关于诱惑侦查法律问题的对话》，载《检察日报》2001 年 1 月 18 日。

97. 龙宗智：《诱惑侦查：在合法与非法之间》，载《检察日报》2001 年 1 月 20 日。

98. ［日］田中政义：《关于诱惑侦查的诸问题》，载日本《法学新报》1952 年第 59 卷第 3 号。

99. ［日］小野清一郎：《诱惑侦查和陷阱的理论及诱惑者的理论》，载日本《警察研究》1954 年第 25 卷第 11 号。

后　记

　　承蒙最高人民检察院检察委员会委员、法律政策研究室主任陈国庆博士错爱与推荐，本书得以被纳入《中国刑事法制建设丛书》"刑法系列"并顺利面世，笔者在此谨向陈国庆博士表示衷心谢意！

　　本书的基本体系，从本书开篇的"导言"中可以看到，共分为八章，除第一章考察了"教唆犯的立法源流与学术史"、第八章研讨了"教唆犯的立法完善"之外，作为本书主体内容的中间六章则依次论述了教唆犯的内涵界定、构成论特征、基本类型、特殊形态、认识错误、刑事责任，这种体系设计和内容安排主要为了契合《中国刑事法制建设丛书》"刑法系列"所要求的"以期对刑法立法的完善起到积极作用，帮助广大司法工作者正确理解法律精神，在办案中准确解释法律"的突出特点，将本书的主体内容集中于教唆犯的规范解释与司法适用方面，同时适当照顾了本书的理论含量和学术创新性。关于教唆犯的学术史考察与教唆犯具体问题的解释适用，本书密切关注并引介、运用了拙著《教唆犯研究》（中国人民公安大学出版社2002年12月版）出版以来国内外有关教唆犯理论研究的最新成果，如有关"区分制共犯体系"和"单一制正犯体系"、"共犯的处罚根据"、"我国刑法中教唆犯的实然犯与特殊问题"、"犯罪论体系之争与教唆犯的构成论特征"、"教唆犯基本类型的发展变化"、"教唆犯的处罚原则与教唆自害等特殊问题的定性处理"、"西方国家教唆犯的立法趋向"、"我国教唆犯的立法建议评析"与"我国教唆犯立法的理论方案"等，均在原著基础上有所修改完善，其中不少观点及其论述值得读者关注。

　　这里需要向读者交代的心路历程是，最近十年也是我立下雄心壮志并身体力行加强四川大学法学院刑法学科建设，提升川大刑法学术研究影响力的十年。在我的积极倡议和川大法学院全体刑法学科同仁的共同努力下，我在川大百年历史上第一次成功开设了《刑事政策学》课程，并分别于2004年下半年亲自为川大法学院刑法学硕士研究生首次开设并讲授了《刑事政策学》课程，于2010年下半年亲自为川大法学院刑事诉讼法学博士研究生首次开设并讲授了《刑事政策学》课程，由我本人担任主编、莫晓宇博士和李侠博士担任副主编的《刑事政策学》教材也于2011年9月正式出版（四川大学出版社2011年9月版）。目前，川大法学院为从本科生到硕士研究生再到博士研究生三个层次的学生均开设了《刑事政策学》课程，拥有了川大刑法学科同仁自己主编的刑事政策学教材，应当说在刑法学科建设课程设置上实现了一次重要跨越。近年来，我又积极策划和鼓动在川大法学院为本科生、硕士研究生和博士研究生创设《刑法解释学》（备选名《刑法解释与方法》）课程，尽管由于种种原因目前尚未获得正式批准实施，但是我仍然在满怀信心地继续努力！令人欣慰的是，我以"刑法解释论"为题所申报的以下两个课题均获准立项：一是2012年国家社科基金项目重点课题《刑法解释原理与实证问题研究》（批准号：12AFX009）；二是2012年度教育部人文社会科学研究规划基金项目《中国当下刑法解释论问题研究》（项目编号：12YJA820080）。这对于我进一步推动川大法学院创设《刑法解释学》课程，进一步提升我本人在刑法解释学方面的学术研究水准，无疑均具有重要意义。此外，阅读哲学、解释学、法理学、社会学、政策学和刑法学原理等方面的论著，全面审查和反思自己的学术规划与学术思想体系，无疑也占据了我较多的时间和精力，积累了一定的学术功力，无疑也为我下一步全面展开和深化自己的学术研究奠定了比较坚实的基础。因此，尽管由于各种复杂原因我目前还做得很不到位，但是我认为自己尽力了，问心无愧了，后面还有十余年时间可以全面提升自己的刑法学术研究水准，继续团结川大刑法学科同仁，切实践行振兴川大刑法学科的心愿，诚挚期望能够为川大刑法学科建设作出自己应有的贡献。

正是基于以上原因，目前我对本书的写作出版还略显仓促。应当说，本书关于教唆犯理论的某些问题的反思和解决、学术论证与阐述尚欠深刻，案例实证方面的工作做得尚不充分，这些都是我需要向各位阅读本书的同仁真诚致歉的，同时也是我需要在今后继续努力完善的方面。

我相信，再过数年我会拿出更好、更能令读者满意的本书的修订版，同时向读者奉献出更多更好的刑法学术研究成果，以回报读者、师友和亲人的关心厚爱，回报川大、祖国和社会的滋养。

魏　东
2012年6月16日
于四川大学法学院